普通高等教育"十二五"规划教材

土地评价与估价

李团胜　王丽霞　马超群　编著

化学工业出版社

·北京·

图书在版编目（CIP）数据

土地评价与估价/李团胜，王丽霞，马超群编著. —北京：化学工业出版社，2013.5
普通高等教育"十二五"规划教材
ISBN 978-7-122-16729-3

Ⅰ.①土… Ⅱ.①李…②王…③马… Ⅲ.①土地评价-中国-高等学校-教材②土地估价-中国-高等学校-教材 Ⅳ.①F321.1

中国版本图书馆 CIP 数据核字（2013）第 050840 号

责任编辑：赵玉清　　　　　　　　　文字编辑：冯国庆
责任校对：边　涛　　　　　　　　　装帧设计：尹琳琳

出版发行：化学工业出版社（北京市东城区青年湖南街 13 号　邮政编码 100011）
印　　装：北京云浩印刷有限责任公司
787mm×1092mm　1/16　印张 11¾　字数 286 千字　2013 年 6 月北京第 1 版第 1 次印刷

购书咨询：010-64518888（传真：010-64519686）　　售后服务：010-64518899
网　　址：http://www.cip.com.cn
凡购买本书，如有缺损质量问题，本社销售中心负责调换。

定　价：29.00元　　　　　　　　　　　　　　　　　　　　　版权所有　违者必究

前　言

　　土地是人们赖以生存的物质基础以及人们从事生产和生活的场所，一直受到地理学、农学以及其他相关学科的关注。从 20 世纪 50 年代起，地理学界就从事土地评价工作。新中国成立后我国先后开展了不同规模的土地资源调查和评价工作。直到 20 世纪 80 年代，土地评价主要是针对大农业进行的适宜性评价。随着市场经济的发展，土地在社会经济中起着越来越重要的作用，土地出让、转让、抵押等日渐活跃，土地权利的变化迫切需要对土地做出正确的估价，土地估价逐步成为土地评价的最终目的，而要进行土地估价必须进行土地评价，评价是对土地质量优劣的相对评判，而估价是土地评价货币化的表现。随着土地市场的日益活跃，土地评价和估价工作也越来越规范，我国先后出台了国家标准《城镇土地分等定级规程》和《城镇土地估价规程》以及国土资源行业标准《农用地分等规程》、《农用地定级规程》与《农用地估价规程》。为了适应土地评价及估价工作的开展，也为了使学生能更好适应社会需求，本教材在介绍传统的土地适宜性评价的基础上，重点介绍国家标准和行业标准中的评价与估价内容，主要面向地理、农业、土地资源管理等专业的本科生以及相关专业研究生，也可作为土地估价师考试参考教材之一。

　　该书是作者多年来在从事本科生以及研究生土地评价与估价教学的基础上编写的，全书共分八章，第一章绪论部分简要回顾土地评价与估价历史，介绍土地资源评价概念、内容与理论基础；第二章土地适宜性评价部分在介绍土地适宜性评价内容、原则及指标体系的基础上，介绍了联合国粮农组织的土地适应性评价、美国农业部土地能力分类以及我国土地适宜性评价；第三章至第五章是农用地分等、定级与估价内容，介绍了国土资源部相应的行业标准中的主要技术方法，同时介绍了农用地分等、定级与估价中的实践案例；第六章至第八章是城镇土地分等、定级与估价内容，介绍了国家相应标准中的主要技术方法。

　　《土地评价与估价》是长安大学规划教材之一，在编写过程中得到了长安大学教务处、长安大学地球科学与资源学院的各位领导和老师的热心帮助，在此，对提供热心帮助的所有同志表示诚挚的谢意。

　　化学工业出版社在书稿审查、编辑加工上做了大量工作，在此一并致谢！

　　由于作者水平有限，书中不足之处在所难免，恳请读者不吝批评、指正。

作者
2012 年 12 月 24 日

目　录

第一章　绪论 1

第一节　土地评价研究的历史回顾 1
一、我国古代土地资源评价 1
二、国外土地资源评价 1
三、新中国成立后我国土地资源评价 2

第二节　土地资源评价的概念与内容 4
一、土地资源评价的概念及种类 4
二、土地资源评价的内容 5

第三节　土地评价的理论基础 6
一、地域分异规律 6
二、地租理论 6
三、自然资本价值理论 6
四、区位理论 6

第四节　土地资源评价方法 7

第二章　土地适宜性评价 8

第一节　土地适宜性评价的内容及原则 8
一、土地适宜性及其评价的内容 8
二、土地适宜性评价的基本原则 8

第二节　土地适宜性评价的指标体系 10

第三节　联合国粮农组织的土地适宜性评价 14

第四节　美国农业部的土地能力分类系统 15

第五节　我国土地资源适宜性评价 16

第三章　农用地分等 19

第一节　农用地分等概述 19
一、农用地分等的概念、目的与任务 19
二、农用地分等的原则 19
三、农用地分等的思路与方法步骤 20

第二节　资料收集与调查 21
一、资料收集 21
二、外业补充调查 21

第三节　指定作物确定与分等单元划分 21
一、标准耕作制度的确定 21
二、基准作物和指定作物的确定 23
三、分等单元的划分 23

第四节　农用地自然质量等划分 23
一、农用地自然质量分计算方法 23
二、农用地自然质量等指数计算方法 31
三、农用地自然质量等划分与校验 35

第五节　农用地利用等划分 35
一、土地利用系数计算及利用系数等值区划分 36
二、农用地利用等指数计算 38
三、农用地利用等的划分与校验 38

第六节　农用地经济等别划分 39
一、土地经济系数的计算 39
二、土地经济等指数的计算 40
三、农用地经济等别划分与校验 41

第七节　农用地分等案例 41
一、概述 41
二、自然质量等指数计算以及自然质量等的划分 43
三、利用等指数计算及利用等划分 43
四、农用地经济等别的划分 48

第四章　农用地定级 49

第一节　农用地定级概述 49
一、农用地定级概念及目的 49

二、农用地定级的原则 ………………… 49
三、农用地定级的技术步骤 …………… 49
四、收集资料 …………………………… 49
五、农用地定级单元的划分 …………… 49
六、农用地定级方法 …………………… 50
第二节 农用地定级因素 …………………… 50
一、农用地定级因素的确定方法 ……… 50
二、因素权重确定方法 ………………… 50
三、定级因素-质量分关系表的编制 …… 51
四、因素分级记分规则表的编制 ……… 51
第三节 农用地定级因素因子量化、无量
纲化方法 …………………………… 51
一、面状因素因子作用分值计算方法 … 51
二、扩散型因素作用分值计算方法 …… 53
三、评价指标无量纲化方法 …………… 54
第四节 定级指数的确定 …………………… 54
一、因素法 ……………………………… 54
二、修正法 ……………………………… 56
三、样地法 ……………………………… 57
第五节 级别划分与校验 …………………… 57
一、级别的初步划分 …………………… 57
二、校验 ………………………………… 58
三、级别调整与确定 …………………… 58
第六节 农用地定级案例 …………………… 58
一、修正因素及其权重的确定 ………… 58
二、修正因素的量化 …………………… 59
三、修正系数计算及定级指数计算 …… 60
四、农用地级别的划分 ………………… 60

第五章 农用地估价 ……………………………… 62

第一节 土地价格概述 ……………………… 62
一、土地价格的概念 …………………… 62
二、土地价格的特点 …………………… 62
三、土地价格的分类 …………………… 62
四、土地估价原则 ……………………… 63
五、土地估价方法 ……………………… 64
第二节 农用地价格的影响因素 …………… 64
一、自然因素 …………………………… 64
二、社会经济因素 ……………………… 65
三、特殊因素 …………………………… 65
第三节 农用地估价方法 …………………… 65
一、收益还原法 ………………………… 65
二、市场比较法 ………………………… 66
三、成本逼近法 ………………………… 69
四、剩余法 ……………………………… 71
五、评分估价法 ………………………… 71
六、基准地价修正法 …………………… 77
第四节 农用地宗地估价 …………………… 78
一、农用地宗地价格 …………………… 78
二、农用地宗地估价程序 ……………… 78
三、不同利用类型的农用地宗地估价 … 79
四、不同估价目的的农用地估价 ……… 81
第五节 农用地基准地价评估 ……………… 82
一、农用地基准地价评估的技术路线 … 82
二、样点地价平均法 …………………… 83
三、定级指数模型法 …………………… 85
四、基准地块评估法 …………………… 86
五、基准地价修正系数表的编制 ……… 88
六、宗地地价影响因素指标说明表的
编制 ………………………………… 89
第六节 农用地征用价格评估 ……………… 89
一、农用地征用价格影响因素 ………… 89
二、农用地征用区片价评估 …………… 89
三、农用地征用宗地价格评估 ………… 92
第七节 农用地基准地价评估案例 ………… 93
一、投入产出样点资料调查与整理 …… 93
二、样点地价的计算 …………………… 94
三、各级别农用地基准地价的计算 …… 95
四、基准地价修正系数表的编制 ……… 95
五、宗地地价影响因素指标说明表的
编制 ………………………………… 96

第六章 城镇土地分等 …………………………… 100

第一节 城镇土地分等概述 ………………… 100
一、城镇土地分等的任务与目的 ……… 100
二、城镇土地分等原则 ………………… 100
三、城镇土地分等的技术程序和方法 … 100
四、城镇土地分等资料调查与整理 …… 101
第二节 城镇土地分等因素 ………………… 101

一、城镇土地分等因素选择范围 …… 101
　　二、城镇土地分等因素因子选择原则 … 104
　　三、城镇土地分等因素因子选择方法 … 104
　第三节　城镇土地初步分等 ………… 105
　　一、城镇土地分等因素因子权重确定 … 105
　　二、城镇土地分等对象的因子分值
　　　　计算 …………………………… 106
　　三、城镇土地分等对象的因素分

值计算 ……………………………… 106
　　四、城镇土地分等对象的综合分值计算及
　　　　初步分等 ……………………… 106
　第四节　城镇土地分等成果验证与确定 …… 107
　　一、土地分等验证 ………………… 107
　　二、土地等的调整与确定 ………… 109
　　三、特殊区域的土地等别确定 …… 110

第七章　城镇土地定级 ………………………… 112

　第一节　城镇土地定级概述 ………… 112
　　一、城镇土地定级的概念、目的与
　　　　对象 …………………………… 112
　　二、城镇土地定级的原则 ………… 112
　　三、城镇土地定级的程序 ………… 112
　　四、城镇土地定级的图件准备 …… 113
　第二节　城镇土地定级资料收集与调查 … 113
　　一、城镇土地定级资料调查的一般
　　　　要求 …………………………… 113
　　二、各类型城镇土地定级的资料调查
　　　　范围 …………………………… 113
　　三、城镇土地定级资料调查内容 … 113
　第三节　城镇土地定级单元的划分 …… 114
　　一、定级单元的概念 ……………… 114
　　二、定级单元划分原则 …………… 115
　　三、定级单元边界确定的原则 …… 115
　　四、定级单元大小的要求 ………… 115
　　五、定级单元划分方法 …………… 116
　第四节　城镇土地定级因素选择与量化 … 116
　　一、城镇土地定级因素选择及权重
　　　　确定 …………………………… 116

　　二、定级因素的量化 ……………… 118
　　三、因素分值计算原则 …………… 119
　第五节　定级因素影响度的分值计算 … 119
　　一、商业服务繁华影响度的分值计算 … 119
　　二、道路通达度分值计算 ………… 122
　　三、公交便捷度分值计算 ………… 124
　　四、对外交通便利度分值计算 …… 126
　　五、基本设施分值计算 …………… 127
　　六、环境质量优劣度分值计算 …… 128
　　七、绿地覆盖度分值计算 ………… 129
　　八、人口密度作用分值计算 ……… 130
　　九、产业集聚影响度作用分值计算 … 131
　　十、城镇规划因素的量化方法 …… 131
　第六节　城镇土地等级的初步划分 …… 133
　　一、单元内定级因素分值的取值 … 133
　　二、定级单元总分计算 …………… 133
　　三、城镇土地等级的划分 ………… 133
　第七节　城镇土地等级的验证与确定 … 134
　　一、城镇土地等级的验证 ………… 134
　　二、土地等级的确定和实地验证 … 134

第八章　城镇土地估价 …………………………… 136

　第一节　影响城镇土地价格的因素 …… 136
　　一、一般因素 ……………………… 136
　　二、区域因素 ……………………… 137
　　三、个别因素 ……………………… 137
　第二节　收益还原法 ………………… 137
　　一、收益还原法的基本公式 ……… 137
　　二、收益还原法的适用范围 ……… 139

　　三、收益还原法估价的程序与方法 … 139
　　四、案例 …………………………… 143
　第三节　市场比较法 ………………… 144
　　一、市场比较法的基本公式 ……… 144
　　二、市场比较法评估的程序与方法 … 145
　　三、市场比较法的适用范围 ……… 149
　　四、案例 …………………………… 149

第四节 成本逼近法 …………………… 150
　一、成本逼近法的基本公式 …………… 150
　二、成本逼近法价格的程序与方法 …… 150
　三、成本逼近法的适用范围 …………… 152
　四、案例 ………………………………… 152
第五节 剩余法 …………………………… 154
　一、剩余法的基本公式 ………………… 154
　二、剩余法估价的程序与方法 ………… 154
　三、剩余法的适用范围 ………………… 156
　四、案例 ………………………………… 156
第六节 基准地价评估 …………………… 158
　一、我国地价体系构成 ………………… 158
　二、基准地价评估技术途径 …………… 158
　三、基准地价评估程序 ………………… 159
　四、基准地价评估方法 ………………… 160
　五、基准地价修正系数表编制方法 …… 170
　六、基准地价更新 ……………………… 172
第七节 宗地地价评估 …………………… 173
　一、宗地地价评估的程序 ……………… 173
　二、宗地地价评估方法 ………………… 174
第八节 主要用途土地价格评估 ………… 174
　一、居住用地价格评估 ………………… 174
　二、工业用地评估 ……………………… 175
　三、商业、旅游、娱乐用地评估 ……… 176
　四、综合用地评估 ……………………… 177
第九节 其他权利土地价格评估 ………… 177
　一、承租土地使用权价格评估 ………… 177
　二、划拨土地使用权价格评估 ………… 177
　三、有限定条件的土地使用权价格
　　　评估 ………………………………… 177
　四、土地租赁权价格评估 ……………… 178
　五、地役权价格评估 …………………… 178

参考文献 ………………………………………………………………………………… 179

第一章 绪 论

第一节 土地评价研究的历史回顾

一、我国古代土地资源评价

土地资源在我国夏禹时代（公元前2100多年）已作为财产进行调查统计。禹贡时代把当时开拓的疆域划分为九州，曾按各州的土壤颜色、质地和水文将九州土地划分为上上、上中、上下、中上、中中、中下和下上、下中、下下九等，依其肥力制定贡赋等级。这种将土地划等的现象是我国最早的土地评价。《管子·地员篇》有更详细的土地评价分类，把土地分为三等十八类，每类又分五种，共九十种，这是世界上最早的土地评价著作。

到了周代，封建土地关系逐渐发展，周朝的地官负责管理土地，根据地形与土壤的性质将土地划分为山林（高山峻岭）、川泽（江河湖泽）、丘陵、坟衍（水湿与低平地）、原地（高而平坦与低下湿地）五类，并规定了适种作物和土地利用方向；还根据土壤的色泽与质地，分别施用各种粪肥，观察地形与投入劳力等，制定贡赋。

此后长期的封建社会和半封建半殖民地时期都有地籍管理，虽然并不完善，但历代都对土地进行了不同方式的评价，并根据评价，制定征税的标准。

二、国外土地资源评价

国外土地资源评价主要有三个目的：作为赋税的依据、为土地利用服务以及为土地利用规划服务。

1. 作为赋税依据的土地评价

俄罗斯著名的土壤地理学家和自然地理学家 B. B. 道库恰耶夫在俄罗斯黑钙土地区和尼日格勒自治州考察时，当地政府机构要求他对当地的土地进行评价，以便在此基础上来确定土地的收入和向农民征收土地税。1954年美国的司托雷（R. E. Storie）在第五次国际土壤学会上提出了论文"加州土地分类作为课税的土地评价"，克林格贝尔等代表美国农业部土壤保持局于1961年提出按土壤特性将美国土地分成八级，其实就是鉴定土地等级，作为赋税的依据。

2. 为土地利用服务的土地评价

早在1949年，世界的土地评价已开始为土地利用服务。美国的荷肯史密斯（R. D. Hokensmith）等人于1949年在美国土壤学会上提出的"利用土地潜力分级的最近趋势"一文，实际上是总结了前人所做的土地利用的评价，并指出今后发展的趋势。1958年克林杰比尔（A. A. Klingebeil）又在该学会上提出"土壤调查解释——潜力组"一文，在这篇文章中，他首先提出了为了发展农业，按照土地集约程度将美国的土地划分成八个潜力级。每个潜力级适于农、林、牧发展的程度不同。总之，从20世纪50~60年代初土地评价的目的已从作为土地赋税的依据转到为土地利用服务上来。

3. 为土地利用规划服务的土地评价

到了20世纪70年代，土地评价的目的已转到为土地利用规划服务了。1972年荷兰的毕克和本奈玛发表在《生态学方法论》中的"为农业土地利用规划的土地评价",1973年鲍尔发表的"在区域规划中利用土壤数据",这些都说明土地评价工作的目的已转到为土地利用规划服务上来。

1976年联合国粮农组织在总结各国经验的基础上,提出一种各国通用的、为土地利用规划服务的土地适宜性评价体系,出版了《土地评价纲要》。在这个纲要中指出如何利用土地历来是人类社会进化的一个组成部分。过去是由个人做出互不相关的土地利用决定……现在通过由土地利用规划做出决定。1979年荷兰的德活斯(J. H. Devos)发表的"为土地利用规划的土地评价"一文明确指出了土地评价是作为土地利用规划的基础,土地评价应当成为土地利用规划过程中所使用的一个工具,评价的结果必须帮助规划人员和决策者在各种不同的土地利用类型中选择。由此可见,到了20世纪70年代末期,土地资源研究工作的目的不仅为土地利用服务,更重要的是为土地利用规划提供基础的资料和依据。

20世纪80年代,联合国粮农组织在《土地评价纲要》的基础上,先后制定了《雨养农业土地评价纲要》(1984年)、《林业土地评价》(1984年)、《灌溉农业土地评价和土地分类纲要》(1985年)和《牧业土地评价》(1986年)等文件,形成了系统的农业土地评价体系。随着可持续发展战略的提出,持续土地利用评价成为土地评价新的研究方向。20世纪90年代,联合国粮农组织围绕持续土地利用评价开展了大量的研究工作,1993年颁布了《可持续土地利用评价纲要》,用以指导不同区域开展土地资源持续利用评价。

以上所介绍的工作都是为发展农业或者是发展大农业的土地资源评价。国外土地资源评价服务的范围越来越广泛,如为开发旅游点进行的土地评价,为引种一年生旱进行的土地评价,以及为城市规划进行的土地评价。总之,土地评价可以为若干不同目的的土地利用规划服务。

三、新中国成立后我国土地资源评价

新中国成立后,为适应国民经济发展的需要,先后开展了不同规模的土地资源调查和评价,使我国土地评价理论和实践得到迅速发展,大致可分为五个阶段。

第一阶段:20世纪50年代初期,为适应土地改革的需要,全国各地普遍开展了耕地的评价分等工作,而后实行的查田定产及1956年的农业合作化,为了包工包产,各地又陆续进行了土地评价。这一阶段土地评价的主要特点是:①属于群众性的土地评价,主要依靠各级地方干部和农民群众自己进行评价,参加人数达百万,范围遍及全国;②通过这种评价,一方面基本摸清了全国当时耕地的数量,另一方面普及了土地评价教育,积累了经验和教训,为以后进一步开展工作奠定了基础;③多采用单项指标,很少顾及土地的综合因素;④由于缺乏统一的评价标准,不便作为全国性或较大范围的质量对比。

第二阶段:20世纪50年代中期至70年代中期,为适应经济建设的需要陆续开展了自然条件和自然资源方面的考察和研究。其中也包括对一些区域进行土地改造利用评价,如中国科学院黄河中游水土保持综考队在一些典型地区进行的水土保持规划,曾做过土地质量评价和分级试点等。这一阶段的主要特点是:①土地评价与生产建设结合密切,针对性强;②受特定的实用目的的限制,多属单项资源研究,很少进行土地的综合评价;③多属区域性的调查研究,而缺乏全国性的工作;④多属经验性的评价,缺乏理论的总结和系统化;⑤土地资源研究建立在土壤学基础上,基本上属于土壤地理学的范畴。

第三阶段:从20世纪70年代后期到80年代中期,是我国土地资源评价的重要发展时期。1978年以后,由中国科学院综考会主持、全国近百个单位参加,共同编制《中国1:

100万土地资源图》，同时，在全国范围内分省、分幅进行了土地评价与制图。为交流经验，并拟定全国性的评价分类系统，召开了多次全国性的土地资源学术交流及工作会议，就土地评价的原则、指标、评价系统、制图方法等评价理论和技术问题进行了有益的探索，提出了《中国1∶100万土地资源图》土地资源分类系统（试行草案）和《中国1∶100万土地资源图编制规范》，大大推动了我国土地评价研究的迅速发展，并已完成了《全国1∶100万土地资源图》的编制。这一阶段的主要特点是：①从地区性扩展到全国性的研究；②从单项资源评价走向全面的综合评价；③从经验评价上升到理论的和系统的研究，从而初步形成具有我国特色的土地评价研究体系；④遥感技术在土地评价制图中得到广泛的应用。

第四阶段：从20世纪80年代中期开始到90年代，为我国土地评价的进一步发展时期。主要工作有两项：一是在《中国1∶100万土地资源图》编制基础上，开展我国土地资源生产能力与人口承载研究，已初步取得了许多宝贵的成果；二是进行大中比例尺的土地评价与制图。这一阶段的主要特点是：①从土地评价到土地生产能力与人口承载力的研究，使土地资源研究内容更加广泛、更加综合；②计算机与遥感技术结合，开始在评价与制图中应用；③土地评价逐渐从定性、半定性到定量研究。

第五阶段：从21世纪初开始到目前，土地评价又上一个新台阶。随着市场经济的发展，城镇土地的转让、拍卖等活动日益频繁，城镇土地市场日渐活跃，城镇土地评价也逐步开展起来，为了全面掌握城镇土地资源利用状况，科学评价和管理城镇土地，促进城镇土地的集约利用，保证国家土地所有权在经济上的实现，以及利用经济手段强化土地资产管理，促进土地使用制度改革，有偿出让、转让国有土地使用权，加强对土地市场的管理，促进正常交易，全面、科学、合理地使用城镇土地，国家质量监督检验检疫总局于2001年出台了国家标准《城镇土地分等定级规程》和《城镇土地估价规程》。城镇土地评价与估价工作从此走上了规范化的道路。

这时在全国也开展了农用地分等定级与估价工作，全国农用地分等定级估价工作按照"规程先行、分省组织、统一汇总"的思路组织开展。1999年，国土资源部将全国农用地分等定级估价工作纳入了国土资源大调查项目计划。2000年，开展农用地（耕地）分等工作的试点。2001年，形成《农用地分等定级规程》和《农用地估价规程》大调查专用稿，并在16个省（区）试用。2003年，正式颁布《农用地分等规程》、《农用地定级规程》、《农用地估价规程》三个行业标准。2008年年底，全面完成了31个省（区、市）的农用地分等定级估价工作，建立了全国统一可比的1∶50万农用地分等国家级汇总数据库。

在国土资源部组织下，在全国范围内开展了农用地分等及试点县定级估价工作。这是继第一次全国土地利用现状调查摸清了农用地数量和权属后，国家统一组织的对全国农用地质量进行的第一次全面调查，形成的分等成果是我国历史上第一份农用地质量调查与评定成果。这项成果的取得第一次全面摸清了我国耕地等别与分布状况，第一次实现了全国等别的统一可比；不仅为加强土地资源管理工作提供了有力的科技支撑，而且填补了全国农用地等级研究的空白，推动了土地科技进步与创新。全国农用地分等作为国家目标，由国家统一部署，各省（区、市）组织，以县（市、区）为单位开展。国家负责编制技术规程，统一技术路线和方法，确定基础参数，汇总形成全国统一可比的农用地等别体系；各省（区、市）按照国家规定的技术路线和方法，确定省级分等指标体系和相关参数，组织实施分等工作；各县（市、区）负责基础资料收集、外业补充调查以及数据整理和计算等。

这阶段的特点是：①制定了土地评价方面的两个国家标准和三个行业技术标准，整个农用地分等定级估价工作以及城镇土地分等定级估价工作按照全国统一标准进行；②城镇土地评价与估价工作受到重视；③地理信息系统技术在土地评价中广泛应用；④注重成果应用。从 2004 年开始，着手研究农用地分等成果的转化应用，确定了"方向探索、理论研究、应用试点、政策制定"四步走的总体思路。明确了成果在耕地占补平衡、土地利用总体规划、基本农田保护与建设、土地整治等方向的应用，形成了相关研究成果，各地也在这些领域进行了积极探索，为相关政策的制定提供了有力支撑。

第二节 土地资源评价的概念与内容

一、土地资源评价的概念及种类

（一）土地资源评价的概念

土地资源评价（land resource evaluation）也可简称土地评价，它是对土地资源质量的综合评述和鉴定，其本质就是将各类土地按其性质特征和生产力，重新组合、排列成土地质量等级。土地估价是土地评价的进一步延伸，是土地质量等级的货币化。

（二）土地资源评价的种类

由于各国国情不同，评价目的和任务有异，土地资源评价也各式各样。大体上，按评价目的之别，可分为比较性评价和解释性评价两类。

比较性评价是针对某种特定的用途，如农业或谷类作物（或林业），将各块土地的质量进行比较，进而进行分等评级，如美国的斯托利指数分级、前苏联用于地籍的土地经济评价等。在这种评价中，土地用途不是主要研究对象，其任务是揭示各块土地对于某种用途的相对好坏程度，主要用于征收土地税和确定地价、农业生产计划、农产品地区差价及地籍管理等目的。

解释性评价则是针对某个特定的土地单元，评定其对各种用途的利用能力或适宜性，并提出改良、管理方面的建议。在这种评价中，土地用途和利用方式是主要研究对象，主要服务于土地利用规划和土地改良等。

解释性评价还可进一步分出两种：一是一般目的的土地评价，即将全部土地按照若干笼统用途（如农、林、牧等土地利用大类）的质量要求，评定其利用能力或适宜性或生产潜力，如美国的土地能力分类、巴布亚新几内亚的土地评价、中国 1∶100 万土地资源评价、农用地分等定级与估价等，它又称为综合评价；二是特定目的的土地评价，是按某种具体用途（如单个作物、特定的农作制度或土地利用方式）的要求来评定各个土地单元对它的适宜性，如联合国粮农组织的土地适宜性评价、日本 1948 年的宜垦地评价、我国 20 世纪 50 年代的华南热带地区橡胶宜林地评价等，这种评价又可称为单项评价。

当然，综合评价与单项评价是相对而言的，两者之间无绝对的界限。在土地评价中，既存在单项评价，也存在综合评价，有时甚至两者共存于同一评价工作中。

若按评价指标来分，则有土地自然评价、经济评价和自然-经济综合评价之分。土地自然评价是将土地的自然属性作为决定土地利用能力或适宜性或价值的唯一尺度，而将社会经济条件仅作为评价背景来考虑。如美国农业部的土地能力分类、巴西农业部（1964 年）的土地评价体系等。然而，由于土地质量的高低常常是相对于一定的投入和产出而言的，一般认为，只有投入少、产出多的才算质量高的地，所以需要在评价中进行经济分析，并用可比的经济指标来反映评价结果，这种评价，即为土地的经济评价，如美国垦殖局的灌溉适宜性评价、前苏联地籍中的土地经济评价、我国城镇土地估价和农用地估价等。有的则将土地的自然评价和社会经济分析相结合，进行土地自然-社会经济综合评价，如智利（1960～1971年）的土地评价、联合国粮农组织（1976年）的土地适宜性评价。

也可以按土地等级的划分和描述方法的不同来划分，可分为定性评价和定量评价两类。定性评价仅用定性的指标和术语来描述土地质量的高低，进行土地等级划分。定量评价则用数值（分数或指数）或定量的经济指标来表示土地等级的差别。目前土地评价的趋势是从定性走向定量。

二、土地资源评价的内容

土地资源评价的内容是土地资源质量，故它又称为土地资源质量评价，也可简称土地质量评价。由于不同学者对"土地资源质量"的含义有着不同的理解，因而对土地资源质量评价有着不同的认识。认识上的差异，又必然导致评价内容的差异，并进而引起评价原则、指标、方法和制图等一系列的差异。

（一）土地资源质量的"多面性"

土地资源质量的最大特征就是具有明显的多面性。所谓"多面性"是指在不同的用途条件下，土地资源质量的含义明显不同。例如，交通建设用地，其"质量"主要应指土地的工程性质，至少应包括以下三个方面：由岩性、土质、水文条件共同决定的地基承载能力；由地形包括坡度、起伏及破碎程度所决定的地面工程量的大小；以及由崩塌、滑坡、泻溜、泥石流、风沙等自然灾害因素决定的工程病害程度。就城市建设用地而言，其质量除了上述土地的工程性质外，还应包括土地为城市提供的生态条件，如通风、照度等气候条件；供水、排水等水文地质条件；进行绿化的生态环境条件等。农业生产用地与上述两种用地截然不同，由于农业土地资源对于人类至关重要，它是国内外进行研究和实践最多的，也是最为复杂的，所以下面着重讨论农业土地资源质量的含义和内容。

（二）农业土地资源质量的含义

人们所理解的农用土地的质量，大致有以下五种意见：①认为"土地质量的高低优劣，其衡量标准是土地的自然生产力"，亦即土地生产潜力；②用土地适宜性一词表示土地的质量特征，而用潜力一词仅用作表示数量特征；③认为土地适宜性和潜力是可以互换的术语，把土地适宜性、土地潜力和土地质量三者等同起来；④认为土地的质量鉴定可以从土地的适宜性和生产潜力两方面进行研究；⑤认为土地资源的质量不仅包括土地生产潜力和土地适宜性，而且包括土地利用效益，并认为土地利用效益是土地资源自然质量对农业生产的总效应。

显然，第一、二种观点是片面的，仅反映了土地质量的部分内容，第三种认识极为不妥，"适宜性"、"潜力"和"质量"三者是不同的概念，不能混淆，第五种观点把土地利用效益也包括在土地质量之内，显然是不对的。因为土地利用效益是对土地利用的评价，而不是对土地本身的评价。笔者认为第四种认识是正确的，即土地的质量鉴定，可以从土地的适宜性和生产潜力两方面进行研究。

（三）土地资源评价的内容

由于土地资源质量具有"多面性"，使评价内容随土地用途的不同而不同。目前，土地资源评价至少应包括农业（广义）用地评价、城市建设用地评价、交通建设用地评价、旅游用地评价等，国外还兴起了以娱乐活动为目的的土地评价。其中服务于农业利用的土地资源评价是最基本、最重要、最广泛的一种土地评价。

第三节 土地评价的理论基础

一、地域分异规律

地域分异规律是地理学的重要理论之一。地域分异使土地的形成条件及土地类型沿确定的方向发生有规律的变化，反映的是土地资源的形成、发展及空间变异。正是由于土地形成条件的地域差异，土地质量也表现出地域上的差异。

地域有大尺度、中尺度和小尺度的分异。地域分异的基本因素一是太阳辐射；二是地球内能。如我国从南到北依次划分的赤道带、热带、亚热带、暖温带、温带、寒温带就是由太阳辐射的差异引起的，它是生物气候带形成的基础，客观上起着宏观控制土地利用的作用，对土地生产潜力也有影响。由地球内能的作用而产生的地表形态和大地构造的区域性差异，也直接或间接地导致水热条件和其他成分在区域上发生一定的分异，如我国的温暖带从海至陆依次划分为湿润地区、半湿润地区、半干旱地区、干旱地区就是这一规律的具体表现。另外，局部的小范围的地域分异因素，如地貌部位的差异，通过引起大-中尺度的水热条件在地面上的再分配，引起成土母质类型及其矿物成分和化学成分的变异，引起物质迁移的差异等，进而影响到土地质量的地域差异。

二、地租理论

由于土地数量有限、土地位置和质量上的差异，以及土地经营的垄断，而产生了级差地租。级差地租就是由优等地、中等地农产品的个别生产价格与由劣等地农产品的个别生产价格所决定的社会生产价格之间的差额，它是生产条件较好的地所能获得的超过平均利润以上的超额利润。级差地租产生和存在的条件及原因有两个方面。一是土地质量差异，导致了开发利用上所得报酬的差别。主要表现在土地肥沃程度的差异、土地位置距市场远近的不同和土地集约经营程度的差异。这种因肥沃程度和距市场远近的不同而产生的差异所导致的级差地租称为级差地租Ⅰ；把集约水平的差异所引起的级差地租称为级差地租Ⅱ。二是由于土地有限和经营权的垄断，使社会产品的社会生产价格取决于劣等地的个别生产价格而不是平均生产价格，因而利用优、中等地能获得持久性超额利润。

三、自然资本价值理论

自然生态系统不仅为人类社会的生活与生产活动提供了存在与发展的自然（或生命）基础设施，也为人类提供了支撑生命延续和提升生活质量的真实服务，是一种自然资本。尽管自然资本的价值不可能完全体现为市场价值，甚至不可能通过市场来定价，但自然生态系统是有价值的，这种价值是真真实实存在的，无论它是否赋予了人类劳动。作为自然生态系统一部分的土地自然是有价值的。

四、区位理论

区位是指分布的地区或地点，是自然地理区位、经济地理区位和交通地理区位在空间地域上的有机结合。区位理论是分析事物在空间上的方位和距离的关系，研究在一定社会经济活动中，各种事物所处的地位、作用、空间分布及其内在联系的理论。土地有明显的区位特征，土地的区位条件不同，其在社会活动中的地位、作用就不同，土地的生产率和利用效率就会有明显的差异，从而导致级差地租的形成。土地区位是影响产业布局、城镇区位配置以及区域空间结构布局的重要因素。

第四节 土地资源评价方法

要科学地进行土地资源评价,关键之一是在于正确地选择适用的评价方法,不论是全世界或全国,乃至某一地区,也不论综合评价或单项评价,均离不开这一基础。

土地资源评价的方法,第一层次可区分出直接法和间接法两大类。所谓直接评价法,是指利用试验手段直接去探测土地质量对某种用途的影响大小,进而确定其适宜性(包括适宜程度)、限制性(包括限制程度)与生产潜力。例如,在几种不同类型的土地上种植同一作物,采用相同的农业生产和技术措施,通过不断地观察和测量作物长势并测定最后的作物产量,以产量的高低来评定这几种不同土地的生产差异。应当指出,严格地讲,直接评价的结果只能应用于具体的测试地点。然而,实际上却常常由此推广到具体相同或相似土地条件的其他地段上。由于常受系统试验资料的限制,直接评价实际上很难进行,故绝大多数土地资源评价均采用间接评价法。

间接评价法是指通过对影响土地适宜性、生产力的各种因素及其性质进行间接诊断或鉴定,由此推论土地质量的高低。该方法是通过长期实践检验而不断得到发展的,其应用非常广泛。它可分出两种主要方法。

(一)分等法

也称归类法,它是以针对一定利用方式的土地质量优劣为依据,评定其适宜性与适宜程度、生产潜力高低等,并将各土地类型的适宜性及其程度、生产潜力等进行组合、分类并排列在一定等级系统中的方法。该方法既可应用于大农业,也可用于非农业领域的土地评价。就大农业土地资源评价而言,较有代表性的方法是美国农业部的土地能力分类、联合国粮农组织的《土地评价纲要》和我国的《中国1∶100万土地资源评价图》。

(二)评分法

又称数值法,或称参数法,它是应用数学方法处理土地特征,进行土地评价的一种方法。该方法常以某种利用方式下已知的最优土地作为比较的基础,通过数学计算得到不同的数字或百分率,即不同土地单元的评价指标,以此作为评定土地质量优劣的依据。由于处理上的区别,评分法一般有三种。

① 相加法 又称指数和法,其基本形式为:
$$P=A+B+C$$
② 相乘法 其基本形式为:
$$P=ABC$$
③ 复合法 如平方根法,其形式为:
$$P=A\sqrt{BCD}$$

式中,P 代表参数值或称生产力指数;A、B、C、D 分别代表土地的某些特征。对这些特征,既可直接采用表示其性质的数值,如土体厚度(cm);也可以是所评定的分数,如把土体厚度大于150cm评为100分,100~150cm评为90分等。

第二章 土地适宜性评价

第一节 土地适宜性评价的内容及原则

一、土地适宜性及其评价的内容

土地适宜性是针对土地适宜的利用方式而言，是指在一定条件下，土地对某种用途（如发展耕作业、林业、牧业、渔业等）的适宜与否及其适宜的程度。可见，"适宜性"的概念是就土地适于利用的性质而言的，即表明土地适于做什么用，能生产什么东西（如粮食、林木、牧草等）。按土地适宜的用途，可分四种情况：①单宜性，指土地仅适于某一用途，如仅宜农或宜林或宜牧等；②双宜性，指土地同时适于两种用途，如既宜农又宜牧或既宜林又宜牧等；③多宜性，即土地同时适于三种或三种以上的用途；④不宜性，即指土地不能适宜任何用途。土地适宜于某种用途的程度，即称适宜度，它是一个表示土地适宜性大小的相对等级的概念，它大致可分为三种等级：①最适宜；②中等适宜或称一般适宜；③临界适宜或勉强适宜。所谓最适宜，即指土地对某一利用方式无限制或很少限制，因而适宜性程度很高；中等适宜或一般适宜，即指土地对某一利用方式有一定的限制，因而适宜程度只能属于"中等"或"一般"；临界适宜或勉强适宜则指土地对某种利用方式有较大的限制，因而适宜性程度很低，只能临界或勉强适宜于该种利用方式。

要正确分析土地的适宜性，除了了解适宜性外，还要了解土地的限制性。土地的限制性是指土地存在的某种不利因素（称为限制因素）限制或影响了土地的某种用途及其适宜程度。限制性分析包括两个方面：其一是限制因素类型；其二是限制强度。前者表明土地利用上需要采取的改造措施，后者则表明改造的难易程度。从根本上讲，土地的适宜性及其适宜程度是由制约土地生产潜力发挥的限制性因素及其强度决定的，适宜性与限制性是同一事物的两个方面，两者的关系是：适宜性愈大，则限制性愈小；反之，适宜性愈小，则限制性愈大。

完整的土地适宜性评价内容，应包括两个方面：①土地适宜性（适宜于什么用途以及适宜的程度）；②土地限制性（限制因素类型及其限制强度）。

二、土地适宜性评价的基本原则

进行土地适宜性评价，首先必须确定评价原则，这是评价的基础。不同的学者所提出的评价原则有着不同程度的差异。联合国粮农组织在其土地评价纲要中提出六条基本原则。

（一）针对用途种类进行评价和分类

不同的土地用途种类有不同的条件要求，也就是说，每种土地用途均有自身所需要的条件，如土壤养分、厚度、水分、温度等，故土地适宜性评价只就特定的土地用途种类才有意义。

（二）评价需要将不同类型的土地上获取的效益与投入的劳动、物力、资金进行比较

土地资源一旦被利用，就必然有投入。即便是采集野果也需要投入劳动。若不对土地进行投入，即便土地本身有很大的生产潜力，也难以发挥出来，或很少发挥出来，所以每种用

途的适宜性均需按所需投入量与所产出量或所获效益经过比较才能作出评价。

（三）需要多学科进行研究

土地适宜性总是或多或少地需要结合经济考虑问题。在定性评价中，只是一般地运用经济学的概念，不需要计算成本和效益。但在定量评价中，需从经济上比较投入与产出，这在决定土地适宜性上起着重要作用。因此，一个评价小组应由多种专业的人员构成，通常包括：①自然科学者，如地理学家、土壤学家、生态学家等；②设计土地利用方式的技术专家，如农学家、林学家、水利工程师、畜牧学家等；③经济学家；④社会学家。多学科综合研究是当今科学研究和发展的趋势。

（四）评价要适合当地的自然、经济和社会因素

这些因素包括气候、土壤、水文、自然植被、居民生活水平、劳力供应状况和劳动费用、就业需要、当地市场和外销情况、社会及政治所能接受的土地占有制度、资本有效供应量等，它们构成进行评价所要联系的范围。

（五）适宜性指的是确立在长期持续基础上的用途

在评价土地适宜性时，需要考虑环境退化问题。例如，有些土地利用方式在短期内可能很能获利，但有可能导致水土流失、草场退化或河流下游发生不利变化等，其恶果会超过短期的获利能力。所以这类土地应列为"不适宜"的一类。但这一原则并非意味着要保护环境就不能改变目前的状况，而是要求评价时必须尽可能准确地估计每一种土地利用方式对环境产生的可能后果。

（六）评价包括多种土地利用方式的比较

这种比较可在农业与林业之间、两种或多种耕作制度之间或多种不同作物之间进行。此外，还包括以现行利用方式与可能的变化进行比较。这种可能的变化，或是新的利用方式，或是现行利用方式的改变。要对不同的可选方案进行效益比较，如果仅仅考虑一种利用方式，即便土地确实适宜于这种用途，也可能忽视其他更有利的用途。

上述原则可以说是进行土地资源适宜性评价的指南和应遵循的准则。

《中国1：100万土地资源图》编委会则采用以下四条原则：①土地生产力的高低；②土地对农、林、牧业生产的适宜性及适宜程度；③土地对农、林、牧业生产的限制性及限制程度；④适当结合考虑与土地资源有密切关系的土地利用现状特征及社会因素。

杨子生等认为，在进行土地评价时应遵循以下几条原则。

1. 生态适宜性原则

这是一条基础性原则。指生态条件必须满足土地利用方式的要求，这是确定土地利用方式的基础依据和前提条件。由于土地本身是一个自然综合体，不同的土地类型表现出强烈的地域差异性，这就是土地的自然属性（亦即生态条件）的差异，而从很大程度上讲，土地对农、林、牧等业的适宜性及其适宜程度是其自然属性的主要表现。因此，进行土地适宜性评价时，必须充分分析土地本身所具有的自然属性，才能深刻地揭示土地为农、林、牧等业生产服务的内在本质——土地适宜利用方向。

2. 经济合理性原则

大多数土地本身生态条件所决定的适宜利用方式范围较宽，在此范围内，到底采用哪一种利用方式最佳，亦即主宜性是什么，则必须考虑这一原则。它主要是指土地作为某种利用可能取得的经济效益大小，这是衡量土地利用是否合理的重要标准。通过分析、比较各种不

同利用方式下可能取得的经济效益大小，可为选定土地的最佳利用方式（即主宜性）提供重要的科学根据。因此，这一原则是划分土地主宜性的关键性原则之一。

3. 社会需求性原则

土地利用的最终目的是为了满足人类社会生存和发展的各种物质需求，因此，在土地适宜性评价中，必须考虑这一原则，绝不能忽视。例如，有不少这样一些地区：从其自然条件来看，作为林业或牧业的适宜性程度较高，而种植业的适宜度较低，因而应以发展林业或牧业为主。但是，考虑到当地众多人口的粮食需求不可能全靠国家调剂解决或从外地购入，因此，不得不在一些条件较好、可以勉强种植作物的土地上，安排一定比重的种植业（不过，在种植方式、农田基本建设上必须加以注意，以防止产生不良的生态后果）。

4. 技术可行性原则

即要求技术条件必须满足土地利用方式的要求。这一原则则决定着土地利用方式的可行性。因为如果技术条件不能满足某一利用方式的要求，那么即使某一利用方式符合上述三个原则，也不能认为这种利用方式是可行的。

第二节 土地适宜性评价的指标体系

对于不同用途的土地利用方式来说，其适宜性评价所考虑的指标体系是不同的，这里以大农业为例来从自然条件方面论述土地适宜性评价指标体系。对大农业而言，土地的自然条件特别重要，这些自然条件主要包括地貌条件、热量条件、水分条件和土壤条件等。自然条件分析是土地适宜性评价的基础。

1. 地貌条件

主要包括地貌形态类型、海拔高度和地形坡度三个因子。

不同的地貌形态，其土地利用方式也不同。平原一般海拔较低、相对高度不大、地形平缓，故一般有利于发展耕作业，是农业（狭义）发展的理想基地；而山地则一般海拔较高、地势起伏大、地形坡度较大、谷地（或山间盆地）狭窄，适合于农、林、牧业的综合发展。表2-1是《中国1∶100万土地资源图》编委会在该图编制中制定的主要地貌类型的农、林、牧业评价的最高等级。

不同的海拔高度会引起气候和土壤的垂直变化，进而相应地影响到土地利用方式、作物布局和耕作制度。

地形坡度是决定土地适宜性的关键因子之一。地形坡度直接关系到水土流失程度、灌溉设施、机耕条件等，一般认为，25°为开垦耕地的极限坡度，也就是说坡度大于25°时便不适宜于种植作物，因为在这样的陡坡地上，水土流失可达到十分严重的程度。不同坡度的土地，其利用方式也不一样。因此在评价山区土地适宜性时，必须重视坡度大小。一般只有当坡度小于25°，而且土壤厚度大于30cm时，才可能作为宜农耕地。

2. 热量条件

最常用的基本指标是日均温度≥10℃持续期的积温，即活动积温，以此作为衡量适宜作物的热量条件，它也是决定土地适宜性的重要因子。≥10℃积温的大小，决定着不同的农作制度。表2-2列出了我国≥10℃积温与作物熟制的关系。表2-3列出了≥10℃积温与宜种作物的关系。当≥10℃积温<1000℃时，农作物便不能成熟，因而不能作为宜农耕地。

表 2-1 主要地貌类型的农、林、牧业评价的最高等级

地貌类型		农业评价	林业评价	牧业评价
平地	河滩地	2	2	2
	滨湖低地	2	2	2
	滨海低地	2	1	2
	平地	1	1	1
	岗地	1	1	1
	破碎岗地	3	2	1
	台地	1	1	1
	岩溶平地	2	1	1
	石芽地	不	3	3
风沙地	半固定沙丘	不	不或3	3
	流动沙丘	不	不或3	不
	固定沙丘	不	3	2或3
	平沙地	不	3、2	2
	风蚀劣地	不	不	不
	石质戈壁	不	不	3
丘陵	丘陵	2	1	1
	黄土丘陵	2	1	1
	黄土梁状丘陵	3	2	2
	黄土梁峁状丘陵	3	2	2
	黄土塬	1	1	1
	黄土台塬	1	1	1
	黄土碎塬	3	2	2
	黄土残塬	3	3	2
	黄土台地	1	1	1
山地	山地	3	1	1
	岩溶山地	不	3	2
	熔岩山地	3	1	1
	亚高山	不	不	1
	高山	不	不	2
	山原	2	1	2
	裸岩山地	不	不	不
	高山寒漠	不	不	不
	冰川	不	不	不

表 2-2 我国≥10℃积温与作物熟制的关系

≥10℃积温/℃	作物类型	熟制
1000～2000	喜凉作物	一年一熟
2000～3000(3500)	喜温作物	一年一熟
3000(3500)～4000(4500)	喜热作物	两年三熟、一年两熟
4000(4500)～6500	亚热带作物	一年两熟、两年五熟、一年三熟
≥6600	热带、亚热带作物	一年三熟

表 2-3 ≥10℃积温与宜种作物的关系

≥10℃积温/℃	宜种作物
<1000	基本无作物栽培(不能成熟)
1000～1500	早熟品种的马铃薯、大麦、燕麦(莜麦)、荞麦、甜菜、根和叶菜类蔬菜
1500～2000	马铃薯、大麦、小麦、燕麦、油菜、胡麻、豌豆、蚕豆、荞麦、早熟糜子、早熟耐寒蔬菜、各种喜凉作物
2000～2500	特早熟水稻、早熟玉米、中早熟谷子、早熟高粱、早熟大豆、甜菜、各种喜凉作物
2500～3000	早熟作物(水稻、芝麻)、中晚熟作物(玉米、高粱、谷子、大豆)、甜菜、向日葵、各种喜凉作物、各种蔬菜
3000～3500	特早熟陆地棉、花生、早中熟水稻、甘薯、芝麻、各种中温作物、喜凉作物、各种蔬菜
3500～4000	早中熟陆地棉、中晚熟水稻、甘薯、芝麻、各种中温作物、喜凉作物、蔬菜
4000～4500	中晚熟陆地棉、晚熟水稻、特早熟细绒棉、各种喜温作物、中温作物、喜凉作物、蔬菜
4500～7500	中晚熟陆地棉、中晚熟细绒棉、双季连作稻、各种喜温作物、中温作物、喜凉作物
>7500	水稻可一年三熟、玉米、甘薯可冬种、不宜喜凉作物(如小麦、油菜、马铃薯)

3. 水分条件

包括降水量、土壤水分状况以及由此决定的水源保证率。降水量大小对土地利用方式的选择特别重要。例如，我国以 400mm 等降雨线为界分出两部分，即大于 400mm 的东部和小于 400mm 的西部。东部为湿润半湿润区，西部则为干旱区。在东部，以 900mm 等降雨线为界，划分为南方和北方，前者为水田农区，后者则为旱作农区。在西北干旱区，只是有灌溉水源保证的绿洲地才能作为耕地。当降水稀少时，要发展农业必须要有灌溉水源保障。不同作物的需水量是不同的（表 2-4），在评价土地对具体某种作物的适宜性时，要充分考虑水分条件。

表 2-4 主要作物需水量①

作物	作物生长期需水量		总生长期/天
	/mm	/m³	
水稻	350～700	230～470	90～150
小麦	450～650	300～430	春 100～130,冬 180～250
玉米	500～800	330～530	100～140
马铃薯	500～700	330～470	100～150
棉花	700～1300	470～670	150～180
大麦	400～600	270～400	90～100
高粱	450～650	300～430	100～140
大豆	450～700	300～470	100～130
花生	500～700	330～470	90～140
甜菜	550～750	370～500	160～200
苜蓿	800～1600	530～1070	100～365

① 作物需水量是用其总生长期中的蒸发蒸腾量来衡量。

4. 土壤条件

主要包括土壤类型、土层厚度、土壤质地、土壤酸碱度（pH 值）及土壤养分指标。

不同的土壤类型有不同的理化性状，因而影响着土地利用方式。《中国 1:100 万土地资源图编制规范》就制定出了主要土壤类型的农、林、牧业评价的最高等级，如棕壤对农业评价和林业评价的最高等级为 1 级，而对于牧业评价的最高等级为 3 级。

土层厚度指有效土层厚度，其大小决定着土地的适宜性。所谓有效土层厚度，即指限制层（是指作物耕系不能下扎、水分难以下渗的土壤层次）以上的土壤深度。不同类型的作物，对土层厚度的要求不同。如多年生作物以及林果，适宜的土层厚度为 150cm 以上，临界土层厚度为 75~150cm；块茎根类作物适宜土层厚度在 75cm 以上，临界土层厚度为 50~75cm；谷类作物适宜土层厚度在 50cm 以上，临界土层厚度为 25（30）~50cm。主要作物的适宜土层厚度见表 2-5。

表 2-5 主要作物的适宜土层厚度

作　物	土层厚度/cm	
	最佳厚度	临界厚度
小麦,大麦,高粱,玉米,大豆	>50	25(30)~50
棉花,甜菜,甘薯,马铃薯	>75	50~75
旱稻	>100	50~100
水稻,花生	>100	75~100
橡胶,茶树,柑橘	>150	75~150

土壤质地对土壤的水、肥、气、热状况和耕性均有很大的作用和影响，从而影响着土地的适宜性程度。例如，黏土因土粒很细、粒间孔隙很小，以毛管空隙为主，毛管作用强，透水性差，通气性不良，土壤中好气性微生物活动受到抑制，有机质易于积累，所以黏土保水保肥能力强。另外，黏土紧实板结，湿时泥泞，黏着性强，干时坚硬，耕作费力，宜耕期短。砂土与黏土相反，而壤土则兼有砂土和黏土的优点，并克服了砂土和黏土的缺点，它既有一定数量的大孔隙，也有相当多的毛管孔隙，故通气透水性良好，保水保肥性较强，土温较为稳定，其土粒比表面较小，黏性不大，耕性良好，宜耕期长，它适宜于多种作物生长，是农业生产上最理想的土壤质地。

不同作物在进行正常生理生化的生命活动时，都要求相应的适宜土壤酸碱度。当土壤 pH 值过高或过低时，都会对作物正常生长发育产生不利影响甚至危害。主要作物的最适 pH 值见表 2-6。

表 2-6 主要作物的最适 pH 值

作　物	最适 pH 值	作　物	最适 pH 值
菠萝	4.5~6.5	花生、豌豆	5.5~7.0
马铃薯	4.8~6.0	棉花	5.5~8.0
甘薯、烟草	5.0~6.5	洋葱、甜菜	6.0~7.5
茶树	5.0~5.5	苹果、桃、杏、葡萄、甘蔗、小麦、大麦、高粱	6.0~8.0
水稻、玉米、大豆	5.0~7.0	苜蓿	6.5~7.5
柑橘	5.0~8.0		

土壤养分主要包括土壤有机质、全氮、全磷、全钾、碱解氮、速效磷和速效钾等。土壤养分的高低，是确定土地适宜性程度等级的重要指标之一。

第三节 联合国粮农组织的土地适宜性评价

联合国粮食组织《土地评价纲要》（A Framework for Land Evaluation）（1976年）采用逐级降低的四级制评价系统，如下所示。

1. 土地适宜性纲（land suitability order）

反映土地适宜性的种类，表示土地对考虑中的用途是适宜或不适宜。可分出"适宜的"和"不适宜的"两个纲。适宜纲（S）是指在此土地上按所考虑的用途进行持久利用，能产生明显的经济效益，而不会对土地本身产生破坏性后果。不适宜纲（N）指土地质量显示不能按所考虑的用途进行持久利用。不适宜的原因可能是土地的自然条件恶劣，强烈限制了土地利用的可能性（如高山荒漠、石质陡坡地等），或者土地被利用后可能会引起严重的土地资源退化与环境恶化（如耕种陡坡），或者所需投资大而收益小，在经济上得不偿失、无利可图。

2. 土地适宜性级（land suitability class）

反映纲之内的适宜性程度，其级别可用阿拉伯字母按纲内适宜性程度递减顺序排列。纲内级的数目未作具体规定，以保持在必要的最低限度内满足说明之需为目的。一般有3～5级，但常用的有以下3级：①高度适宜级（S_1），指土地可被持续用于某种用途而不受重大限制，或仅有较小限制，不至于显著地降低产量或收益，也不需增加超出可承担水平以上的投资和费用；②中度适宜级（S_2），指土地被持续用于某指定用途时受到中等程度的限制，因而产量和收益将减少，所需投资和费用增加，但仍可获利，但土地生产效益明显低于"高度适宜级"的土地；③临界（或勉强）适宜级（S_3），指土地被持续用于某指定用途时受到严重的限制，因而产量和收益明显减少，并需增加必要的投资，只能勉强满足土地利用类型对土地质量的要求，收支仅勉强达到平衡。

在"不适宜纲"内，常分为两级：当前不适宜级（N_1）和永久不适宜级（N_2）。当前不适宜指土地有限制性，在将来可以克服或改造，但在目前的技术和现行成本下不宜加以利用。永久不适宜指土地限制性极强，因而无法改良，对确定的利用类型，无论当前还是今后，都缺乏利用的可能。

3. 土地适宜性亚级（land suitability subclass）

反映级内限制性因素类别的差异，如水分亏缺、土壤侵蚀、土壤盐渍化等。亚级用小写英文字母表示，附在适宜性符号之后。亚级的数目及区别亚级所选择的界限将随分类目的的不同而不同。一般来说，其数目应以能满意地区别一类土地范围内的土地为限，在其符号表示上，最好用最少的限制因素代号，一般仅用一个。如果有两个限制因素同样重要，也可将两个符号并用。限制因素的代号一般用英文名词的第一个字母表示，如水分亏缺用m表示，侵蚀用e表示等，这些符号被列于"级"之后，如S_{2e}等。

高度适宜级的土地几乎不受任何限制，因此在该级内不分亚级。至于"不适宜纲"内的土地，也可按限制性因素的种类划分亚级，但由于此类土地不投入使用，所以不必划分亚级，更不需再划分"适宜性单元"。

4. 适宜性单元（land suitability unit）

这是适宜性亚级的续分，反映亚级之内所需经营管理方面的次要差别。不同单元之间在其生产特点或经营管理方面均有细微差别，而同一适宜性单元在生产利用上或改良措施的难易程度或规模上有极为相似的一致性。"适宜性单元"用连接号"-"接阿拉伯数字表示，列于亚级符号之后，如 S_{2e-2} 等。

第四节 美国农业部的土地能力分类系统

土地能力分类中的"土地能力"是指在正常的利用和管理水平下，土地持续地供生产利用的能力。土地利用能力分类也是一种土地适宜性评价，它服务于大农业利用这个范畴。可耕土地的分类，是根据土地持续生产一般农作物的能力与所受到的限制因素及其强度来划分的。而不宜耕种的土地则以其生产永久性植物的能力和限制因素以及因经营管理不当所引起的土壤破坏的危险性作为划分的依据。

土地利用能力分类系统为三级制，即由级（class）、亚级（subclass）和单位（unit）组成。土地分为能力级、能力亚级和能力单位是以土地长期种植农作物或生长饲料作物不会导致土地退化为前提的。

1. 土地能力级

这是土地能力评价中的最高单元，其含义是限制性或危害性的相对程度和相同的土地能力亚级的归并。它把全部土地划分为8个级，分别用罗马字母表示。从Ⅰ级到Ⅷ级，土地在利用上受到的限制逐渐增强。其中Ⅰ~Ⅳ级土地在良好管理下可适宜于大农业范围内的各种用途；Ⅴ~Ⅶ级土地适宜于牧业和林业利用，若有较多的改良措施或保证条件也可生产某些作物；Ⅷ级土地一般不适宜于开发利用。

各能力级的具体含义如下。

(1) Ⅰ级 土地利用很少受到限制，适宜种植的植物范围广泛，可以安全地用于农作物、牧草、林木和野生动物栖息。土地近于水平，水蚀或风蚀的危险性很小。土层深厚，排水良好，易于耕作，在耕作时只需一般的经营管理。

(2) Ⅱ级 土地利用受到一些限制，但所受限制不多，且改良措施易行。可以种植农作物和饲料作物，作为牧场、林场或野生动物栖居场所等，在耕作时需要细致的土地管理。

(3) Ⅲ级 土地受到严格的限制，致使作物选择有限或要求有特殊的水土保持措施，或者兼而有之，可种植农作物和饲料作物，或作为林场、牧场或野生动物栖居场所。

(4) Ⅳ级 土地对作物的选择有很严格的限制或要求很仔细谨慎的管理，可用作农作物、饲料作物、林场、牧场或野生动物栖居地，能适应Ⅳ级土地的农作物仅有三四种，并且与投入相比其常年产量是低的。

(5) Ⅴ级 土地几乎不受侵蚀危害，但因存在难以排除的限制因素，使它们大部分只能作为草场、林场或野生动物栖居地。Ⅴ级土地不适于一般农作物。

(6) Ⅵ级 具有严格的限制因素，一般不宜于耕种，大部分限于用作草场、林场或野生动物栖居地。Ⅵ级土地具有难以改良的限制因素，如果采用播种、施石灰、施肥、等高耕作以及开挖排水渠、分洪或喷灌等措施使其成为改良牧草地，那么Ⅵ级土地从自然条件角度看，还是有其有利的方面。

(7) Ⅶ级 具有很严格的限制因素，不宜耕种并限定大部分只能用作牧草地、林地或野生动物栖居地，它不允许通过一些措施成为改良牧草地。

(8) Ⅷ级 只能作为休养地、野生动物栖居地、水源地或风景地等。这级土地的土壤与地形的限制,使得它不能在经营作物、草地或林地中获利,但用作野生动物栖居地、水源地或休养地仍有一定价值。

2. 土地能力亚级

在同一"级"内,可按土地利用中的主要限制因素类型将土地进一步分出相应的亚级。按"亚级"的含义,由于Ⅰ级土地在利用上很少受到限制,适宜广泛的用途和利用类型,故Ⅰ级土地不再划分亚级。其余各级土地均需要划分亚级。一般情况下,主要限制因素有四个:侵蚀、潮湿、根系层和气候。侵蚀危险用"e"表示;潮湿、排水不良或洪水泛滥用"w"表示;根系层用"s"表示;气候用"c"表示。

限制因素类型用小写英文字母表示,后缀于级的符号之后,最多不超过两个,将主要者排在前面,若限制程度相同,则按上述顺序排列,如Ⅲe、Ⅲse或Ⅲes等。

3. 土地能力单位

土地能力分类系统的最低单元,是在同一"亚级"内,根据利用和管理上的一致性而划分出的一组土地。土地利用能力单位是一组对于植物的适宜性和对相同的土地经营的反映都很相似的土地。即对于本单元内的土地的土壤、水和植物都可以采用一套极为相似的经营方法。

土地利用能力分类的优点是分级类别的数目只有八级,易于掌握;主要是定性的,不是定量的。在解释土壤特性的基础上参考其他土地特征和土地质量,即可评定土地的等级;这种评价属于土地自然属性的评价,其应用的范围较广,而且不像土地的经济评价,受投入产出的影响经常改变土地的级别;通用性广,所列出的限制性的性质和程度可以根据当地情况加以修改,而不致对评价体系的基本结构产生任何影响;级、亚级、利用能力单位的层次允许该体系用于任何一个适宜的研究水平上,这可根据成果的用途和可利用的资料情况来确定。其缺点是这个分类体系只适用于土地的经营管理水平高的国家,而不适用于发展中国家的土地利用能力分类;难于考虑不同限制因素之间的关系;不能评出对某种特定作物的适宜性;在资料欠缺的地区,无法进行土地利用能力评价。

美国土壤保持局的土地利用能力分类现已广泛应用于许多国家和地区,只是因各地自然与社会经济状况不同,评价目的有异,所以在应用时对它做了适当的修改。

第五节 我国土地资源适宜性评价

自新中国成立以来,陆续开展了一些土地资源评价方面的研究,尤其是1978年以来,此项研究广泛、蓬勃地展开,进而产生了不少评价系统。其中,具有代表性的、有影响的是原中国科学院国家计委自然资源综合考察委员会主编的《中国1:100万土地资源图》的土地资源适宜性评价系统,该系统具全国意义。

《中国1:100万土地资源图》的土地资源评价属于土地资源适宜性评价,其评价系统由土地潜力区、土地适宜类、土地质量等级、土地限制型和土地资源单位五个等级组成。

土地潜力区为"0"级单位,其划分依据是气候和水热条件,反映区域之间生产力的对比。在同一"区"内,具有大体相同的土地生产潜力,包括适宜的农作物、牧草、林木的种类、组成、熟制和产量,以及土地利用的主要方向和主要措施。全国共划分出九个土地潜力区,即华南区,四川盆地-长江中下游区,云贵高原区,华北-辽南区,黄土高原区,东北区、内蒙古半干旱区，西北干旱区与青藏高原区。

土地适宜类是在土地潜力区的范围内依据土地对农、林、牧业生产的适宜性进行划分。在划分时，应尽可能按主要适宜方面划分；但对那些主要利用方向尚难明确的多宜性土地，应作多宜性评价。共划分8个土地适宜类：宜农耕地类，宜农宜林宜牧土地类，宜农宜林土地类，宜农宜牧土地类，宜林宜牧土地类，宜林土地类，宜牧土地类，不宜农林牧土地类。

土地质量等是在土地适宜类的范围内，反映土地的适宜程度和生产潜力的高低。这是土地资源评价的核心。土地质量等的划分可按农、林、牧等方面各分三等。

一等地对相应的利用类型最好，基本无限制，如宜农一等地土地地形平坦，土壤肥力高，机耕条件好，在当地均属基本农田，或易于建成基本农田，在正常耕作管理措施下，一般均能获得较好的产量。对于未开垦的土地，不需要改造或略加改造即可开垦，开垦后也易建成基本农田，且在正常利用下，不会对当地或邻近地区产生土地退化等不良后果。宜林一等地是最适于林木生产的土地，产量高，质量好。这类宜林地无明显限制，在更新或造林时只需要采用一般技术措施即可。宜牧一等地是最适于放牧或饲养牲畜的土地，牧草品质好，产草量高。这类土地水土条件好，易于建设基本草场。

二等地对相应的利用类型有一定限制，质量中等，如宜农二等地，需采取一定改造措施才能开垦和建设成基本农田，或需一定的保护措施，以免产生土地退化。宜林二等地受到地形、土壤水分或盐分等因素的一定限制，造林时要求较高的技术措施。宜牧二等地牧草品质较差，或产草量较低，或草场有轻度退化，但水土条件好，较易恢复和改良。

三等地对相应的利用方式有较大的限制，质量差。如宜农三等地需要采取大力改造措施后，才能开垦或建设基本农田，否则易发生土地退化。宜林三等地林木生长有一定困难，地形、土壤水分、盐分等因素限制较大，造林技术要求高，并需要一定的改良措施，产量较低。宜牧三等地勉强适宜于放牧或饲养牲畜，其牧草品质低劣或产量很低，草场退化加剧，需大力改造，或因某种条件的限制，利用难。

土地质量等用阿拉伯数字0、1、2、3四个数字组合表示。宜农耕地类用一位数字表示土地等级；不宜农、林、牧土地类用0表示；其他适宜类的土地质量等都用三位数表示农、林、牧等级，第一位表示宜农等级，第二位表示宜林等级，第三位数表示宜牧等级。如"213"即表示二等宜农、一等宜林、三等宜牧的土地。"320"表示三等宜农、二等宜林的土地；"023"表示二等宜林、三等宜牧的土地等。

土地限制型是在土地质量等的范围内，按其限制因素及强度来划分。同一限制型的土地具有相同的主要限制因素和相似的主要改造措施。在同一等内，型与型之间只反映限制因素的不同，以及主要改造措施的不同，而无质、量、等级的差别。土地限制型共划分为：无限制、水文与排水条件限制、土壤盐渍化限制、有效土层限制、土壤质地限制、基岩裸露限制、地形坡度限制、土壤侵蚀限制、水分限制与温度限制十个限制型。各个限制因素均分出若干级，分级指标以满足能够进行农、林、牧分等为原则。

土地限制型用英文斜体小写字母表示。o为无限制，w为水位与排水限制，s为盐碱限制，l为土层限制，b为裸岩限制，p为坡度限制，e为侵蚀限制，r为水分限制，t为湿度限制。其位置放在土地质量等的右上角。限制强度用小写阿拉伯字母1、2、3、…表示，放在英文字母右下角，如2^{p_2}、323^{e_3}等。

土地资源单位即土地资源类型，是土地资源分类的基层单位，由地貌、土壤、植被与利用类型组成。其中，地貌按形态划分为平地、岗地与台地、丘陵、山地、谷地和沙地六大类，其下根据评价的需要划分若干类型；土壤基本上按 1978 年中国土壤学会土壤分类学术会议上拟定的我国土壤分类暂行草案，规定以土类、亚类为主；植被以亚型、群系组为主；利用类型划分为水田、水浇地、旱耕地、经济林地、草地等主要利用类型。土地资源单位的命名采用地貌、土壤、植被与利用类型联合法，如山地黄壤阔叶林地、丘陵紫色土旱耕地、平地冲积性水稻土水田。土地资源单位表明土地的自然类型或利用类型。土地资源单位用阿拉伯数字 1、2、3…表示，放在土地质量等的右下角，由各幅图自行编号。

关于《我国 1：100 万土地资源图编图制图规范》制定的土地资源适宜性评价系统是当前我国的最高水平的系统，然而也并非十全十美，部分研究者提出了一些不同看法，如下所示。

（1）认为应该去掉"土地潜力区"这一零级单位，原因如下。

① 土地潜力区是一个区划单位，把它纳入评价系统作为类型单位使用，混淆了分区和分类的本质差别，不科学。

②《中国 1：100 万土地资源图》所划分的九个潜力区，没有明确的定量指标依据，因而根本反映不出我国土地潜力的差别；而且区与区之间的界线也不明确，易在实践中造成较大混乱。有的区是地貌区，如云贵高原、黄土高原、青藏高原；有的区是流域区，如长江中下游区；有的区是以习惯上的方位来划分，如东北区、华北区、华南区；有些区是气候中的干湿区，如内蒙古半干旱区、西北干旱区。像这样无统一指标的区很难有机地连接起来，而又难以明确分开。如陕北的风沙区应划归哪个区呢？按干湿情况它应属于半干旱区，所以西北干旱区不能包括它，内蒙古半干旱区也不包括它，从地质上讲，又不属于黄土高原。

③ 土地研究并非区域研究，所评定的土地潜力必须落实到具体的土地上，而不是落实到某块土地所属的区域上，以区域反映土地潜力的做法，使土地本身所具有的潜力无法反映出来，结果，不仅使属于不同区域的土地丧失了比较其潜力的基础，而且也抹杀了同一区域内任意两块土地间的潜力差异。

④ 增加了潜力区，图例随之大大增加，故使图幅负荷量过重，影响图幅质量。总之应该去掉土地潜力区，只能将土地潜力评价与适宜性评价分开进行。

（2）由于土地资源单位即土地资源类型本身具有自己的分类系统，它与土地评价系统是两个不同的概念、本质有别的系统，所以不应将它列入评价系统中，它只能作为土地评价的基本单元。

（3）从性质上看，《中国 1：100 万土地资源图》属于土地适宜性评价图，其评价等级只能反映土地质量的一个方面——适宜性的程度，所以把"质量等"改名为"适宜等"更为恰当。

总之，可以认为，土地适宜性评价系统可采用适宜类、适宜级（或等）、限制型三级制。当然也可根据不同的需求和要求，增加一些过渡级别。

第三章 农用地分等

第一节 农用地分等概述

为全面掌握我国农用地资源的质量状况，科学评价和管理农用地，促进我国农用地的合理利用，统一农用地分等程序和方法，我国国土资源部于2003年颁布实施了中华人民共和国国土资源部行业标准《农用地分等规程（TO/T 1004—2003）》。

一、农用地分等的概念、目的与任务

农用地分等是指在全国范围内对直接用于农用生产的土地，包括耕地、园地、林地、牧草地及其他农用地，按照标准耕作制度，在自然质量条件、平均土地利用条件、平均土地经济条件下，根据规定的方法和程序进行的农用地质量综合评定。

农用地分等的目的是贯彻落实《中华人民共和国土地管理法》；科学量化农用地质量及分布；落实占用耕地补偿制度，实现耕地占补平衡目标；为科学核算农用地生产潜力提供依据。

其任务是根据农用地的自然属性和经济属性，对农用地的质量优劣进行综合、定量评定并划分等别。农用地分等成果要求在全国范围内可比。

二、农用地分等的原则

农用地分等应坚持综合分析原则、分层控制原则、主导因素原则、土地收益差异原则、定量分析与定性分析相结合原则以及跟踪检验原则。

1. 综合分析原则

农用地质量是各种自然因素、社会经济因素综合作用的结果，农用地分等应以造成等别差异的各种相对稳定因素的综合分析为基础。

2. 分层控制原则

农用地分等以建立全国范围内的统一等别序列为目的。在实际操作上，农用地分等是在国家、省、县三个层次上展开。县级分等成果要在本县域范围内可比，省级协调汇总要在本省范围内可比，国家级协调汇总成果要在全国范围内可比。

3. 主导因素原则

农用地分等应根据相对稳定的影响因素及其作用的差异，重点考虑对土地质量及土地生产力水平具有重要作用的主导因素，突出主导因素对分等结果的作用。

4. 土地收益差异原则

农用地分等应能反映不同区域土地自然质量条件、土地利用水平、社会经济水平的差异对区域土地生产力水平的影响，也应能反映对区域土地收益水平的影响。

5. 定量分析与定性分析相结合原则

农用地分等应以定量计算为主。对现阶段难以定量的自然因素、社会经济因素采用必要的定性分析，定性分析的结果可用于农用地分等成果的调整和确定工作中，提高农用地分等成果的精度。

6. 跟踪检验原则

在农用地分等工作中,应对每一步成果进行检验,并进行专家咨询、论证,确保成果与实际情况相符。

三、农用地分等的思路与方法步骤

农用地分等的思路是依据全国统一制定的标准耕作制度,以指定作物的光温(气候)生产潜力为基础,通过对土地自然质量、土地利用水平、土地经济水平逐级订正,综合评定农用地等别。

指定作物指行政区所属耕作区标准耕作制度中所涉及的作物。

农用地分等的步骤包括以下几个方面:

① 资料收集整理与外业调查;
② 划分指标区,确定指标区分等因素及权重;
③ 划分分等单元并计算农用地自然质量分等;

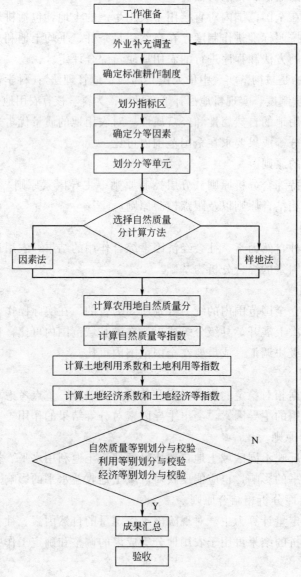

图 3-1 农用地分等工作流程

④ 查指定作物的光温（气候）生产潜力指数表，计算农用地自然质量等指数；
⑤ 计算土地利用系数及农用地利用等指数；
⑥ 计算土地经济系数及农用地经济等指数；
⑦ 划分与校验农用地自然质量等别、利用等别以及经济等别；
⑧ 整理、验收成果。
农用地分等工作流程如图 3-1 所示。

第二节　资料收集与调查

一、资料收集

资料收集是农用地分等的基础性工作之一。农用地分等要收集的资料包括农用地自然条件资料、农用地利用资料、农用地经济资料、图件资料以及其他资料。

农用地自然条件资料包括水文资料、土壤资料、地貌资料、农田基本建设资料和农业气候补充资料等。水文资料包括水源类型（地表水、地下水）、水量、水质等。土壤资料包括土壤类型、土壤表层有机质含量、表层土壤质地、有效土层厚度、土壤盐碱状况、剖面构型、障碍层特征、土壤侵蚀状况、土壤污染状况、土壤保水供水状况、土壤中砾石含量等。地貌资料包括地貌类型、海拔、坡向、坡形、地貌部位等。农田基本建设资料包括灌溉条件（水源保证率、灌溉保证率）、排水条件、田间道路条件、田块大小、平整度及破碎度等。农业气候补充资料包括各作物播种和收获日期、月平均降水量等。

农用地利用资料包括标准耕作制度中所涉及的指定作物的面积、单产、总产的统计资料、农业生产实测资料、农业技术试验资料、样点土地利用资料等。

农用地经济资料包括单位面积资金投入、单位面积纯收益、农村道路网分布、道路级别标准、距区域经济中心的距离。

图件资料包括土地利用现状图、土壤图、地形图、土地利用规划图及其他相关图件。

二、外业补充调查

1. 农用地自然质量影响因素状况调查

农用地自然质量影响因素状况调查是对因素法中农用地分等因素或样地法中农用地分等属性的调查。

2. 农用地利用状况与农用地经营状况调查

主要是调查收入产出数据。以村为单位，采用实测、评估和历史资料分析相结合的方法进行调查。投入按标准耕作制度中确定的基准作物和指定作物的实际投入量计算，以单位面积的投入量表示。物质投入包括种子、化肥、农药、地膜、水电、农机具等。根据国家市场指导价计算，农家肥按当地平均价格计算。活劳动投入包括各生产环节的劳动投入和必要的农田维护劳动力投入，按当地平均劳动力价格计算。产出数据按标准耕作制度中所确定的基准作物和指定作物的实物产出量计算，以单位面积产量表示。

第三节　指定作物确定与分等单元划分

一、标准耕作制度的确定

耕作制度（farming system）是指一个地区或生产单位的农作物种植制度以及与其相适

应的养地制度的综合技术体系。种植制度是中心，养地制度是基础。

种植制度（cropping system）是指一个地区或生产单位的作物组成与配置、熟制与种植方式（间作、套种、轮连作）的综合。包括确定种什么作物，种多少，一年种一茬还是种多茬，种植方式是采用间作、套作、移栽还是单作或平播，不同生产季节或年份作物的轮换顺序或连作等。养地制度是与种植制度相适应的土壤生态维护技术，包括农田基本建设、土壤培肥与施肥、水分供求平衡、土壤耕作以及农用保护等。

标准耕作制度是指在当前的社会经济水平、生产条件和技术水平下，有利于生产或最大限度地发挥当地土地生产潜力，未来仍有较大的发展前景，不造成生态破坏，能够满足社会需求，并已为（或将为）当地普遍采纳的农作方式。由于各地养地方式难以统一，所以这里的标准耕作制度主要是指种植制度，即主要考虑一个地区的作物组成与配置、熟制与种植方式（间作、套种、轮连作）。

标准耕作制度的选择要根据地域分异规律与现代农业发展动向，因地制宜，趋利避害，合理确定作物组合和作物组分。选择各区标准耕作制度的原则如下。

1. 自然潜力与市场规律相结合的原则

确定标准耕作制度必须以充分发挥当地自然生产潜力为前提。如目前南方许多地方由于受经济利益驱动，出现了只种一季或撂荒现象，这不是农业发展的主流，也不能把短期内出现的不正常现象作为未来农业发展的趋势，因此不能以此作为标准耕作制度。标准耕作制度应尽可能选择能最大限度发挥当地生产潜力的种植制度。另外，市场规律也是考虑的主要因素。如南方的籼稻、北方的高粱，尽管产量不低，但市场需求量呈下降趋势，这些种植制度势必不适应市场的需求，不能作为标准耕作制度。

2. 代表性与简单性相结合的原则

标准耕作制度是所在地区比较适宜的、具有普遍性和代表性的耕作制度。同时由于现行耕作方式千变万化，特别是南方，间、套作形式多样，标准耕作制度的确定力求简单化，多种作物的间作一般选择种植面积较大、产量适中的一两种作为标准。

3. 可操作性原则

从农用地分等定级的实际操作出发，标准耕作制度以粮食作物为主体，兼顾经济作物，以简化作物生产潜力指数的测算工作，减少标准粮换算误差。

4. 与农业机械化相适应的原则

农业现代化离不开机械化，因此，尽管有些耕作制度在现阶段劳动力充足情况下能获得高产，但若不适应机械化耕作就不会有太大的发展前途。如标准耕作制度尽可能不考虑需劳动力很多的间、套种模式，而主要考虑平播方式或大面积采用的简单套种方式，以利于机械化作业。

5. 用地与养地相结合的原则

标准耕作制度必须有利于农用地的可持续利用，摒弃只用不养，对土地掠夺性经营的农作制度，发展用地与养地兼顾，经济效益、生态效益和社会效益结合，处于高产、高效、良性循环状态的农作制度，促进区域经济的可持续发展。

根据以上原则，农用地分等"标准耕作制度"的确定方法如下：定义中"已为当地普遍采纳的农作方式"是指某作物或作物组合种植面积在总种植面积中占到50％以上。按此规定，如果一种种植制度的比例达到50％，则该制度即为该地区的标准耕作制度，如果一种种植制度的比例不能达到50％，则确定较为重要的几种种植制度（种植面积比例之和大于

50%)为该地区的标准耕作制度。考虑不同地貌、水旱条件（水田和旱地）的主要种植制度，或在丘陵山区根据海拔高度不同确定不同的标准耕作制度。

一般来说，按上述方法确定的标准耕作制度主要是粮食作物，有不少地区经济作物虽然面积比例不多，但在种植业内部却占有非常重要的地位，如云贵高原的烤烟、华南的热带作物、南疆的棉花等。为突出经济作物或其他具有地区特色的农作物的地位，特别规定，对粮食作物以外的经济作物或其他的农作物，若其种植面积占总种植面积的10%以上，也作为该地区标准耕作制度的组成部分。

二、基准作物和指定作物的确定

基准作物指的是理论标准粮的折算基准，指全国比较普遍的主要粮食作物，如小麦、玉米、水稻，按照不同区域生长季节的不同，进一步区分为春小麦、冬小麦、夏玉米、春玉米、一季稻、早稻和晚稻七种粮食作物。基准作物是小麦、玉米、水稻三种主要粮食作物中的一种，由省级土地行政主管部门负责从中选择一种，作为本行政区的基准作物。

指定作物指标准耕作制度中所涉及的作物。

三、分等单元的划分

分等单元是农用地分等的最小空间单位。单元之间的土地特征差异明显，同一单元内的土地特征相同或相近。在划分单元时不能把不同地貌部位的土地划为同一单元，山脉走向两侧水热分配有明显差异的不划为同一单元，地下水、土壤条件、盐碱度等分等因素指标有明显差异的不划为同一单元，土地分等单元边界不跨越分等因素指标区、土地利用系数等值区和土地经济系数等值区。单元边界也不应跨越地块边界。

分等单元划分的方法有叠置法、地块法、网格法、多边形法。

叠置法是把比例尺相同的土地利用现状图与地形图、土壤图叠加，形成的封闭图斑即为一个分等单元。对小于最小上图面积（$6mm^2$）要进行归并。叠置法适用于土地利用现状类型多、地貌类型比较复杂的地区。

地块法是在工作底图上用明显的地物界线或权属界线，将农用地分等因素相对均一的地块，划分为一个分等单元。也可直接将土地利用现状图上的图斑作为分等单元。地块法适用于所有分等类型和地区。

网格法是用一定大小的网格作为分等单元。网格大小以能区分不同特性的地块为标准，可采用大小均一的固定网格，也可采用大小不一的动态网格。网格法适用于分等因素空间变化不复杂的地区。

多边形法是将所有分等因素图进行叠加，最终生成封闭多边形即为分等单元。多边形法适用于所有分等类型和地区。

第四节 农用地自然质量等划分

农用地自然质量等就是在全国范围内按照标准耕作制度，在自然质量条件下，根据规定的方法和程序进行的农用地自然质量的评定，划分出的农用地等别。农用地自然质量等反映农用地自然质量状况，农用地自然质量等的划分是农用地分等中最重要的环节之一，是农用地分等的基础。

一、农用地自然质量分计算方法

农用地自然质量分计算方法有因素法和样地法，在计算农用地自然质量分时应根据实际情况，选择其中的一种。

（一）因素法

1. 确定分等因素指标区

采用因素法计算农用地自然质量分，需要划分农用地分等因素指标区，分等因素指标区是对区域内决定农用地自然质量的各种因素的组合，依据主导因素原则和区域分异原则划分的分等因素体系一致的区域，是区别于其他因素指标区的最小单元。

指标区可根据地貌条件、耕作制度等划分，也可根据强限制性因素的区域分异规律划分。在县域范围内，因素指标区一般不要多于 10 个。

如陕西省在农用地分等中认为本省大的宏观地貌类型是制约农用地等别分布的根本因素，它是控制着诸如气候、土壤、水文等关键自然因素的分布，而且这些因素的区划界线也大致与地貌类型的分界线一致。因此以地貌类型为基础，结合国土资源部划定的一级及二级指标区来划分陕西省农用地分等因素三级指标区，最终将陕西省划分为七个三级分等因素指标区，分别为陕北长城沿线风沙区、陕北黄土丘陵沟壑区、渭北黄土旱塬区、关中渭河平原区、商洛山地丘陵区、陕南秦巴中高山区及陕南低山平坝区。

2. 确定分等因素

农用地分等因素有推荐因素和自选因素两类。推荐因素由国家统一确定，分区、分地貌类型给出。自选因素由省级土地行政主管部门确定，自选因素一般不超过 3 个。所有分等因素都要采用特尔菲法、因素成对比较法、主成分分析法、层次分析法等方法中的两种以上方法进行检验和确定。一个指标区内，选定的分等因素要对农用地的质量有明显影响，一般不超过 10 个。农用地自然质量分依据所选用的分等因素计算。

推荐因素有 13 个，这 13 个因素是对农用地质量有显著影响的农用地质量构成因素。它们是：有效土层厚度、表层土壤质地、剖面构型、盐渍化程度、土壤污染状况、土壤有机质含量、土壤酸碱度（土壤 pH 值）、障碍层距地表深度、排水条件、地形坡度、灌溉保证率、地表岩石露头度、灌溉水源。

自选因素由各地经分析论证后确定，可以从以下几个方面确定。

（1）水文方面 水源类型（地表水、地下水）、水量、水质等。

（2）土壤方面 土壤类型、土壤表层有机质含量、表层土壤质地、有效土层厚度、土壤盐碱状况、剖面构型、障碍层特征、土壤侵蚀状况、土壤污染状况、土壤保水供水状况、土壤中砾石含量等。

（3）地貌方面 地貌类型、海拔、坡度、坡向、坡形、地貌部位。

（4）农田基本建设方面 灌溉条件（水源保证率、灌溉保证率）、排水条件、田间道路条件、田块大小、平整度及破碎程度等。

3. 编制"指定作物-分等因素-自然质量分"记分规则表

编制指定作物-分等因素-自然质量分记分规则表，则要求对分等因素进行分级，并对不同级别赋予不同的分值。推荐因素的分级及其分值规程中已经给出，在实际工作中可根据指定作物、指标区情况加以调整。

自选因素指标的分级及其分值由各地自行确定。主要推荐因素其分级如下。

（1）有效土层厚度 有效土层厚度指土壤层和松散的母质层之和，共分 5 个等级：

① 1 级，有效土层厚度≥150cm；

② 2 级，有效土层厚度 100～150cm；

③ 3级，有效土层厚度60～100cm；

④ 4级，有效土层厚度30～60cm；

⑤ 5级，有效土层厚度＜30cm。

分级界限下含上不含，如"有效土层厚度60～100cm"，意思是有效土层厚度大于等于60cm，小于100cm的归为3级，有效土层厚度为100cm时归为2级。以下各因素分级界限也是下含上不含，含义与此相同。

（2）表层土壤质地　表层土壤质地一般指耕层土壤的质地。质地分为砂土、壤土、黏土和砾质土4个级别。

① 1级，壤土，包括前苏联卡庆斯基制的砂壤、轻壤和中壤，1978年全国土壤普查办公室制定的中国土壤质地试行分类中的壤土。

② 2级，黏土，包括前苏联卡庆斯基制的黏土和重壤，1978年全国普查办公室制定的中国土壤质地试行分类中的黏土。

③ 3级，砂土，包括前苏联卡庆斯基制的紧砂土和松砂土，1978年全国普查办公室制定的中国土壤质地试行分类中的砂土。

④ 4级，砾质土，即按体积计，直径大于3mm的砾石等粗碎屑含量大于10%，包括前苏联卡庆斯基制的强石质土，1978年全国土壤普查办公室制定的中国土壤质地试行分类中的多砾质土。

（3）剖面构型　剖面构型是指土壤剖面中不同质地的土层的排列次序，包括以下几类。

① 均质质地剖面构型　即指从土表到100cm深度土壤质地基本均一，或其他质地的土层的连续厚度小于15cm，或这些土层的累加厚度小于40cm，分为通体壤、通体砂、通体黏以及通体砾4种类型。

② 夹层质地剖面构型　指的是从土表20～30cm至60～70cm深度内，夹有厚度为15～30cm的与上下层土壤质地明显不同的质地土层，续分为砂/黏/砂、黏/砂/黏、壤/黏/壤、壤/砂/壤4种类型。

③ 体（垫）层质地剖面构型　指的是从土表20～30cm以下出现厚度大于40cm的不同质地的土层，续分为砂/黏、黏/砂、壤/黏、壤/砂4种类型。

（4）盐渍化程度　土壤盐渍化程度分为无、轻度盐化、中度盐化、重度盐化4级。

① 1级，无盐化，作物没有因盐渍化引起的缺苗断垄现象、当易溶盐以苏打为主时，表层土壤含盐量小于0.1%；当易溶盐以氯化物为主时，表层含盐量小于0.2%；当易溶盐以硫酸盐为主时，表层土壤含盐量小于0.3%。

② 2级，轻度盐化，由盐渍化造成的作物缺苗2～3成。当易溶盐以苏打为主时，表层土壤含盐量0.1%～0.3%；当易溶盐以氯化物为主时，表层土壤含盐量0.2%～0.4%；当易溶盐以硫酸盐为主时，表层土壤含盐量0.3%～0.5%。

③ 3级，中度盐化，由盐渍化造成的作物缺苗3～5成。当易溶盐以苏打为主时，表层土壤含盐量0.3%～0.5%；当易溶盐以氯化物为主时，表层土壤含盐量0.4%～0.6%；当易溶盐以硫酸盐为主时，表层土壤含盐量0.5%～0.7%。

④ 4级，重度盐化，由盐渍化造成的作物缺苗大于等于5成。当易溶盐以苏打为主时，表层土壤含盐量大于等于0.5%；当易溶盐以氯化物为主时，表层土壤含盐量大于等于0.6%；当易溶盐以硫酸盐为主时，表层土壤含盐量大于等于0.7%。

（5）土壤有机质含量　土壤有机质含量分为6个级别：

① 1级，土壤有机质含量≥4.0%；
② 2级，土壤有机质含量4.0%~3.0%；
③ 3级，土壤有机质含量3.0%~2.0%；
④ 4级，土壤有机质含量2.0%~1.0%；
⑤ 5级，土壤有机质含量1.0%~0.6%；
⑥ 6级，土壤有机质含量<0.6%。

(6) 土壤酸碱度 土壤酸碱度分为6个级别：
① 1级，土壤pH值6.0~7.9；
② 2级，土壤pH值5.5~6.0，7.9~8.5；
③ 3级，土壤pH值5.0~5.5，8.5~9.0；
④ 4级，土壤pH值4.5~5.0；
⑤ 5级，土壤pH值<4.5，9.0~9.5；
⑥ 6级，土壤pH值≥9.5。

(7) 土壤障碍层距地表深度 土壤障碍层指在耕层以下出现白浆层、石灰浆石层、黏土磐和铁磐等阻碍根系伸展或影响水文渗透的层次。根据其距地表的距离分为3个级别：
① 1级，60~90cm；
② 2级，30~60cm；
③ 3级，<30cm。

如果这些障碍层在距地表大于等于90cm处出现，则不算作障碍层。

(8) 排水条件 排水条件是指受地形和排水体系共同影响的雨后地表积水情况，分为4个级别：
① 1级，有健全的干、支、斗、农排水沟道（包括抽水），无洪涝灾害；
② 2级，排水体系（包括抽排）基本健全，丰水年暴雨后有短期洪涝发生（田面积水1~2天）；
③ 3级，排水体系（包括抽排）一般，丰水年大雨后有洪涝发生（田面积水2~3天）；
④ 4级，无排水体系（包括抽排），一般年份在大雨后发生洪涝（田面积水大于等于3天）。

(9) 地形坡度 水田、水浇地、望天田和菜地一般作为平地处理，只对旱地进行坡度分级。坡度分为6个级别：
① 1级，地形坡度<2°，梯田按<2°坡耕地对待；
② 2级，地形坡度2°~5°；
③ 3级，地形坡度5°~8°；
④ 4级，地形坡度8°~15°；
⑤ 5级，地形坡度15°~25°；
⑥ 6级，地形坡度≥25°。

(10) 灌溉保证率 灌溉保证率分为4个级别：
① 1级，充分满足，包括水田、菜地和可随时灌溉的水浇地；
② 2级，基本满足，有良好的灌溉系统，在关键需水生长季节有灌溉保证的水浇地；
③ 3级，一般满足，有灌溉系统，但在大旱年不能保证灌溉的水浇地；
④ 4级，无灌溉条件，包括旱地与望天田。

(11) 地表岩石露头度 地表岩石露头度是指基岩露出地表面占地面的百分比。根据地表岩石露头对耕作的干扰程度可分为4个级别：

① 1级，岩石露头<2%，不影响耕作；
② 2级，岩石露头2%~10%，露头之间的距离35~100m，已影响耕作。
③ 3级，岩石露头10%~25%，露头之间的距离10~35m，影响机械化耕作；
④ 4级，岩石露头≥25%，露头之间的距离3.5~10m，影响小型机械耕作。

(12) 灌溉水源

① 1级，用地表水灌溉；
② 2级，用浅层地下水灌溉；
③ 3级，用深层地下水灌溉。

农用地分等因素分值是指根据某因素的级别确定的对于农用地质量而言的分数，其值越大，该农用地在这方面的质量越好；其值越小，说明该农用地在这方面的质量越差。

农用地分等因素权重是指各因素对农用地质量影响的大小，权重越大，说明该因素对农用地质量的影响越大；权重越小，说明该因素对农用地质量的影响越小。

农用地分等规程根据自然条件对全国分为东北区、黄淮海区、长江中下游区、江南区、华南区、内蒙古高原及长城沿线区、黄土高原区、四川盆地区、云贵高原区、横断山区、西北区、青藏高原区12个区，每个区又按山地丘陵耕地和平原耕地两种类型分别确定评价因素及权重。如东北区土壤指标分级及其分值、土壤环境指标及其分值、东北区山地丘陵（岗地）坡耕地评价因素及权重、平原耕地评价因素及权重见表3-1~表3-4。

表3-1 东北区土壤指标分级及其分值

分值/分	有效土层厚/cm	表层土壤质地	剖面构型	盐渍化程度	土壤有机质含量	土壤pH值	障碍层距地表深度/cm
100	≥150	壤土	通体壤，砂/壤	无	1级	1级	60~90
90	100~150		壤/黏/壤	轻度	2级	2级	
80		黏土			3级	3级	30~60
70	60~100		砂/黏/砂、壤/黏、壤/砂/砂	中度	4级		
60			砂/黏		5级	4级	<30
50			黏/砂/黏、通体黏、黏/砂/砂				
40	30~60	砾质土	通体砂、通体砾	重度			
30						5级	
20							
10	<30					6级	

表3-2 东北区土壤环境指标及其分值

分值/分	排水条件	地形坡度/(°)	灌溉保证率	地表岩石露头度	灌溉水源
100	1级	<2	充分满足	1级	1级
90	2级	2~5	基本满足	2级	2级
80					3级
70	3级	5~8	一般满足	3级	
60					
50		8~15	无灌溉条件		
40				4级	
30	4级				
20					
10		≥15			

表 3-3　东北区山地丘陵（岗地）坡耕地评价因素及权重

参评因素	地形坡度	地表岩石露头度	有效土层厚度	表层土壤质地	土壤有机质含量	土壤pH值	灌溉保证率
权重	0.23	0.12	0.30	0.10	0.08	0.05	0.12

表 3-4　东北区平原耕地评价因素及权重

参评因素	障碍层距地表深度	剖面构型	表层土壤质地	土壤有机质含量	土壤pH值	盐渍化程度	灌溉保证率	灌溉水源	排水条件
权重	0.04	0.06	0.11	0.06	0.06	0.13	0.23	0.04	0.27

表 3-5～表 3-11 是陕西省在农用地分等中确定的各指标区的分等因素及其权重。

表 3-5　陕北长城沿线风沙区指定作物分等因素及权重

作物＼因素（权重）	有效土层厚度	表层土壤质地	土壤盐渍化	土壤有机质含量	灌溉保证率	灌溉水源
春玉米	0.27	0.08	0.14	0.08	0.30	0.13
马铃薯	0.29	0.10	0.14	0.08	0.26	0.13

表 3-6　陕北黄土丘陵沟壑区指定作物分等因素及权重

作物＼因素（权重）	有效土层厚度	表层土壤质地	土壤有机质含量	地形坡度	灌溉保证率	土壤侵蚀程度
春玉米	0.22	0.07	0.15	0.26	0.22	0.08
谷子	0.24	0.06	0.15	0.27	0.18	0.10

表 3-7　渭北黄土旱塬区指定作物分等因素及权重

作物＼因素（权重）	有效土层厚度	土壤剖面构型	土壤有机质含量	地形坡度	灌溉保证率	土壤侵蚀程度
春玉米	0.19	0.09	0.14	0.12	0.33	0.13
冬小麦	0.19	0.10	0.16	0.12	0.30	0.13

表 3-8　关中渭河平原区指定作物分等因素及权重

作物＼因素（权重）	有效土层厚度	表层土壤质地	土壤盐渍化	土壤有机质含量	排水条件	地形坡度	灌溉保证率	灌溉水源
冬小麦	0.17	0.07	0.10	0.18	0.07	0.10	0.25	0.06
夏玉米	0.15	0.07	0.09	0.16	0.07	0.10	0.29	0.07

表 3-9　陕南秦巴中高山区指定作物分等因素及权重

作物＼因素（权重）	有效土层厚度	表层土壤质地	土壤有机质含量	pH值	地形坡度	灌溉保证率	岩石露头度
冬小麦	0.27	0.09	0.21	0.07	0.24	—	0.12
春玉米	0.28	0.08	0.23	0.06	0.24	—	0.11
夏玉米	0.28	0.08	0.23	0.06	0.24	—	0.11
水稻	0.31	0.13	0.28	0.06	—	0.22	—
马铃薯	0.29	0.10	0.20	0.08	0.23	—	0.10

表 3-10 陕南低山平坝区指定作物分等因素及权重

因素 权重 作物	有效土层厚度	表层土壤质地	土壤剖面构型	土壤有机质含量	pH值	灌溉保证率
水稻	0.14	0.12	0.15	0.27	0.09	0.23
油菜	0.13	0.13	0.15	0.27	0.11	0.21

表 3-11 商洛山地丘陵区指定作物分等因素及权重

因素 权重 作物	有效土层厚度	表层土壤质地	土壤有机质含量	地形坡度	灌溉保证率	岩石露头度
冬小麦	0.27	0.12	0.17	0.18	0.18	0.08
春玉米	0.27	0.09	0.14	0.18	0.24	0.08

表 3-12 是陕西省渭北旱塬指标区的指定作物"冬小麦-分等因素-质量分"及权重关系。

表 3-12 陕西省渭北旱塬指标区的指定作物
"冬小麦-分等因素-质量分"及权重关系

分等因素指标		因素参考分数/分
指标名称	指标分级值	
有效土层厚度/cm	≥150	100
	100～150	90
	60～100	70
	30～60	40
	<30	20
土壤剖面构型	通体壤、壤/黏/壤	100
	壤/黏/砂、壤/砂/壤、砂/黏/黏	90
	黏/砂/黏、通体黏	80
	砂/黏/砂	70
	壤/砂/砂	60
	黏/砂/砂	50
	通体砂、通体砾	40
土壤有机质含量/%	3.0～2.0	80
	2.0～1.0	70
	1.0～0.6	60
	<0.6	50
地形坡度	1级,<2°	100
	2级,2°～6°	90
	3级,6°～15°	70
	4级,15°～25°	30
	5级,≥25°	10
灌溉保证率	充分满足	100
	基本满足	90
	一般满足	70
	无灌溉条件	50
土壤侵蚀程度	无	100
	轻度	90
	中度	70
	强度	40

4. 计算农用地自然质量分

采用几何平均法或加权平均法，计算各分等单元各指定作物的农用地自然质量分。

（1）几何平均法　几何平均法的计算公式为：

$$C_{L_{ij}} = \frac{(\prod_{k=1}^{m} f_{ijk})^{\frac{1}{m}}}{100}$$

式中　$C_{L_{ij}}$——第 i 个分等单元第 j 种指定作物的农用地自然质量分。

f_{jik}——第 i 个分等单元第 j 种指定作物第 k 个分等因素的指标分值，取值为 0～100。

（2）加权平均法　加权平均法的计算公式为：

$$C_{L_{ij}} = \frac{\sum_{k=1}^{m} W_k f_{ijk}}{100}$$

式中　W_k——第 k 个分等因素的权重，其他符号含义同上式。

（二）样地法

1. 确定分等因素样地适用区

采用样地法计算农用地自然质量分，需要划分样地适用区，样地适用区是根据主导因素原则和区域分异原则划分的分等因素体系一致的区域，是区别于其他适用区的最小单元。样地的农用地自然质量特征与其适用区的其他分等评价单元的特征应具有相似性。

在县域范围内每个乡镇布设一个标准样地，地貌条件、耕作制度差异较大的乡镇，可以布设多个标准样地，根据地貌条件、耕作制度或强限制性因素的区域分异规律划分适用区，县域范围内适用区一般不超过 10 个。一个适用区内，选定的分等因素要对农用地的质量有明显影响，一般不超过 10 个，农用地自然质量分依据所选用的分等因素计算。

分等因素的选取与因素法相似，但更注重可描述性、综合性。

2. 确定标准样地基准分值

确定标准样地的分等属性特征值以及标准样地的基准分值，其最高分值由县级标准样地控制。

3. 编制指定作物-分等属性-自然质量加（减）分规则表

按样地适用区与指定作物分别编制，记分规则表的编制应建立在当地试验资料的基础上或采用适当的定性分析方法确定。

4. 确定分等属性加（减）分值

根据分等属性加（减）分规则表，获得分等属性加（减）分值。

5. 计算农用地自然质量分

采用代数和法计算农用地自然质量分，计算公式为：

$$C_{L_{ji}} = \frac{F + \sum_{k=1}^{m} f_{ijk}}{100}$$

式中　F——标准样地基准分值；

f_{ijk}——第 i 个分等单元内第 j 种指定作物第 k 个分等属性加（减）分值。

其他符号含义同前。

二、农用地自然质量等指数计算方法

（一）查作物光温（气候）生产潜力指数 α_{ij}

1. 概述

农用地的基本功能是粮食生产，粮食产量水平的高低是农用地质量的直观表现。作物的实际产量受到许多因素的影响，如作物自身因素（品种）、农业技术水平、田间管理、土壤、气候等，这些因素都可能成为作物产量的限制因子。作物的实际产量实质上是各因素综合作用的结果，假设全部或部分因素处于最适宜状态时，作物可能达到的最高产量即为作物的"生产潜力"，生产潜力是一种理论产量。

根据限制性因子的不同，可分为光合生产潜力、光温生产潜力、气候生产潜力、土地生产潜力等。

光合生产潜力是在光、热、水、二氧化碳、土壤养分等外界环境和作物的群体结构、长势及农业技术措施等都处于最适宜状态时，由作物的光合效率所形成的最高产量。光温生产潜力是在农业生产条件得到充分保证，水分、二氧化碳供应充足，其他环境条件适宜的情况下，理想作物群体在当地光照、温度资源条件下，所能达到的最高产量。气候生产潜力是指农业生产条件、土壤养分等环境因素和作物因素均处于最适宜状态时，在当地实际光、热、水等气候资源条件下，单位面积内农作物所能达到的最高产量。即在光温生产潜力基础上进一步考虑降水的限制作用后，农作物的理论产量。土地生产潜力是指在农业生产条件和作物因素均处于最适宜状态时，在当地实际光、热、水、土地立地条件等自然因素下，单位面积内农作物群体所能达到的最高产量。它们之间的关系如下：

光合生产潜力＝光能利用率×光合有效辐射

光温生产潜力＝光合生产潜力×温度订正系数

气候生产潜力＝光温生产潜力×水分订正系数

土地生产潜力＝气候生产潜力×土地立地条件订正系数

2. 测算方法

《农用地分等规程》附录中有全国各县光温生产潜力与气候生产潜力指数，用时可查阅。在农用地有灌溉条件时查找光温生产潜力指数，在无灌溉条件时查找气候生产潜力指数。

为了更进一步了解光温（气候）生产潜力是如何测算的，以下介绍农用地分等规程中测算光温（气候）生产潜力的方法，如下所示。

(1) 测算总辐射 采用翁笃鸣根据中国日射资料得到的经验公式计算生长季内各月总辐射 Q_i [单位为 $cal/(cm^2 \cdot 月)$，$1 cal = 4.18 J$]：

$$Q_i = 59 Q_{A_i} D_i (a + b S_i)$$

式中 i——农作物生长季内的各月，$i=1, 2, 3, \cdots, n$；

Q_{A_i}——生长季内各月平均大气上界日辐射量（按当量蒸发值表示，单位为 mm/d，1mm 当量蒸发=59cal/cm²）；

D_i——生长季内各月实际天数；

a, b——因地而异的辐射回归系数（表3-13）；

S_i——月平均日照百分率。

则生长季总辐射 Q 为：

$$Q = \sum_{i=1}^{n} Q_i$$

表 3-13　太阳辐射计算公式中回归系数（翁笃鸣，1964 年）

系数	华南地区	华中（西南）地区	华北（东北）地区	西北地区
a	0.130	0.205	0.105	0.344
b	0.625	0.475	0.708	0.390

(2) 计算光合生产潜力　综合黄秉维、于沪宁等的模式，采用下式计算作物光合生产潜力，其中作物生长季内月光合生产速率为：

$$Y_{P_i} = \frac{EQ_i}{h(1-C_A)}$$

$$E = \varepsilon(1-\alpha)(1-\beta)(1-\gamma)(1-\rho)(1-\omega)\varphi$$

式中　i——农作物生长季内的各月，$i=1, 2, \cdots, n$；

C_A——作物灰分含量，取 0.08（黄秉维，1985 年）；

h——每形成 1g 干物质所需的热量，等于干物质燃烧热，水稻的干物质燃烧热为 4127cal/g，小麦的干物质燃烧热为 4064cal/g；

E——理论光能利用率；

ε——光合有效辐射占总辐射的比例，取 0.49（于沪宁等，1982 年；黄秉维，1985 年；侯光良等，1985 年）；

α——作物生长季的叶面反射率，光合有效辐射的反射率较小，一般变化于 4%~8% 间，总辐射反射率为 17%~20%，甚至高达 25%~30%，视作物种类、品种和田间群体结构而异，随作物生育进程和叶面积变化而定，平均取 0.23（于沪宁，1982 年）；

β——作物群体对太阳辐射的漏射率，生育初期漏射率可大至 90% 以上，生长旺盛期漏射率可减少到 10% 以下，平均为 0.06（于沪宁等，1982 年）；

γ——光饱和限制率，在自然条件下一般不构成限制，取 0（于沪宁等，1982 年；黄秉维，1985 年；侯光良等，1985 年）；

ω——作物呼吸损耗率，呼吸损耗少者占光合产量的 20%，多者达到 30%~40%，甚至更多，C_4 作物没有明显的光呼吸，呼吸损耗小，一般取 0.3（于沪宁等，1982 年；侯光良等，1985 年）；

φ——量子转化效率，邦纳（Bonner，1962 年）指出，在高光强下量子需要量为 10 是比较稳定的。一般取量子需要量为 10，1g 分子碳水化合物贮藏的能量为 112kcal，1g 分子光子能量平均取 50kcal，则量子效率取低值，为 112/(50×10)=0.224；

ρ——作物非光合器官的无效吸收，一部分太阳辐射被非光合器官无光合作用反应的色素所吸收，取 0.1（于沪宁等，1982 年；黄秉维，1985 年；侯光良等，1985 年）。

作物生长季光合生产潜 Y_p 为：

$$Y_p = C_H \sum_{i=1}^{n} Y_{P_i}$$

式中 C_H——作物收获指数校正系数，表示收获的经济产量占作物总生产量的比例。

(3) 计算光温生产潜力 在生产潜力的估算中，普遍重视热量资源的作用，由于界限温度之间的光合生产速率也不是恒量，因此需加以温度订正。研究证实，在一定的温度范围内，尤其是在适宜温度的范围内，温度每升高10℃，光化学反应速率加快2～2.5倍。作物生长季内各月的光温生产潜力计算是在光合生产潜力的基础上乘以温度订正系数，即：

$$Y_{PT_i} = Y_{P_i} f(T_i)$$

式中 Y_{PT_i}——生长季内各月的光温生产潜力；

$f(T_i)$——各月温度影响函数，因作物种类而异。

如小麦的温度影响函数为：

$$f(T_i) \begin{cases} 0 & t<3℃ \\ (t-3)/17 & 3℃ \leqslant t<20℃ \\ 1 & 20℃ \leqslant t<23℃ \\ (35-t)/12 & 23℃ \leqslant t<35℃ \\ 0 & t \geqslant 35℃ \end{cases}$$

式中 t——作物生长季内各月平均温度。

则作物生长季内的光温生产潜力为：

$$Y_{PT} = C_H \sum_{i=1}^{n} Y_{PT_i}$$

式中 Y_{PT}——作物光温生产潜力；

C_H——作物收获指数校正系数，小麦的为0.37，水稻的为0.43。

(4) 计算作物需水量 采用Penman公式计算作物需水量。作物各月最大蒸散量ET_{M_i}为(mm/月)：

$$ET_{M_i} = K_c ET_{o_i} D_i$$

式中 K_c——作物系数，水稻的K_c为1.125，小麦的K_c为0.85；

ET_{o_i}——生长季内各月作物可能蒸散量，mm/d；

D_i——生长季内各月实际天数。

作物可能蒸散量用下式计算：

$$ET_{o_i} = \frac{\Delta_i R_{n_i} + \gamma E_{a_i}}{\Delta_i + \gamma}$$

$$\Delta_i = \frac{e_{a_i}}{273+t_i} \times \left(\frac{6463}{273+t_i} - 3.927\right)$$

$$R_{n_i} = Q_{A_i}(a+bS_i)(1-\alpha) - \varepsilon \sigma T^4 (0.56 - 0.09\sqrt{e_{d_i}})(0.1+0.9S_i)$$

$$E_{a_i} = 0.26 \times (e_{a_i} - e_{d_i})(1+0.38U_{10_i})$$

式中 Δ_i——各月饱和水汽压-温度曲线斜率，mmHg/℃；

γ——干湿表常数，为0.46mmHg/℃ 1mmHg=133.322Pa；

e_{a_i}——各月饱和水汽压，mmHg；

e_{d_i}——各月实际水汽压，mmHg，1hPa=0.75mmHg；

t_i——各月平均温度，℃；

T——热力学温度，K；

Q_{A_i}——生长季内各月平均大气上界日辐射量（按当量蒸发值表示），mm/d；

S_i——各月平均日照百分率；

α——作物生长季平均反射率，取值0.08；

ε——灰体辐射系数，取值0.9；

σ——斯蒂芬-玻尔兹曼常数，取值2.02×10^{-9} mm/(d·K⁴)；

E_{a_i}——采用邓根云（1978年）对Penman公式的修订式；

U_{10_i}——10m高处各月平均风速，m/s。

（5）计算气候生产潜力 作物气候生产潜力是在作物光温生产潜力基础上，考虑降水限制后作物可能达到的产量。作物生长季内各月气候生产潜力计算式为：

$$Y_{c_i}=Y_{PT_i}f(w_i)$$

式中 Y_{c_i}——作物在生长季内各月气候生产潜力；

i——农作物生长季内的各月，$i=1, 2, 3, \cdots, n$；

Y_{PT_i}——生长季内各月的光温生产潜力；

$f(w_i)$——水分影响函数，具体分两种情况计算。

无灌溉条件时：

$$f(w_i)=\frac{P_i}{ET_{M_i}}$$

有灌溉条件时：

$$f(w_i)=\frac{P_i+I_i}{ET_{M_i}}$$

或

$$f(w_i)=CI_i$$

式中 P_i——作物生长季各月降水量，mm；

I_i——生长季内月灌溉水量，mm，在灌溉条件下需根据单位面积的实际灌溉水量折算为以毫米为单位的灌溉水深；

CI_i——各月灌溉系数，对于自然降水少，但无准确灌溉资料的地区，可以用不完全灌溉面积占有效灌溉面积的比例（灌溉保证率）作为灌溉系数，进行作物生产潜力的水分影响订正。

当$f(w_i)>1$时，取为1；当灌溉能充分保证，即农作物生长不受水分条件限制时，气候生产潜力等于光温生产潜力，水分订正系数为1。水稻的生长需要充分的水分保证，其水分订正系数为1，气候生产潜力等于光温生产潜力。

生长季内旱地和水浇地作物的气候生产潜力为：

$$Y_C=C_H\sum_{i=1}^{n}Y_{c_i}$$

式中 Y_C——作物气候生产潜力；

C_H——作物收获指数校正系数，水稻的收获指数校正系数为0.43，小麦的为0.37。

《农用地分等规程》附录D提供了按省县地名拼音顺序排列的"全国各县（市）作物光温（气候）生产潜力指数速查表"，可以进行以县为单位的作物生产潜力指数检索。"全国各县（市）作物光温（气候）生产潜力指数速查表'中的'作物光温生产潜力指数"适用于水田和灌溉条件能够充分满足的旱地；"作物气候生产潜力指数"适用于无灌溉条件的旱地。对于有灌溉条件，但不能充分满足作物水分需求的旱地，根据"灌溉保证率"，在作物"光温生产潜力指示"和"气候生产潜力指数"之间进行内插。

（二）确定产量比系数（β_j）

产量比系数是以国家指定的基准作物为基础，按指标区指定作物实际最大单产与区内基准作物实际最大单产之比计算。产量比系数由省级土地行政主管部门负责分区确定。产量比系数计算公式为：

$$某区内指定作物产量比系数 = \frac{区内指定作物最大单产}{区内基准作物最大单产}$$

（三）计算农用地自然质量等指数

第j种指定作物的自然质量等指数计算公式如下：

$$R_{ij} = \alpha_{ij} C_{L_{ij}} \beta_j$$

式中　R_{ij}——第i个分等单元第j种指定作物的自然质量等指数；

　　　α_{ij}——第j种指定作物的光温（气候）生产潜力指数；

　　　$C_{L_{ij}}$——第i个分等单元内第j种指定作物的农用地自然质量分；

　　　β_j——第j种作物的产量比系数。

农用地自然质量等指数由下式计算：

$$R_i = \sum_{j=1}^{n} R_{ij} \quad （一年一熟、两熟、三熟）$$

$$R_i = \frac{\sum_{j=1}^{n} R_{ij}}{2} \quad （两年三熟）$$

式中　R_i——第i个分等单元的农用地自然质量等指数；

　　　R_{ij}——第i个分等单元第j种指定作物的自然质量等指数；

　　　n——指定作物的数目。

三、农用地自然质量等划分与校验

根据农用地自然质量等指数进行农用地自然质量等的划分。划分时采用等间距法进行各等别的初步划分，各省根据自己的情况和需要确定本省农用地自然质量等的划分间距；国家通过对各省分等结果的分析，协调确定国家农用地自然质量等别的划分间距。

初步分等完成后应对中间成果及初步分等结果进行实地校验。校验内容包括分等因素及权重、指定作物-分等因素-自然质量分关系表或指定作物-分等属性-自然质量加（减）分规则表、自然质量分农用地自然质量等初步分等结果。

校验的方法是在所有的分等单元中随机抽取不超过总数5%的单元进行野外实测，将实测结果进行比较。如果与实际不符的单元数小于抽取单元总数的5%，则认为计算结果总体上合格，但应对不合格单元的相应内容进行校正，如果大于5%，则应按工作步骤进行全面核查校正。

第五节　农用地利用等划分

农用地利用等就是在全国范围内，按照标准耕作制度，在自然质量条件、平均土地利用条件下，根据规定的方法和程序进行的农用地质量评定，划分出的农用地等别。

一、土地利用系数计算及利用系数等值区划分

土地利用系数是用来修正土地的自然质量，使其达到接近土地的实际产出水平的系数。有两种计算方法：分指定作物计算以及综合计算。

（一）分指定作物计算

1. 初步划分土地利用系数等值区

外业调查前，对收集到的指定作物产量统计数据进行整理，以村为单位，根据指定作物的实际单产，初步划分指定作物的土地利用系数等值区。各等值区应满足两个条件：一是等值区之间实际单产水平有明显差异；二是等值区的边界不打破村级行政单位的完整性。

2. 计算样点指定作物土地利用系数

依据初步划分的等值区，在各行政村内分层设置一定数量的样点后，按下式计算样点指定作物土地利用系数：

$$K_{L_{ij}} = \frac{Y_{ij}}{Y_{j_{\max}}}$$

式中　$K_{L_{ij}}$——第 i 个样点第 j 种指定作物土地利用系数；

　　　Y_{ij}——第 i 个样点第 j 种指定作物单产；

　　　$Y_{j_{\max}}$——第 j 种指定作物省内分区最高单产，由省级土地行政主管部门确定。

3. 计算等值区指定作物的土地利用系数

根据行政村内各样点指定作物土地利用系数，采用几何平均法或加权平均法计算行政村指定作物土地利用系数。

几何平均法的计算公式为：

$$K_{L_j} = \left(\prod_{i=1}^{m} K_{L_{ij}}\right)^{\frac{1}{m}}$$

式中　K_{L_j}——行政村第 j 种指定作物土地利用系数；

　　　$K_{L_{ij}}$——第 i 个样点第 j 种指定作物土地利用系数。

加权平均法的计算公式为：

$$K_{L_j} = \sum_{i=1}^{m} w_i K_{L_{ij}}$$

式中　w_i——第 i 个样点权重，可根据样点代表的面积比例或经验确定；

　　　$K_{L_{ij}}$——第 i 个样点第 j 种指定作物土地利用系数；

　　　K_{L_j}——含义同上。

在此基础上，根据初步划分的等值区内各村的指定作物土地利用系数，采用几何平均或加权平均的方法计算等值区的指定作物土地利用系数。

几何平均法的计算公式为：

$$K_{L_j} = \left(\prod_{i=1}^{m} K_{L_{ij}}\right)^{\frac{1}{m}}$$

式中　K_{L_j}——等值区第 j 种指定作物土地利用系数；

　　　$K_{L_{ij}}$——第 i 个行政村第 j 种指定作物土地利用系数；

加权平均法的计算公式为：

$$K_{L_j} = \sum_{i=1}^{m} w_i K_{L_{ij}}$$

式中　K_{L_j}——等值区第 j 种指定作物土地利用系数；

　　　$K_{L_{ij}}$——第 i 个行政村第 j 种指定作物土地利用系数；

　　　w_i——第 i 个行政村权重。

4. 修订指定作物土地利用系数等值区

以指定作物土地利用系数基本一致为原则，参考其他自然、经济条件的差异，对初步划分的等值区进行边界修订。修订后的等值区应满足三个条件：一是等值区内各行政村指定作物土地利用系数在 $\overline{X} \pm 2S$ 之间（$\overline{X}$ 为平均值，S 为标准差）；二是等值区之间指定作物土地利用系数平均值有明显差异；三是等值区边界两边的指定作物土地利用系数值具有突变特征。

5. 编制指定作物土地利用系数等值区图

根据修订后的土地利用系数等值区编制成图。

（二）综合计算

也可以不区别指定作物，编制综合土地利用系数等值区图。

首先，根据标准耕作制度和产量比系数，计算样点的标准粮实际产量。公式为：

$$Y_i = \sum Y_j \beta_j$$

式中　Y_i——样点标准粮实际产量；

　　　Y_j——第 j 种指定作物的实际产量；

　　　β_j——第 j 种指定作物的产量比系数。

其次，根据指定作物的最高单产，根据标准耕作制度和产量比系数，计算最大标准粮单产，公式为：

$$Y_{\max} = \sum Y_{j_{\max}} \beta_j$$

式中　$Y_{\max}$——最大标准粮单产；

　　　$Y_{j_{\max}}$——第 j 种指定作物的最大单产；

　　　β_j——第 j 种指定作物的产量比系数。

在此基础上计算样点的综合土地利用系数：

$$K_{L_i} = \frac{Y_i}{Y_{\max}}$$

式中　K_{L_i}——样点的综合土地利用系数；

　　　Y_i——样点的标准粮实际产量；

　　　$Y_{\max}$——最大标准粮单产。

然后计算行政村土地利用系数。根据行政村内各样点的综合土地利用系数，采用几何平均法或加权平均法计算行政村的综合土地利用系数。

几何平均法：

$$K_{LK} = \left(\prod_{i=1}^{m} K_{L_i}\right)^{\frac{1}{m}}$$

加权平均法：

$$K_{LK} = \sum_{i=1}^{m}(w_i K_{L_i})$$

式中　K_{LK}——行政村的综合土地利用系数；

　　　K_{L_i}——行政村内样点的综合土地利用系数；

　　　w_i——权重，可根据样点代表的面积比例或经验确定。

最后计算等值区的土地利用系数，同样可采用几何平均法和加权平均法计算。

几何平均法：

$$K_L = \left(\prod_{k=1}^{n} K_{LK}\right)^{\frac{1}{n}}$$

加权平均法：

$$K_L = \sum_{k=1}^{N}(w_k K_{LK})$$

式中　K_{LK}——K 行政村的综合土地利用系数；

　　　K_L——等值区内综合土地利用系数；

　　　w_k——权重，可根据行政村的面积比例或经验确定。

在此基础上修订综合土地利用系数等值区，编制综合土地利用系数等值区图，方法与按指定作物编制土地利用系数等值区图相同。

二、农用地利用等指数计算

农用地利用等指数有两种计算方法：一种是按指定作物土地利用系数计算；另一种是按综合土地利用系数计算。

按指定作物土地利用系数计算公式如下：

$$Y_{ij} = R_{ij} K_{L_j}$$

$$Y_i = \sum Y_{ij} \quad \text{（一年一熟、两熟、三熟时）}$$

$$Y_i = \frac{\sum Y_{ij}}{2} \quad \text{（两年三熟时）}$$

式中　Y_{ij}——第 i 个分等单元第 j 种指定作物的利用等指数；

　　　R_{ij}——第 i 个分等单元内第 j 种指定作物的自然质量等指数；

　　　K_{L_j}——分等单元所在等值区的第 j 种指定作物的土地利用系数；

　　　Y_i——第 i 个分等单元农用地利用等指数。

按综合土地利用系数计算的公式为：

$$Y_i = R_i K_L$$

式中　Y_i——第 i 个分等单元的农用地利用等指数；

　　　R_i——第 i 个分等单元的农用地自然质量等指数；

　　　K_L——分等单元所在等值区的综合土地利用系数。

三、农用地利用等的划分与校验

根据农用地利用等指数进行农用地利用等的划分。划分时采用等间距法进行各等别的初步划分，各省根据自己的情况和需要确定本省农用地利用等的划分间距；国家通过对各省分等结果的分析，协调确定国家农用地利用等别的划分间距。

初步分等完成后应对中间成果及初步分等结果进行实地校验。校验内容包括土地利用系数、农用地利用等初步分等结果。

校验的方法是在所有的分等单元中随即抽取不超过总数5%的单元进行野外实测,将实测结果进行比较。如果与实际不符的单元数小于抽取单元总数的5%,则认为计算结果总体上合格,但应对不合格单元的相应内容进行校正,如果大于5%,则应按工作步骤进行全面核查校正。

第六节 农用地经济等别划分

一、土地经济系数的计算

土地经济系数的计算与利用系数一样,同样有两种方法,即分指定作物计算与综合计算。

（一）分指定作物计算

1. 初步划分土地经济系数等值区

外业调查前,应根据收集到的统计资料,以村为单位计算"产量-成本"指数,按照各村"产量-成本"指数的大小,初步划分土地经济系数等值区。各等值区应满足两个条件:一是等值区间"产量-成本"指数有明显差异;二是等值区的边界不打破村级行政单位的完整性。

2. 计算样点的土地经济系数

依据初步划分的等值区,在所有的行政村内分不同产量水平,分层设置一定数量的样点,计算样点的指定作物土地经济系数。

首先计算样点"产量-成本"指数,其公式为:

$$a_j = \frac{Y_j}{C_j}$$

式中　a_j——样点"产量-成本"指数;

　　　Y_j——样点第 j 种指定作物实际单产;

　　　C_j——样点第 j 种指定作物实际成本。

然后计算样点指定作物土地经济系数,其公式为:

$$K_{c_{ij}} = \frac{a_{ij}}{A_j}$$

式中　$K_{c_{ij}}$——第 i 个样点第 j 种指定作物土地经济作物系数;

　　　a_{ij}——第 i 个样点第 j 种指定作物"产量-成本"指数;

　　　A_j——省内分区第 j 种指定作物"产量-成本"指数的最大值,由各省组织有关专家确定。

3. 计算等值区的土地经济系数

计算村内各样点指定作物土地经济系数的几何平均数或加权平均数,作为该村的指定作物土地经济系数。计算方法与土地利用系数的方法相同。然后根据初步划分的等值区内各村的指定作物土地经济系数,采用几何平均或加权平均的方法计算等值区的指定作物土地经济系数。

4. 修订土地经济系数等值区并编制土地经济系数等值区图

以指定作物土地经济系数基本一致为原则,参考其他自然经济条件的差异,对初步划分的等值区进行边界修正。订正后的等值区要满足三个条件:一是等值区内各行政村指定作物土地经济系数在 $\overline{X}\pm 2S$ 之间（$\overline{X}$ 表示平值，S 表示标准差）;二是等值区之间指定作物的土地经济系数平均值差异明显;三是等值区边界两边的经济系数值具有突变特征。根据修订后的指定作物土地经济系数等值区编制土地系数等值区图。

（二）综合计算

实际工作中也可以不区别指定作物,直接编制综合土地经济系数等值区图。首先确定标准化耕作制度和产量比系数,计算样点的标准粮实际产量和标准粮食实际成本,再计算出样点的综合"产量-成本"指数。

样点标准粮实际产量:
$$Y=\sum(Y_j\beta_j)$$

标准粮实际成本:
$$C=\sum C_j$$

综合产量成本指数:
$$a=\frac{Y}{C}$$

然后计算样点的综合土地经济系数:
$$K_c=\frac{a}{A}$$

式中　K_c——样点综合土地经济系数;

　　　a——样点综合产量成本指数;

　　　A——各省内分区的最大"产量-成本"指数,由省土地行政主管部门组织省内有关专家确定。

村内及等值区内的土地经济系数计算方法与利用系数的计算相同。

二、土地经济等指数的计算

农用地经济等指数的计算同样有两种方法:一是分指定作物计算;二是综合计算。按指定作物计算土地经济系数的公式为:

$$G_{ij}=Y_{ij}K_{c_j}$$

$$G_i=\sum G_{ij} \quad (一年一熟、两熟、三熟)$$

$$G_i=\frac{\sum G_{ij}}{2} \quad (两年三熟)$$

式中　G_{ij}——第 i 个分等单元第 j 种指定作物的农用地经济等指数;

　　　Y_{ij}——第 i 个分等单元第 j 种指定作物的农用地利用等指数;

　　　K_{c_j}——分等单元所在等值区的第 j 种指定作物的土地经济系数;

　　　G_i——第 i 个分等单元的农用地经济等指数。

按综合土地经济系数计算的公式为:

$$G_i=Y_iK_c$$

式中　G_i——第 i 个分等单元的农用地经济等指数;

　　　Y_i——第 i 个分等单元的农用地利用等指数;

　　　K_c——分等单元所在等值区的综合土地经济系数。

三、农用地经济等别划分与校验

根据农用地经济等指数进行农用地经济等的划分。划分时采用等间距法进行各等别的初步划分,各省根据自己的情况和需要确定本省农用地经济等的划分间距;国家通过对各省分等结果的分析,协调确定国家农用地经济等别的划分间距。

初步分等完成后应对中间成果及初步分等结果进行实地校验。校验内容包括土地经济系数、农用地经济等初步分等结果。

校验的方法是在所有的分等单元中随机抽取不超过总数5%的单元进行野外实测,将实测结果进行比较。如果与实际不符的单元数小于抽取单元总数的5%,则认为计算结果总体上合格,但应对不合格单元的相应内容进行校正,如果大于5%,则应按工作步骤进行全面核查校正。

第七节 农用地分等案例

一、概述

这里介绍陕西省吴起县农用地分等情况。吴起县位于延安市西北部,地处陕西和甘肃两

表3-14 吴起县"春玉米-分等因素-质量分"关系及权重

分等因素指标		因素参考分/分
指标名称	指标分级值	
有效土层厚度/cm	≥150	100
	100~150	90
	60~100	70
	30~60	40
	<30	20
表层土壤质地	壤土	100
	黏土	90
	砂土	70
	砾质土	40
土壤有机质含量/%	3.0~2.0	80
	2.0~1.0	70
	1.0~0.6	60
	<0.6	50
地形坡度	1级,<2°	100
	2级,2°~6°	90
	3级,6°~15°	70
	4级,15°~25°	30
	5级,≥25°	10
灌溉保证率	充分满足	100
	基本满足	90
	一般满足	70
	无灌溉条件	50
土壤侵蚀程度	无	100
	轻度	90
	中度	70
	强度	30

省交界处，北洛河和无定河上游，居于北纬 36°33′33″～37°24′27″，东经 107°38′57″～108°32′49″之间。西和北与定边县接壤，东南接志丹县，东北连靖边县，西南邻甘肃华池县。南北长 93.4km，东西宽 79.89km，总面积为 3791.5 平方公里。吴起县下辖吴仓堡乡、王洼子乡、铁边城镇、新寨乡、庙沟乡、长官庙乡、白豹镇、吴起镇、薛岔乡、五谷城乡、周湾镇、长城乡 12 个乡镇。2005 年全县耕地 2009 1.17 公顷，其中，水浇地 1363.65 公顷，旱地 18711.38 公顷，菜地 16.14 公顷。吴起县属于陕北黄土丘陵沟壑区，县内沟壑纵横，梁峁起伏，历年平均降水量为 483.4mm，≥10℃积温 2817.8℃，≥20℃积温 704.8℃，标准耕作制度为一年一熟，根据《陕西省农用地分等及试点县农用地定级与估价技术方案》(2006 年)，吴起县所在的陕北黄土丘陵沟壑区指定作物为春玉米和谷子，陕西省基准作物为冬小麦，所以，吴起县标准耕作制度为一年一熟，基准作物为冬小麦，指定作物为春玉米和谷子。农用地分等因素及其权重以及指定作物-分等因素-质量分关系表按照陕西省农用地分等及试点县农用地定级与估价技术方案中规定的陕北黄土丘陵沟壑区执行。农用地分等因素及其权重见表 3-6，指定作物-分等因素-质量分关系见表 3-14 和表 3-15。

表 3-15 吴起县"谷子-分等因素-质量分"关系及权重

分等因素指标		因素参考分/分
指标名称	指标分级值	
有效土层厚度/cm	≥150	100
	100～150	90
	60～100	70
	30～60	40
	<30	20
表层土壤质地	壤土	100
	黏土	90
	砂土	70
	砾质土	40
土壤有机质含量/%	3.0～2.0	80
	2.0～1.0	70
	1.0～0.6	60
	<0.6	50
地形坡度	1 级，<2°	100
	2 级，2°～6°	90
	3 级，6°～15°	70
	4 级，15°～25°	30
	5 级，≥25°	10
灌溉保证率	充分满足	100
	基本满足	90
	一般满足	70
	无灌溉条件	50
土壤侵蚀程度	无	100
	轻度	90
	中度	70
	强度	30

分等单元的划分采用地块法，在 2005 年变更后的 1：10000 土地利用现状图上，参阅 1994 年 1：10000 耕地质量评等定级图、坡度图、土壤图，在同一村内把同类、同等、同级

相邻地块进行合并，并转绘到 2005 年 1：75000 土地利用现状图（以此图作为工作底图）上，作为农用地分等单元，并将其数字化，得到吴起县 1：75000 农用地分等单元图，分等单元以村为单位，从上到下，从左到右进行流水编号。全县共划分了 2251 个分等单元。

填写分等单元属性调查表，调查表内容包括分等单元编号、地类、所在乡镇村的名称、面积、因素原始值及得分、各村的土地利用系数和经济系数等。其中因素因子得分是根据因素因子原始值查"指定作物-分等因素-自然质量分"关系表得到的。

二、自然质量等指数计算以及自然质量等的划分

由《陕西省农用地分等及试点县农用地定级与估价技术方案》（2006 年）中可查到吴起县春玉米的光温生产潜力指数为 1889，气候生产潜力指数为 1325；谷子的光温生产潜力指数为 985，气候生产潜力指数为 758。对有灌溉条件的分等单元采用光温生产潜力指数，对无灌溉条件的分等单元采用气候生产潜力指数。吴起县所在的陕北黄土丘陵沟壑区的春玉米和谷子的产量比系数分别为 0.6 和 0.75（表 3-16）。把这些数值代入相应公式计算出每个分等单元的自然质量等指数，经过计算，全县所有农用地分等单元的自然质量等指数在 328.035~702.097 之间，采用等间距法，按照 200 分为一个等，将吴起县农用地分为 3 个自然质量等，即自然质量等指数大于 600 的为四等地，介于 400~600 之间的为三等地，小于等于 400 的为二等地。并对划分的等别进行实地校核，校核内容包括分等因素及权重、指定作物-分等因素-自然质量分关系表、自然质量分以及自然质量等指数和自然质量等别。最后确定吴起县农用地自然质量等为 3 个等别，其中四等地面积 1297.18 公顷，占总耕地面积的 6.46%，三等地面积 7789.06 公顷，占总耕地面积的 38.77%；二等地面积 11004.93 公顷，占总耕地面积的 54.77%。各等别论述略。吴起县农用地自然质量等别如图 3-2 所示。

表 3-16 吴起县农用地分等基本参数

所在指标区		陕北黄土丘陵沟壑区
基准作物		冬小麦
指定作物		春玉米、谷子
标准耕作制度		一年一熟
指定作物光温生产潜力指数	春玉米	1889
	谷子	985
指定作物气候生产潜力指数	春玉米	1325
	谷子	758
指定作物最高产量/(kg/亩)	春玉米	500
	谷子	400
指定作物产量比系数	春玉米	0.60
	谷子	0.75
产量-成本指数最大值/(kg/元)	春玉米	2.90
	谷子	2.62

注：1 亩≈666.67m²，下同。

三、利用等指数计算及利用等划分

（一）土地利用系数的计算

吴起县土地利用系数的计算采用的是分指定作物计算的方法，指定作物是春玉米和谷

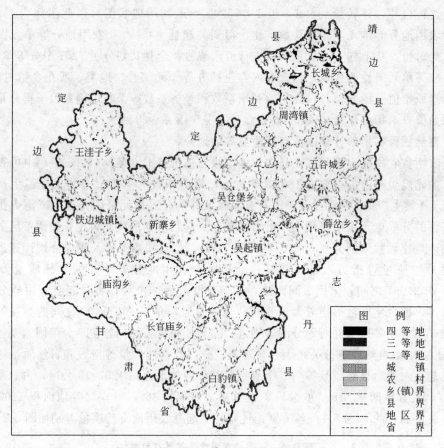

图 3-2 吴起县农用地自然质量等别

子,分别计算春玉米和谷子的土地利用系数,其计算步骤如下。

1. 计算各村样点指定作物土地利用系数

在各行政村内按土地好、中、差设置 3 个样点后,按以下步骤计算样点指定作物土地利用系数。其中所需的调查数据从投入产出调查表中获得。首先确定所属二级区内指定作物的最高单产。《陕西省农用地分等及试点县农用地定级与估价技术方案》(2006 年) 中已经给出了陕西省七大指标区的指定作物最高单产,其中吴起县所在的陕北黄土丘陵沟壑区春玉米的最高单产为 500 公斤/亩,谷子最高单产为 400 公斤/亩。其次确定样点指定作物单产。这在调查投入-产出时已经做了调查,此时,从投入-产出表中可获得每个样点的指定作物的实际单产。最后计算样点指定作物的土地利用系数。利用前面介绍的计算指定作物土地利用系数的公式来计算,其中指定作物省内分区最高单产为:春玉米 500 公斤/亩,谷子 400 公斤/亩。分别计算各样点春玉米土地利用系数和谷子土地利用系数。

2. 计算各村指定作物土地利用系数

根据行政村内各样点指定作物土地利用系数,用算术平均法计算。

$$K_{L_j} = \frac{\sum K_{L_{ij}}}{3}$$

式中　K_{L_j}——行政村内指定作物土地利用系数;

　　　$K_{L_{ij}}$——第 i 个样点第 j 种指定作物土地利用系数。

每个行政村按春玉米和谷子分别计算,得到春玉米土地利用系数和谷子土地利用系数。

3. 编制指定作物土地利用系数等值区

根据各村指定作物土地利用系数,编制土地利用系数图(图 3-3 和图 3-4)。

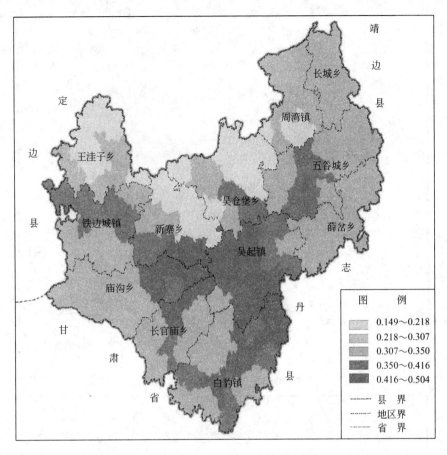

图 3-3 吴起县春玉米土地利用系数等值区

(二)利用等指数的计算及农用地利用等别的划分

吴起县农用地利用等指数计算是按指定作物土地利用系数来计算的,首先计算指定作物利用等指数,其次计算农用地利用等指数。最后计算出吴起县所有分等单元的利用等指数在 165.899~442.329 之间,按照等间距法,以 100 分为等间距,将吴起县农用地利用等划分为 4 个等别。对利用等别进行校核,由于在自然质量等别的校核中,对自然质量等以及以前各步骤进行了校核,因此,对利用等别的校核主要是对土地利用系数和利用等指数以及利用等别的校核。在校核的基础上,最后确定吴起县农用地利用等别为四个等别(表 3-17)。吴起县谷子土地利用系数等值区如图 3-4 所示。吴起县农用地利用等别如图 3-5 所示。

表 3-17 吴起县农用地利用等别划分结果

等 别	利用等指数范围	面积/公顷	占全县耕地面积的比例/%
五等地	(400,500]	1711.45	8.52
四等地	(300,400]	5281.89	26.29
三等地	(200,300]	9500.06	47.28
二等地	(100,200]	3597.77	17.91

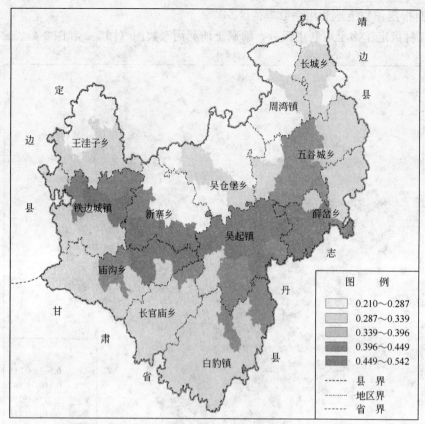

图 3-4 吴起县谷子土地利用系数等值区

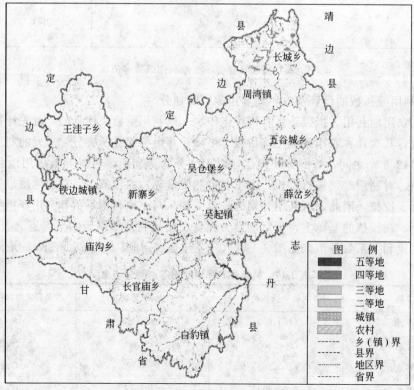

图 3-5 吴起县农用地利用等别

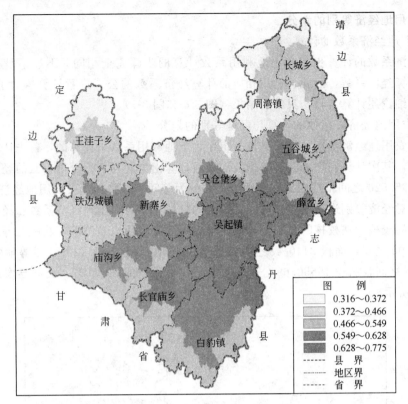

图 3-6　吴起县春玉米土地经济系数

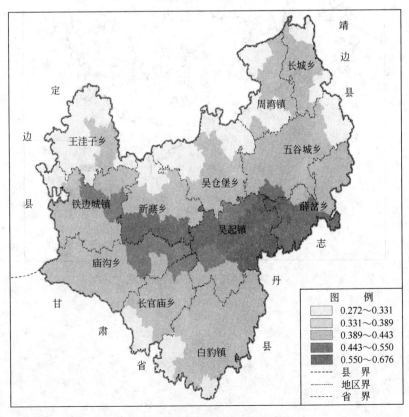

图 3-7　吴起县谷子土地经济系数

四、农用地经济等别的划分

（一）土地经济系数的计算

土地经济系数的计算步骤和土地利用系数计算的步骤完全相同，不过不是计算利用系数，而是计算经济系数，因此，利用相应的计算经济系数的公式进行计算。为了节约篇幅，这里不再详细论述计算步骤，只给出结果（图3-6和图3-7）。

（二）农用地经济等指数的计算与经济等别的划分

吴起县农用地经济等指数计算是按指定作物土地利用系数来计算的，首先计算指定作物经济等指数，其次计算农用地经济等指数。最后计算出吴起县所有分等单元的经济等指数在124.534～295.526之间，按照等间距法以100分为等间距，将吴起县农用地经济等划分为2个等别，并对经济等别进行校核，对经济等别的校核主要是对土地经济系数、经济等指数以及经济等别的校核。在校核的基础上，最后确定吴起县农用地经济等，其中三等地经济等指数在200～300之间，面积3440.48公顷，占全县耕地面积的17.12%；二等地经济等指数在100～200之间，面积16650.69公顷，占全县耕地面积的82.88%。吴起县农用地经济等别如图3-8所示。

图3-8 吴起县农用地经济等别

第四章 农用地定级

第一节 农用地定级概述

一、农用地定级概念及目的

农用地定级是指在行政区（省、县）内，依据构成土地质量的自然因素和社会经济因素，根据地方土地管理和实际情况需要，遵照与委托方要求相一致的原则，即主要考虑定级目的，按照规定的方法和程序进行的农用地质量综合评定。

农用地定级的目的是为了科学量化区域内农用地质量及分布，为土地整理、耕地平衡、基本农田保护、农用地估价及其他有关土地管理工作提供依据。其任务是根据农用地的自然属性和经济属性，对农用地的质量优劣进行综合、定量评定，并划分级别，农用地定级成果要求在县域范围内可比。

二、农用地定级的原则

农用地定级的原则有综合分析原则、主导因素原则、土地收益差异原则和定量分析与定性分析相结合原则。

（1）综合分析原则　农用地质量是各种自然因素、社会经济因素综合作用的结果，农用地定级应以造成土地质量差异的各种因素进行综合分析为基础。

（2）主导因素原则　农用地定级应根据影响因素因子及其作用的差异，重点分析对农用地质量及土地生产力水平具有重要作用的主导因素，突出主导因素对定级结果的作用。

（3）土地收益差异原则　农用地定级反映土地自然质量条件、土地利用水平、社会经济水平的差异对土地生产力水平及土地收益水平的影响。

（4）定量分析与定性分析相结合原则　农用地定级应把定性的、经验的分析进行量化，以定量计算为主。对现阶段难以定量的自然因素、社会经济因素采用必要的定性分析，并将定性分析的结果运用在农用地定级成果的调整和确定工作中，提高农用地级成果的精度。

三、农用地定级的技术步骤

农用地定级的技术步骤包括：①确定定级方法；②确定定级因素；③计算定级因素分值；④编制定级因素因子分值图；⑤划分定级单元；⑥计算定级单元各定级因素分值；⑦计算定级指数，初步划分土地级别；⑧校验和调整初步定级成果；⑨统计和计算面积；⑩编制图件、报告和基础资料汇编。

四、收集资料

农用地定级资料的收集范围除了与农用分等的资料相同外，还要收集农用地分等的中间成果及最终成果资料。

五、农用地定级单元的划分

农用地定级单元的划分方法与农用地分等单元的划分方法相同，不同的是分等采用的工作底图是1∶50000～1∶100000，而定级采用的工作底图是1∶10000～1∶50000。

六、农用地定级方法

农用地定级方法有三种：因素法、修正法、样地法。

因素法是通过对构成土地质量的自然因素、区位因素和社会经济活动因素的综合分析，确定因素因子体系及影响权重，计算单元因素总分值，即定级指数，据此划分农用地级别。

修正法是在农用地分等指数的基础上，根据定级目的、选择区位条件、耕作便利度、土地利用状况等因素计算修正系数，对分等成果进行修正，评定农用地级别。

样地法是以选定的标准样地为参照，建立定级因素计分规则，通过比较，计算定级单元因素分值，评定农用地级别。

第二节 农用地定级因素

一、农用地定级因素的确定方法

定级因素指对农用地质量差异有显著影响的自然因素、区位因素和社会经济活动因素，某些因素可分解为多个因子，构成定级因素体系。农用地定级应按相同层次的因素和因子进行评价，再逐级加权求和。

权重反映的是定级因素因子对农用地质量影响的贡献程度或影响份额。

确定定级因素的原则有主导因素原则、差异性原则、相对稳定性原则与可行性原则。

（1）主导因素原则　选取本地区对土地级别影响起主导作用的因素，突出主导因素对定级结果的作用。

（2）差异性原则　定级因素对不同区域的影响应有较大的差异，因素因子指标值有较大的变化范围。

（3）相对稳定性原则　所选取的因素应有相对稳定性，避免选取易变因素。

（4）可行性原则　农用地地级工作的深度应与当地现有的资料和技术水平相协调，应从现有资料中选取定级因素，必要时进行野外补充调查。

无论是因素法、修正法还是样地法都要建立相应的因素体系，其选取的方法有特尔菲法、因素成对比较法、层次分析法等，可选取这些方法中的一种或几种确定因素及权重。不同的定级方法在确定因素、因子时，考虑的条件和因素、因子选择的范围不同。

采用因素法进行农用地定级时，应考虑所有影响农用地质量的自然条件、社会经济条件和区位条件。

采用修正法进行农用地定级时，修正因素指在分等因素之外对农用地级别有显著影响的因素，重点考虑经济条件、区位条件对级别的影响。备选修正因素包括区位条件（包括农贸中心和交通状况等）、耕作便利条件（包括耕作距离、田间道路和田块形状等）、土地利用状况（包括土地利用现状、利用方式、经营效益、利用集约度等）和其他因素。

采用样地法定级时，应根据实际情况，分作物确定定级因素，一般按照大宗作物选取农用地定级因素，选取方法与因素法相同。并进行因素特征值调查。调查时应按乡镇逐单元、逐因素调查，并填表登记；因素特征值从已有土地利用、土壤、地貌等资料中查取，如果已有资料不能满足需要，则应进行野外资料补充调查，在因素特征值调查的同时，应收集定级单元最近3年的产量数据，有条件的地方应使用实测产量数据。

二、因素权重确定方法

选用特尔菲法、因素成对比较法、层次分析法等方法中的一种或几种确定因素权重。

三、定级因素-质量分关系表的编制

采用因素法定级应编制"定级因素-质量作用分"关系表。根据各定级因素对农用地质量影响程度,对指标进行分级,并给出相应的质量分。

因素质量分与土地质量的优劣呈正相关,即土地质量越好,质量分越高,反之,质量分越低;质量分体系采用百分制;质量分只与因素的显著作用区间相对应。

四、因素分级记分规则表的编制

采用样地法定级时,应编制因素分级记分规则表。

1. 因素分级

定级因素分级以 3~6 个级别为宜,分级方法有两种:一是根据实验或实测资料,建立定级因素与农作物产量水平间的函数关系,确定因素分级数目及各级上下限;二是用经验确定因素分级数目及各级上下限。

2. 编制标准样地特征分值表

把农业综合生产条件最优的标准样地定义为 1 号标准样地,其分值定为 100 分,按照定级因素对农业生产的影响程度,将 100 分分配给各个定级因素;其他标准样地定级因素的分值,可根据定级因素的分级情况,与 1 号标准样地的相应因素特征比较后确定,比较过程中若出现农用地综合特征优于 1 号标准化样地的情况,应调整标准样地的编号及其分值。

3. 编制定级因素记分规则表

各因素每个级别的记分量有两种确定方式:等差方式和非等差方式。等差方式是各因素的计分量以等间距分段记分,非等差方式是各因素的计分量可以根据影响作用的显著程度按照不等间距分段记分。

第三节 农用地定级因素因子量化、无量纲化方法

根据定级因素自身的特点及定级因素对农用地级别的影响方式,可把定级因素分为面状因素、线状因素和点状因素这几种基本形式。面状因素是定级因素指标的优劣仅对具备此指标的地块有影响(如土壤质地),面状因素是非扩散性因素。线状因素是定级因素指标的优劣不仅对具备此指标的地块有影响,还对一定距离范围内的农用地产生影响(如交通条件),线状因素是平行扩散因素。点状因素是定级指标的优劣不仅对具备此条件的地块有影响,还对其周围农用地产生影响(如农贸中心),点状因素是同心圆扩散性因素。可见以上三种基本形式又可归为两类:面状因素(非扩散性因素)和扩散性因素。定级因素的形式不同,其对农用地级别的影响方式则不同,其量化方法也不同。

一、面状因素因子作用分值计算方法

面状因素因子具有非扩散性,可直接采用区域赋值的方法确定其作用分值。有两种方法:一是最大最小值法;二是均值度法。

(一)最大最小值法

对面状赋分的因素因子,其指标分值计算通常分为两步进行。

第一步,按下面公式计算指标分值初值:

$$f_i = \frac{100(x_i - x_{\min})}{x_{\max} - x_{\min}}$$

式中　　f_i——某因素因子指标值的作用分;

$x_{\min}$，$x_{\max}$，x_i——指标最小值、最大值和某值，但对末一级指标的分值不按零考虑，而是根据土地质量的衰减程度由经验法确定。

第二步，对求算出的指标分值初值部分进行修正。具体修正要视土地质量衰减是否均衡等情况而定，均衡衰减修正幅度最小甚至为零。非均衡衰减视情况进行一定修正。以修正后的分值作为指标分值最终值。

对无指标值表示，只有定性说明的因素因子，可直接按各区域因素因子状况赋予一定分值，分值体系采用（0，100）半封闭区间。

（二）均值度法

均值度法首先要划分均质区。均质区分为数值型均质区、域值型均质区、语言型均质区三种。

1. 数值型均质区的划分及赋值

衡量级因素因子优劣的原始数据为可以度量的数值，依据这些数据划分的均质区称为数值型均质区，如人均耕地等。其划分过程为：对原始样点数据进行聚类分析，或作频率分布曲线，选取分界点值，确定均质区级别数，并用下式赋值：

$$P_i = \frac{100(b_i - b_劣)}{b_优 - b_劣}$$

式中　P_i——某因素因子第 i 级均质区作用分值；

b_i——某因素因子第 i 级均质区原始数据的均值；

$b_优$——某因素因子最优均质区原始数据的均值；

$b_劣$——某因素因子最劣均质区原始数据的均值。

2. 域值型均质区的划分及赋值

定级因素因子的原始数据为包含一定区域的域值，且已划分出若干级别，称其为域值均质区。如有机质含量、速效钾等，通过分析其数值关系，对可以合并的进行合并，对域值区域跨度过大的进行分解，最终在原级别的基础上确定参评级别，并利用下式进行赋值：

$$F_i = \frac{100 \times (T_i - T_劣)}{T_优 - T_劣}$$

式中　F_i——某因素因子第 i 级均质区的作用分值；

T_i——某因素因子第 i 级均质区域值中的中值；

$T_优$——某因素因子最优级均质区域值的中值，有上、下界限的，直接取其中值，只有下界的依据级差确定；

$T_劣$——某因素因子最劣级均质区域值的中值，有上、下界限的，直接取其中值，只有上界限的依据级差确定。

3. 语言型均质值区及赋值

区域状态为语言表述的均质区称为语言型均质区，如地貌类型，土地类型等。一般以其基本类型为均质区分级数，对面积过小的可做适当调整，均质区界线以原类型界线为主确定。语言型均值区由于缺乏可度量的数值，无法直接对其赋值，故采用各均质区与能够反映土地质量的可度量的指标的关系来确定。其步骤为：先选取与所要赋值均质区有较高相关程度的土地质量指标，如土地产量、产值、土地纯收益等，计算所选指标在每级均质区域内样点加权和的均值，将均值标准化后，以相应的标准化数值作为该均质区赋值的依据（见下式）。

$$Q_i = \frac{100(y_i - y_劣)}{y_优 - y_劣}$$

式中　Q_i——某因素因子第 i 个均质区的作用值；

　　　y_i——某因素因子第 i 个均质区反映土地质量的标准化值；

　　　$y_劣$——某因素因子最劣级均质区反映土地质量的标准化值；

　　　$y_优$——某因素因子最优级均质区反映土地质量的标准化值。

二、扩散型因素作用分值计算方法

扩散型因素如中心城镇影响度、农贸中心影响度、道路通达度，随距离的增加，其作用分值会按一定规律衰减（指数度衰减或直线衰减）。

1. 指数衰减法

指数衰减法的计算公式为：

$$f_i = M_i^{1-r}$$

$$r = \frac{d_c}{d}$$

式中　f_i——因素作用分值；

　　　M_i——规模指数；

　　　d_c——实际距离；

　　　d——因素影响半径；

　　　r——相对距离。

2. 直线衰减法

直线衰减法的计算公式为：

$$f_i = M_i(1 - r_i)$$

$$r_i = \frac{d_i}{d}$$

式中　f_i——因素在某个相对距离上对土地的作用分值；

　　　M_i——某个因素个体第 i 级规模指数；

　　　r_i——地块相对距离；

　　　d_i——实际距离；

　　　d——因素影响半径。

3. 各级扩散源的作用分值

各级扩散源的作用分值计算式为：

$$M_i = 100 k_i \quad (0 \leqslant k \leqslant 1)$$

式中　M_i——第 i 级扩散源的作用分值；

　　　k_i——第 i 级扩散源的作用指数，k_i 值依据各级扩散源的类型、规模、功能等条件确定。

4. 扩散因素作用分值

扩散因素作用分值计算式为：

$$F = \sum_{i=1}^{n} f_i$$

式中　F——某空间扩散因素作用分值；

　　　n——某空间扩散因素级别数；

f_i——某空间扩散因子作用分值。

三、评价指标无量纲化方法

由于农用地定级因素较多，涉及自然、社会、经济等多方面，这些因素综合作用形成土地质量特征。因组合方式不同，组合体中各因素作用程度不同，对土地质量形成趋向也不同。在对因素进行综合评价时，可根据因素特点采取相应的度量单位，又因各因素度量时单位不一致，使因素间缺乏可比性。而评价土地质量级别需将因素进行作用程度比较，因此应对各因素指标进行无量纲化处理，消除计量单位的影响，使不同性质、不同度量的指标具有可比性。

定级因素与土地质量的关系有三种：一是正向型关系，即因素指标值越大，反映土地质量状况越好，如土地有机质、土壤厚度等；二是逆向型关系，即因素指标值越大，反映土地质量越差，如土壤含盐量、灾害性天气频率等；三是适度型关系，即因素指标有一适度值，在此适度值上，土地质量最优，大于或小于此适度值，土地质量均由优向劣方向发展，如土壤酸碱度，pH值为7时，土壤对多种作物生长均适宜，pH值大于7或小于7时，土壤碱度和酸度随数值变大或变小而增高，土地对作物限制程度愈来愈大，生产力逐渐降低。对正向型因素指标的无量纲化处理公式为：

$$A_i = \frac{a_i}{a_{max}} \times 100$$

对逆向型因素指标的无量纲化处理公式为：

$$A_i = \frac{a_{min}}{a_i} \times 100$$

对适度型因素指标的无量纲化处理公式为：

当 $a_i \geqslant a$ 时，$A_i = \frac{a}{a_i} \times 100$

当 $a_i < a$ 时，$A_i = \frac{a_i}{a} \times 100$

式中　a——某因素适度值；

　　　a_i——处理前某因素指标值；

　　　a_{max}——处理前某因素最大指标值；

　　　a_{min}——处理前某因素最小指标值；

　　　A_i——处理后某因素指标值。

各因素指标进行无量纲化处理后，可直接用于土地质量评价分值计算中。

第四节　定级指数的确定

定级指数是划分农用地级别的基本依据，其确定方法有因素法、修正法和样地法三种。

一、因素法

因素法是通过对构成土地质量的自然因素和社会经济因素的综合分析，确定因素因子体系及影响权重，计算单元因素总分值，以此为依据客观评定农用地级别的方法。定级因素指对农用地质量差异有显著影响的自然因素、区位因素和社会经济因素，某些因素可分解为多个因子，构成因素体系。因素法就是要选择定级因素、确定因素体系及权重编制定级因素-质量分关系表、对定级因素因子进行量化，最后计算定级指数。

（一）定级因素因子指标量化

根据定级因素对农用地级别的影响方式确定量化方法。面状因素量化采用最大最小值法或均值度法，线状因素量化采用直线衰减法或指数衰减法，点状因素量化采用直线衰减法或指数衰减法，对于有交叉影响的因素因子（如各级农贸中心、道路等），应进行功能分割或衰减叠加处理。

（二）编制因素因子分值图

采用与农用地定级单元图同比例尺的素图为工作底图，将定级因素分值标注在工作底图上，标注图名、图例、图号等其他制图要素，因素因子分值图可用计算机系统生成。

（三）计算定级单元因素分值

将定级单元图叠置在定级因素分值图上，根据实际情况选择以下方法计算：

① 以定级单元所包含的因素等分线平均值代表单元分值；
② 以定级单元跨越的不同分值区的面积加权平均分代表单元分值；
③ 以定级单元几何中心点的分值代表单元分值；
④ 以定级单元各转折点、明显变化点的平均值代表单元分值；
⑤ 综合运用上述方法计算分值；
⑥ 采用计算机手段进行农用地定级时，点、线状因素分值按相应衰减公式计算，面状因素分值则直接读取中心点所在指标区域的作用分值。

（四）计算定级指数

可用定级因子分值直接计算，也可先将定级因子综合成定级因素分值后再计算，方法主要有加权求和法、几何平均法和限制系数法。

1. 加权求和法

公式为：

$$H_i = \sum_{i=1,j=1}^{p,n} W_j f_{ij}$$

式中　H_i——第 i 个定级单元的定级指数；

　　　W_j——第 j 个定级因素因子的权重；

　　　f_{ij}——第 i 个定级单元内第 j 个定级因素因子的分值。

2. 几何平均法

公式为：

$$H_i = \left(\prod_{i=1,j=1}^{p,n} f_{ij} \right)^{\frac{1}{n}}$$

式中　H_i——第 i 个定级单元的定级指数；

　　　f_{ij}——第 i 个定级单元内第 j 个定级因素的分值。

3. 限制系数法

当某地定级因素对土地定级存在强限制性时，应选择限制系数计算法：

$$H_i = \frac{\prod_{j=1}^{m} F_j \sum_{i=1,k=1}^{p,u} W_k f_{ik}}{100}$$

式中　H_i——第 i 个定级单元的定级指数；

　　　F_j——第 j 个强限制性定级因素因子分值；

f_{ik}——第 i 个定级单元内第 k 个非限制性定级因素因子的分值;

W_k——第 k 个非限制性定级因素因子的权重;

m——强限制性定级因素因子个数;

p——定级单元总数;

u——非限制性定级因素因子个数。

二、修正法

修正法是在农用地分等指数的基础上,根据定级目的,选择区位条件、耕作便利度等因素计算修正系数,对分等成果进行修正,评定出农用地级别的方法。

(一) 编制定级修正因素分值图

采用与农用地定级单元图同比例尺的素图为工作底图,将定级修正因素分值标注在工作底图上;标注图名、图例、图号等其他制图要素;可先编制出定级因素分值图,再综合成定级修正因素分值图;定级修正因素分值图可用计算机系统生成。

1. 计算单元修正因素质量作用分

把定级单元图叠置在定级修正因素分值图上,单元内定级因素分值取值和计算方法与因素法相同。

2. 计算修正系数

修正系数反映了修正因素在定级范围内相对变化程度,可用下式计算:

$$k_{ji} = \frac{K_{ji}}{\overline{K_j}}$$

式中 k_{ji}——第 i 个单元第 j 个修正因素修正系数;

K_{ji}——第 i 个单元第 j 个修正因素分值;

$\overline{K_j}$——区域内第 j 个修正因素平均分值。

3. 编制修正系数图

把修正系数计算成果标注在定级单元图上,编制修正系数图。

(二) 计算定级指数

定级指数的计算有两种方法:连乘修正法和加权修正法。

连乘修正法计算式为:

$$H_i = G_i \prod k_{ij}$$

式中 H_i——第 i 个定级单元的定级指数;

G_i——第 i 个单元所对应的分等指数;

k_{ij}——第 i 个单元第 j 个修正因素修正系数。

加权修正法的计算式为:

$$H_i = G_i \sum w_j k_{ij}$$

式中 H_i——第 i 个单元的定级指数;

G_i——第 i 个单元所对应的分等指数;

w_j——第 j 个修正因素的权重;

k_{ij}——第 i 个单元第 j 个修正因素修正系数。

根据定级目的要求,也可选择分等中间成果,如自然质量分、自然质量等指数、利用等指数作为修正的基础。

三、样地法

样地法是以选定的标准样地为参照，建立定级因素计分规则，通过比较，计算定级单元因素分值，评定农用地级别的方法。样地法定级是先设置标准样地，县级标准样地指县域内技术与管理水平处于平均状况时，从大宗作物产量水平最高范围的一类土地中选取的定级单元。其次计算单元记分量，将定级单元各定级因素的特征值与标准样地的特征值对比，根据记分规则计算定级因素记分量，并将各定级因素记分量求和，结果作为单元记分量。最后计算定级指数，公式为：

$$H_i = F_i + \sum a_{ij}$$

式中　H_i——第 i 个定级单元的定级指数；

F_i——第 i 个定级单元相应的标准样地分值；

a_{ij}——第 i 个定级单元第 j 个定级因素的记分量。

第五节　级别划分与校验

一、级别的初步划分

根据单元定级指数，采用等间距法、数轴法或总分频率曲线初步划分级别。

等间距法是按照定级指数，采用相同间距划分级别。

数轴法是把各定级单元的定级指数看成是一个一维变量，点绘在一维数轴上，按指数在数轴上的分布状况划分级别。方法是在平面上建立一个一维数轴，在数轴的方向线上连续标注单元定级指数值（图4-1），把单元定级指数对号点绘在数轴上方，如果一个指数值对应多个单元，则依次向上绘，形成高低不等的单元分值集中与分散分布图，在完成上述工作后，可通过对数轴的观察，根据数轴上点的分布稀疏与集中的情况，在相对稀疏处分开，把相对密集的地方划分成一个集合，定出其代表的级别，并绘出各级别的分值区间。

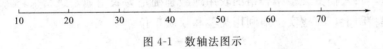

图 4-1　数轴法图示

数轴法的优点是直观、简便、易操作，缺点是当评价单元很多时，需要很长的数轴，表达上不太方便。

定级指数频率曲线法是先把每个定级指数作为样本，对其进行频率统计，并绘制相应的曲线，然后按土地优劣实际情况，选择若干频率曲线突变处，结合野外调查与定性分析，确定土地级别间的界线值和总级数。

第一，进行样点的分组，确定全距、组数、组限（组与组之间的界限）。其中：

全距 = 最大定级指数 − 最小定级指数

$= \max(x) - \min(x)$

组数 n 按经验规律判断确定。

组距 = 全距/组数

$= \dfrac{\max(x) - \min(x)}{n}$

最小值的下限 = 最小值 − $\dfrac{1}{2}$ 组距

最小值的上限 = 下限 + 组距

依次类推其他组上、下限。

第二，统计各组样本数，并计算频率。公式为：

$$P=\frac{n_F}{N}$$

式中　n_F——第 F 组的评价单元数；
　　　N——评价单元总数。

第三，绘制频率曲线，横坐标表示样本分组，纵坐标表示频率大小。

第四，根据频率曲线的突变点，结合野外考察定性分析，确定土地级别界限值的土地级总数。

第五，根据各评价单元的定级指数和土地级别间的界限，判断各评价单元所属的土地级别。土地级别界线应划在频率分布空白区域或频率分布的低值区，不能把土地级别界线划在频率分布的最高点或相对高点。

二、校验

校验内容包括校验定级单元划分的合理性、定级因素选取的准确性、定级结果计算的正确性。

校验的方法是在所有定级单元中随机抽取不超过总数 5％的单元进行野外实测，将实测结果与定级结果进行比较，如与实际不符的单元数小于抽取单元总数的 5％，则认为计算结果总体上合格，但应对不合格单元的相应内容进行校正；如果大于 5％，则应按工作步骤进行全面检查、校正。初步定级成果完成后，主要部门应组织专家进行论证，并写出书面论证意见，承担单位根据论证意见进行修改完善。初步划分的农用地级别应具有明显的正级差收益；否则，应重新进行调整计算，对初步定级结果至少采用两种方法进行校验。

三、级别调整与确定

对不合格的定级单元，应按照定级程序重新计算；应详细记录调整过程，并与原有计算资料一并整理，归入档案，检验合格的农用地级别确定为农用地定级结果，将级别边界落实到大比例尺现状图上，并核实土地利用类型和权属单位。

第六节　农用地定级案例

这里介绍采用修正法进行的吴起县农用地定级案例。

一、修正因素及其权重的确定

吴起县农用地定级采用特尔斐法，邀请全省有关农业经济、土壤、水利、土地管理、地理等学科 35 位专家对所选因素因子进行两轮打分（按百分制打分），并对打分结果进行标准差分析，选择其中标准差最小的一次打分结果，作为计算其权重的依据。将确定的因素以及计算的因素的权重再经过陕西省农用地分等定级与估价技术指导小组专家的论证，最终确定修正因素及其权重。最后确定的修正因素有中心城镇影响度、农贸市场影响度、交通通达度、耕作便利度以及土地利用现状。最终确定的修正因素及权重见表 4-1。

表 4-1　最终确定的修正因素及权重

修正因素	中心城镇影响度	农贸市场影响度	交通通达度	耕作便利度	土地利用现状
权重	0.23	0.15	0.23	0.26	0.13

二、修正因素的量化

1. 农贸市场影响度

按照《农用地定级规程》(TD/T 1005—2003) 附录 B 的因素量化方法，首先确定各农贸市场规模指数。根据实地考察各乡（镇）社会经济发展情况以及农贸市场交易金额的多少，按照当地专家意见进行部分更正，定量量化农贸市场规模指数（表 4-2）。经过分析论证，考虑多方面的因素综合作用效果及区域背景，乡镇农贸市场规模指数在农用地定级评价中有其充分的合理性。

表 4-2　吴起县各农贸市场规模指数

农贸市场	吴起镇	长官庙	庙沟	新寨	铁边城	五谷城	白豹	吴仓堡	周湾	长城	薛岔	王洼子
规模指数	100	80	80	80	80	70	70	70	70	50	50	50

以评价单元所在行政村为单位，以村委会所在地为基准，确定评价单元与农贸市场之间的运输距离，其最远距离即为最大影响半径，计算相对距离，最后，按照直线衰减的方法计算农贸市场作用分值。

2. 中心城镇影响度

中心城镇作为工农业产品的消费和集散地，具有服务中心和消费中心的双重属性，它不仅直接影响农产品的销售，而且为农业生产提供农业生产资料、技术及生产信息，所以，中心城镇可以影响县域的所有农用地定级评价单元，各个评价单元所受影响的不同程度完全取决于与中心城镇距离的远近，中心城镇影响度作用分值可以由距离进行直线衰减计算。吴起县中心城镇即县城吴起镇。首先，确定中心城镇规模指数。将吴起县中心城镇规模指数确定为 100 分。其次，量算中心城镇与评价单元的运输距离，计算相对距离。各评价单元与中心城镇的运输距离，以评价单元所在行政村为单位，以其村委会所在地为基准，量算到城镇的实际交通路程。考虑到中心城镇及村委会所在地的临界距离，交通路程以千米为单位进行量算。确定各行政村离中心城镇最远距离为最大影响半径，计算相对距离。最后，按照直线衰减的方法计算中心城镇作用分值。

3. 交通通达度

吴起县的公路体系主要由省道、县道、乡道以及农村道路四级构成。根据道路级别、宽度、车流量等参数确定各级公路的规模指数及其影响半径。考虑到吴起县各级道路有重叠部分，同时受多条道路影响的评价单元，其作用分值原则上应该较高，所以，定级时将省、县、乡道同时影响的规模指数确定为最高分，依次类推，各级道路规模指数及影响半径见表 4-3 和表 4-4。影响半径以各级道路的最大影响半径为准。

表 4-3　吴起县各级道路规模指数

道路级别	省、县、乡道	省、县道	省、乡道	县、乡道	省道	县道	乡道	农村道路
规模指数	100	95	93	92	90	80	70	20

表 4-4　吴起县各级道路影响半径

道路级别	省道	县道	乡道	农村道路
影响半径/km	4	3	1	0.5

交通通达度分值主要用来衡量出入评价单元、运送农业生产资料和农产品的便利程度。

评价单元到各级道路的上路距离不同，其所受的影响也不同。据此，定级以1km为界，将各级道路的影响半径划分为不同的区间，通过做缓冲区，属于同一影响范围内的评价单元其作用分值相同，实际距离按照缓冲区半径的平均距离计，如省道最大影响半径为4km，可将其划分为4个区间（单位：km），即[0,1]、[1,2]、[2,3]和[3,4]，在[0,1]范围内的评价单元所受交通条件影响作用分值是一样的，其实际距离取0.5km，采用直线衰减法确定各评价单元的交通通达度作用分值。各级道路不同影响范围的平均上路距离见表4-5。

表4-5 各级道路不同影响范围的平均上路距离

影响范围/km	0~0.5	0~1	1~2	2~3	3~4
平均上路距离/km	0.25	0.5	1.5	2.5	2.5

值得说明的是，当同一评价单元同时受多个级别道路影响时，在同一影响范围内的，按照表4-3和表4-4所确定的规模指数及影响半径计算；当影响范围不同时，取就近影响范围或作用分值较大的为该评价单元最终交通通达度作用分值。

4. 耕作便利度

农田耕作距离能够反映耕作便利度，耕作距离是指田块与田块使用者居住地之间的行走路程。吴起县属黄土丘陵沟壑区，所以对吴起县农用地耕作便利度不能单纯以耕作距离来衡量，耕作距离的确定也不能以单纯的直线距离来反映其耕作便利情况，这就需要寻找其他的量化途径予以解决。鉴于此，定级对耕作便利度的量化不仅要考虑耕作距离，而且要考虑农用地所在的地貌部位，按照农用地位于梁峁顶、梁峁坡和川道沟谷的不同，确定其作用分值，具体记分规则见表4-6。

表4-6 吴起县农用地定级耕作便利度记分规则

地貌部位	梁峁顶	梁峁坡	川道沟谷
作用分值/分	40	70	100

5. 土地利用现状

吴起县土地利用现状主要有旱地、水浇地和菜地，以旱地为主。水浇地、菜地和旱地在灌溉设施、耕作便利程度、土地实际产出等方面都有很大的不同，因而其作用分值不同（表4-7）。

表4-7 吴起县农用地定级土地利用现状记分规则

土地利用现状	水浇地、菜地	旱地
作用分值	100	60

三、修正系数计算及定级指数计算

根据规程中规定的修正系数计算方法以及加权修正法分别计算各分等单元各因素的修正系数和单元定级指数。这里在经济等指数的基础上进行修正。

四、农用地级别的划分

按照上述方法计算得到吴起县定级指数在18.002~266.423之间，采用数轴法，选择点数稀少处作为级别界线，划分为5个级别。吴起县农用地级别分为五级：一级地级别最高，质量高，占总耕地面积的比例最小，为6.79%；二级地占总耕地面积的15.65%；三级地占总耕地面积的20.42%；四级地占总耕地面积比例最大，为29.84%；五级地级别最低，质量差，面积仅次于四级地，占总耕地面积的27.3%。吴起县农用地级别如图4-2所示。各级别论述略。

图4-2 吴起县农用地级别

第五章　农用地估价

第一节　土地价格概述

一、土地价格的概念

土地价格是土地经济价值的反映，是为购买获取土地预期收益的权利而支付的代价。也就是说，土地价格的高低取决于可以获取的预期土地收益。购买土地实际上购买的是土地的权利，土地权利不同，其价格的表现也不同。一般表现为所有权价格、使用权价格、抵押权价格等。

土地价格是指正常市场条件下一定年期的土地使用权未来纯收益的现值总和。

二、土地价格的特点

1. 土地价格是土地权利价格

土地的永续利用特点表明土地能为人类提供永久的土地收益，获得这种收益伴随着对土地权利的界定。所以，购买土地实际上是购买获得土地收益的权利，土地权利是一种权利的集合，可分为土地所有权、使用权、租赁权、抵押权等。

2. 土地价格不是土地价值的货币表现

土地是一种自然物，不是人类直接劳动的产品，虽然其中包含着人类劳动，但是这种劳动不是创造产品，不能形成这种商品的价值，所以土地价格也就不会以生产成本为定价依据。

3. 土地价格主要由土地需求决定

一般商品的价格以生产成本为依据，由市场供给与需求共同决定。对土地来说，自然供给是无弹性的，不能创造或改变，经济供给弹性也很小，但需求弹性很大。这样，土地价格主要由需求来决定。

4. 土地价格呈上升趋势

土地面积有限，供给弹性小，而社会经济不断发展，人口不断增长，人地矛盾日益突出，人口增长与社会经济发展对土地的需求在不断增加，因而地价会呈不断上升趋势。

5. 土地价格市场不统一

由于土地位置的固定性，使土地进行交易时，不会像其他商品那样以流动的状态进入统一市场，在市场中通过比较进行交易。土地市场表现出强烈的地域性，因而也难以形成统一的市场均衡价格。

三、土地价格的分类

从不同目的出发，可以把地价分成不同种类，各地价种类之间会有所交叉，同一块土地上可能会有多种价格。

（1）按土地权利分。土地价格实质上是土地的收益价格，而这种价格与土地的权利紧密相关。土地权利实质上是一个权利集合，包括土地的所有权、使用权、租赁权、抵押权等，相应地土地价格也就分为所有权价格、使用权价格、租赁权价格和抵押权价格。

(2) 按土地价格形成的方式可分为交易价格和评估价格。交易价格是通过市场交易形成的土地成交价格，评估价格是由专门的机构和人员按照一定的程序及方法评定的土地价格，包括：①交易底价，在土地交易之前参与土地交易的各方，政府、购买者、租赁者、抵押者等都要对土地进行评估，形成各自底价；②基准地价，是政府为管理土地市场，由专业部门、专业人员评定的土地等级和区域的平均价格；③课税价格，是政府为征收有关土地税收而评定的土地价格。

(3) 按政府管理手段，地价可分为：①申报地价，由土地所有人或使用人向有关机关申报的地价；②公告（示）地价，是政府定期公布的地价，它一般是征收土地增值税和征用土地补偿的依据。

(4) 按土地价格表示方法，地价可分为土地总价格、单位面积地价、楼面地价等。

四、土地估价原则

无论是农用土地估价还是城镇土地估价应遵循的原则有：预期收益原则、替代原则、最有效利用原则、供需原则、报酬递增递减原则、贡献原则和变动原则。

1. 预期收益原则

指土地估价应以估价对象在正常利用条件下的未来客观有效的预期收益为依据。对于价格的评估，重要的不是过去，而是未来。过去收益的重要意义在于为推测未来的收益变化提供依据，土地投资者是在预测该土地将来可能带来的收益后进行投资的。这就要求估价时必须了解过去的收益状况，并对土地市场现状、发展趋势、政治经济形式及政策规定对土地市场的影响进行分析与预测，准确预测未来土地的收益。剩余法估价及收益还原法估价中土地收益的确定，都是预期收益原则的具体应用。

2. 替代原则

指土地估价应以相邻区域类似地区功能相同、条件相似、交易方式一致的土地交易实例的市场价格为依据，估价结果不得明显偏离具有替代性质的土地正常价格。土地价格水平由具有相同性质的替代性土地的价格所决定，土地价格水平是由了解市场行情的买卖者按市场的交易案例相互比较后所决定的价格，土地价格可通过比较地块的条件及使用价值来确定。所以在土地估价时，就可以通过对土地条件即土地使用价值的比较来评估土地价格。如在同一市场供需圈内，可以通过调查近期发生交易的、与待估地块有替代可能的地块的地价和条件，通过与待估地块进行比较来确定待估地块价格，在土地估价中经常采用的市场比较法是以替代原则为基础的。由于土地的不可移动性、个别性及交易量少等特点，很难找到条件完全相同、交易方式完全相同的替代品，所以，一般都要进行时间和土地条件修订后，才能估算待估土地的价格。

3. 最有效利用原则

指土地估价应以估价对象的最有效利用为前提估价。对农用地估价来说，就是在一定的社会经济条件下，农用地的利用方式应能充分发挥其土地的效用，产生良好的经济效益，而且要保持土地质量不下降，并对其周围的土地利用不会造成负面影响或危害。土地用途具有多样性，不同的利用方式能为权利人带来不同的收益量，土地权利人都希望从其所占有的土地上获得尽可能多的收益，并以此为依据确定其土地利用方式。所以，土地价格是以其效益最大限度发挥为前提的。但同时，土地资源是有限的，虽然是可再生的，但如果利用不当会导致其退化，所以，经济效益的发挥应当以其持续利用为前提。

4. 供需原则

指土地估价要以市场供需决定土地价格为依据，并充分考虑土地供需的特殊性和土地市场的地域性。在完全的自由市场中，一般商品的价格取决于需求与供给关系的均衡点。需求超过供给，价格随之提高；反之，供给超过需求，价格随之下降，这就是供求均衡法则。土地也一样，其价格也是由需求与供给的相互关系而定的。但由于土地位置的固定性、有限性、个别性等自然特性，使价格独占倾向性比较强，需求与供给都限于局部地区，供给量有限，竞争主要在需求方面进行，即土地不能实行完全竞争，其价格的独占倾向性比较强。

5. 报酬递增递减原则

指土地估价要考虑在技术等条件一定的前提下，土地纯收益会随着土地投资的增加而出现由递增到递减的特点。经济学中有边际效益递减原则，是指增加各生产要素的单位投入量时，纯收益随之增加，但达到某一数值后，如继续追加投资，其纯收益不再会与追加的投资成比例增加，土地投资同样遵循这一原则。利用这一原则，就可找出土地的边际使用点，即最大收益点，也可称为最有效使用点。实际上，任何给定的条件下，土地、劳动力、资金、管理水平之间都存在着一定的最优组合，超过一定限度，每一要素的继续增加，其收益都不会相应成比例增加。这一原则说明成本的增加并不一定会使土地价格增加，估价中要充分考虑这一点。

6. 贡献原则

指土地总收益是由土地及其他生产要素共同作用的结果，土地的价格可以土地对土地收益的贡献大小来决定。按经济学中的边际收益原则，衡量各生产要素的价值大小，可依据其对总收益的贡献大小来决定。贡献原则是关于部分收益递增递减原则的应用，也是收益还原法和剩余法估价的基础。

7. 变动原则

指土地价格是由多种因素综合作用的结果，这些因素经常在变化，在这些因素影响下的土地价格也处在动态变化之中，估价人员应把握土地价格影响因素及土地价格的变动规律，正确评估价格。在土地估价中，不仅要对将来的地价变动做出准确预测，同时也要对所采用的地价资料按变动原则修订到估价期日的标准水平，才能准确合理地估价。

五、土地估价方法

土地估价方法可分为基本估价法和应用估价法。基本估价法又可分为收益还原法、市场比较法、剩余法和成本逼近法。应用估价法又称为大量估价法，即在应用基本估价方法评估样点宗地地价的基础上，对整个城市或城市内一定区域内的土地价格、地价影响因素和地价变化规律进行分析，建立起一套大范围内宗地价格与宗地条件及影响因素间的相关关系，作为该范围内宗地价格的评估标准，从而在需要时可以迅速地评估出该区域内各个宗地价格。应用估价法有路线价估价法、标准宗地估价法和基准地价系数修正法等。

第二节 农用地价格的影响因素

影响农用地价格的因素主要包括自然因素、社会经济因素和特殊因素。

一、自然因素

自然因素是指影响农用地生产力的各种自然条件，包括气候（$\geqslant 10℃$积温、降雨量、降雨均衡度、无霜期、灾害性气候状况）、地貌（地形、坡度等）、土壤（土壤质地、土层厚度、有机质含量、盐渍化程度）、水文（地下水埋深度）、农田基本设施状况、地块形状等。

自然因素通常是通过影响土地质量而影响土地价格，由于气候、地貌等自然条件在不同地区、不同宗地存在着差异，所以土地质量会有所不同，进而影响到土地价格的不同。

二、社会经济因素

社会经济因素指的是影响农用地收益的社会经济发展条件、土地制度和交通条件等。包括区域城市化水平、城市规模、农业生产传统、人均土地指标、农民人均收入水平、单位土地投入资本量、单位土地投入劳动量、农产品市场供求、农机应用方便度、土地利用规划限制、交通通达性等。社会经济因素一般在一定的行政区域内具有一致性，因此它决定着农用地的区域总体价格水平。

三、特殊因素

指影响农用地生产力和收益所独有的条件或不利因素，如特殊的气候条件、土壤条件、环境条件、环境污染状况等。由于拥有特殊条件的土地数量往往有限，而且受到土地位置固定性的影响，拥有特殊条件的土地者就会由此获得垄断利润，因此特殊因素一般形成农用地的垄断价格。

第三节 农用地估价方法

农用地估价方法有：收益还原法、市场比较法、成本逼近法、剩余法、评分估价法、基准地价修正法。

一、收益还原法

收益还原法是在估算土地在未来每年预期纯收益的基础上，以一定的还原率，将评估对象在未来每年的纯收益折算为评估时日收益总和的一种方法。

（一）收益还原法的评估程序

1. 搜集与待估宗地有关的收益和费用资料

这是测算年总收益和年总费用，进而计算年纯收益的基础。

2. 测算年总收益

年总收益是指待估宗地按法定用途，合理有效地利用土地所取得的持续而稳定的客观正常年收益。当待估宗地为直接生产经营方式时，用农产品年收入作为年总收益。农产品年收入是指农用地用于农业生产过程中，每年平均的农业生产产品的收入，包括主产品收入和副产品的收入。收入的计算根据其产量和估价期日的正常市场价格进行。当待估宗地为租赁经营时，则把年租金收入及保证金或押金的利息收入之和作为年总收益。租金收入及保证金或押金的利息收入是指农用地由其产权拥有者用于出租时，每年所获得的客观租金及承租方支付的保证金或押金的利息。客观租金根据实际租金水平考虑评估期日当地正常的市场租金水平进行分析计算。保证金或押金的利息按其数量及评估期日中国人民银行的一年期定期存款利息进行计算。

3. 测算年总费用

年总费用指待估宗地的使用者在进行生产经营活动中所支付的年平均客观总费用。当待估宗地为直接生产经营方式时，用农用地维护费和生产农副产品的费用之和作为总费用。农用地维护费一般是指农用地基本配套设施的年平均维修费用，生产经营农副产品的费用一般包括生产农副产品过程中所必须支付的直接及间接费用，包括种苗费（或种子费、幼畜禽费）、肥料费（或饲料费）、人工费、畜工费、机工费、农药费、材料费、水电费、农舍费

（或畜禽舍费）、农具费以及有关的税款、利息等。对于投入所形成的固定资产，按其使用年限权摊销费用。当待估宗地为租赁经营时，用农用地租赁过程中发生的年平均费用作为年总费用。它主要指在进行土地租赁过程中所必须支付的年平均客观总费用。

4. 计算年纯收益

土地年纯收益为年总收益与年总费用之差。对于投入所形成的固定资产，应扣除其所产生的纯收益。如果所求取的年纯收益为负值，应根据实际经营状况考虑农用地的客观收益。

5. 确定土地还原率

土地还原率可按下列方法确定。

（1）租价比方法　即选择与评估对象处于同一用地或近邻地区，相同用途的三宗以上近期发生交易的，且在交易类型上与评估对象相似的农用地交易实例，以交易实例的土地租金或土地纯收益与其价格的比率的均值作为土地还原率。

（2）安全利率加风险调整值法　即土地还原率＝安全利率＋风险调整值。安全利率可选用同一时期的一年期国债年利率或银行一年期定期存款年利率，风险调整值应根据农业生产所遇到的灾害性天气、评估对象所处地区的社会经济发展水平和农用地市场等状况对其影响程度而确定。

（3）投资风险与投资收益率综合排序插入法　将社会上各种相关类型投资，按它们的收益率与风险大小排序，然后分析判断估价对象所对应的范围，确定其还原率。

在估价实践中，应根据当地农用地市场情况，选择适当的方法，确定土地还原率。

6. 计算土地价格

无限年期的土地价格计算式为：

$$P = \frac{a}{r}$$

有限年期的待估农用地价格应根据其使用年期进行年期修正。

当土地纯收益每年不变，土地还原率每年不变且大于0时，土地价格为：

$$P = \frac{a}{r}\left[1 - \frac{1}{(1+r)^n}\right]$$

式中　P——土地价格；

　　　a——土地年纯收益；

　　　r——土地还原率；

　　　n——土地使用年期。

当土地纯收益每年有变化时，应按其变化规律采用相应的公式进行计算。

（二）收益还原法适用范围

收益还原法适用于在正常条件下有客观收益且土地纯收益较容易测算的农用地价格评估。采用收益还原法进行宗地价格评估时，应以宗地为单位进行评估，即应考虑农用地收益是由宗地总面积产生的，不能只考虑农用地收益面积。

二、市场比较法

根据替代原理，将待估土地与近期市场上已发生交易的类似土地交易实例进行比较，并对类似土地的成交价格进行适当修正，以此估算待估土地价格的方法。

（一）市场比较法评估的程序

1. 收集和选择比较交易实例

在收集与选择比较交易实例时,应遵循这几个原则:首选与评估对象处于同一地区的实例,次选处于近邻地区或类似地区的实例;所选实例与待估土地用途应相同,价格类型应相同或可比,成交日期与估价日期应接近,不宜超过3年;应至少选择3个可比较的正常交易实例。

在收集与调查交易实例时要调查的内容有:交易双方的情况及交易目的、交易实例的状况(一般应包括宗地本身的各种自然条件、社会经济条件和特殊条件等)、成交价格、付款方式、成交日期。

2. 建立价格可比基础

选取比较实例后,应对比较实例的成交价格进行换算处理,建立价格可比基础、统一表达方式和土地价格内涵,主要包括统一地价内涵、统一付款方式(应统一为在成交日期时一次付清的付款方式)、统一采用单位面积地价、统一面积内涵和面积单位、统一币种和货币单位。

3. 进行交易情况修正

交易情况修正是排除交易行为中的一些特殊因素所造成的比较实例的价格偏差,将其成交价格修正为正常交易情况下的价格。通常引起特殊交易行为因素有这几种情况:①有利害关系者之间的交易;②急买急卖的交易;③受债权债务关系影响的交易;④交易双方或者一方有特别动机或者特别偏好的交易;⑤相邻地块的合并交易;⑥特殊方式的交易;⑦交易税费非正常负担的交易;⑧有纠纷的交易。

在选择交易实例时,如果交易实例存在上述特殊交易情况应尽量避免选择,不得已必须采用时,就需要进行交易情况修正。

首先要测定各种特殊因素对土地交易价格的影响程度,也就是分析在正常情况下和这些特殊情况下,土地交易价格可能产生的偏差大小,测定方法可以利用已掌握的同类型土地交易资料分析计算,确定修正系数。也可以由估价人员根据长期的经验积累,判断确定修正系数,对交易税费非正常负担的修正,应将成交价格调整为依照国家及当地有关规定,交易双方负担各自应负担的税费额确定修正系数。

在测定各种特殊因素对土地交易价格的影响程度的基础上,计算情况修正系数,公式为:

$$K_c = \frac{I_{cp}}{I_{cb}}$$

式中 K_c——情况修正系数;

I_{cp}——待估农用地情况指数;

I_{cb}——交易实例农用地情况指数。

4. 进行期日修正

应把交易实例在其成交期日时的价格调整为估价期日的价格。具体可采用以下的方法。

① 利用本地区农用地价格指数计算修正系数,计算公式为:

$$K_t = \frac{I_p}{I_b}$$

式中 K_t——期日修正系数;

I_p——估价期日的地价指数;

I_b——交易期日的地价指数。

② 利用类似农用地价格变动率确定期日修正系数;

③ 在没有农用地价格指数或变动率的情况下,估价人员可以根据当地土地价格的变动情况和发展趋势及自己的经验积累进行判断,确定期日修正系数。

④ 通过分析土地价格随时间推移的变动规律，采用时间序列分析，建立土地价格与时间的相互关系模型，求取期日修正系数。

5. 进行影响因素修正

根据农用地价格的影响因素体系和估价对象与比较实例之间的特殊条件，确定影响因素修正体系，并分别描述估价对象与各比较实例的各种影响因素状况，确定修正指数，计算修正系数。影响因素状况描述应具体、明确，并尽量采用量化指标，避免采用"好"、"较好"、"一般"等形容词。

自然因素修正系数采用下式计算：

$$K_n = \prod_{i=1}^{n} \frac{I_{o_i}}{I_{b_i}}$$

式中　K_n——自然因素的修正系数；
　　　I_{o_i}——待估农用地因素 i 的指数；
　　　I_{b_i}——交易实例因素 i 的指数；
　　　n——影响因素的个数。

社会经济因素的修正系数采用下式计算：

$$K_e = \prod_{i=1}^{n} \frac{I_{o_i}}{I_{b_i}}$$

式中　　　K_e——社会经济因素的修正系数；
　　I_{o_i}，I_{b_i}，n——同自然因素修正。

特殊因素修正系数采用下式计算：

$$K_s = \prod_{i=1}^{n} \frac{I_{o_i}}{I_{b_i}}$$

式中　　　K_s——特殊因素的修正系数；
　　I_{o_i}，I_{b_i}，n——同自然因素修正。

6. 进行年期修正

所选比较实例的土地使用年期会不尽相同，与待估土地的使用年期也会不一样，利用市场比较法则必须进行年期修正。土地使用年期修正是把各比较实例的不同使用年期修正到待估宗地的使用年期，以消除因土地使用年期不同而给价格带来的影响。年期修正系数为：

$$K_y = \frac{1 - \dfrac{1}{(1+r)^m}}{1 - \dfrac{1}{(1+r)^n}}$$

式中　K_y——把比较实例年期修正到待估农用地使用年期的年期修正系数；
　　　r——土地还原率；
　　　m——待估农用地的使用年期；
　　　n——比较实例的使用年期。

7. 计算待估农用地价格

首先计算各交易实例的比准价格，其公式为：

$$P = P_b K_c K_t K_n K_e K_s K_y$$

式中　　　　　P——交易实例的比准价格；
　　　　　　P_b——交易实例价格；

K_c,K_t,K_n,K_e,K_s,K_y——含义同前。

所选取的若干交易实例价格经过上述各项比较修正后，可选用简单算术平均法、加权算术平均法、中位数法、众数法中的一种方法计算待估农用地价格。

（二）市场比较法的适用条件和范围

市场比较法具有现实性，有较强的说服力。市场比较法利用近期发生的与待估土地具有替代性的交易案例作为比较基础，修正推算待估土地的价格，能够反映近期市场的行情，也使测算的价格具有较强的现实性，容易被接受。

市场比较法以替代关系为途径，所求得的价格称为"比准价格"。市场比较法是通过已发生的交易案例的价格，利用其与待估土地之间的替代关系，比较求算待估土地的价格，也称为比准价格。

市场比较法以价格求价格，在不正常的市场条件下难以与收益价格相协调。采用市场比较法评估土地价格是以市场案例为基础，通过对交易案例价格的修正求取评估对象的价格，虽然反映市场规律，但如果在不正常的市场条件下，会使得估价结果偏离土地资产本身特征，无法与收益价格相协调。

市场比较法需要估价人员具有较高的素质。应用市场比较法需要进行一系列因素修正，这就要求土地估价人员要具有多方面的知识和丰富的经验，否则就难得到客观准确的结果。

市场比较法以替代原则为基础，正确选择比较案例和合理修正交易价格是保证评估结果准确性的关键。因为要求评估人员要全面准确地调查市场资料，合理选择比较案例，并将比较案例与评估对象进行全面、细致的比较，确定适当的修正系数，以保证评估结果的准确性。

市场比较法必须以发育健全的市场为基本条件。具体地说，市场比较法适用条件为：

① 要有足够数量的比较案例；

② 交易案例资料与待估土地具有相关性与可替代性；

③ 交易资料的可靠性；

④ 合法性，利用比较法评估时，不仅要排除不合理的土地市场交易资料，而且要注意研究有关法律规定。

市场比较法主要适用于土地交易市场发达、有充足的具有替代性的土地交易案例的地区。市场比较法除了可直接用于评估土地价格外，还可用于其他估价方法中有关参数的求取。

三、成本逼近法

指以开垦农用地、土地整理或开发土地过程中所耗费的各项客观费用之和为主要依据，再加上一定的利润、利息、应缴纳的税金和土地增值收益，并进行各种修正来确定土地价格的方法。

成本逼近法就是把对土地的所有投资包括土地取得费用和基础设施开发费用两大部分作为"基本成本"，运用经济学等量资金应获取等量收益的投资原理，加上"基本成本"这一投资所应产生的相应利润和利息，组成土地价格的基础部分，同时根据国家对土地的所有权在经济上得到实现的需要，加上土地所有权应得收益，从而求得土地价格。基本公式为：

$$P = E_a + E_d + T + R_1 + R_2 + R_3$$

式中　P——土地价格；

E_a——土地取得费；

E_d——土地开发费；

T——税费；

R_1——利息；

R_2——利润；

R_3——土地增值收益。

农用土地取得费主要表现为取得未利用土地或中低产田时客观发生的费用。开发费是为使土地达到一定的农业利用条件而进行的各种投入的客观费用，如农田平整、处理耕作层、建设农田水利设施、田间道路、田间防护林等。根据农业生产的要求，农用土地的开发程度主要应包括通路（分通田间人行路、机耕路等情况）、灌溉（分上游有蓄水设施的自流灌溉、地下水灌溉、喷灌灌溉、滴灌灌溉等）、排水（分析能否顺畅地自然排水、有无排水沟渠等）、通电（田间耕作能否方便地使用电力）与土地平整（平整度应能满足农业生产的基本要求，有至少 20cm 的疏松土壤耕作层）。

在具体分析农业地的开发程度时，还应区分田块内外的情况，并根据各种农田基本设施的投资主体与评估对象的产权主体的权属利益关系确定评估设定的土地开发程度，并合理确定开发费用。

各项税费主要指取得待开发农用地和在进行农用地开发过程中所应支付的有关税费，具体项目和取费标准按国家和当地的有关规定确定。

土地的取得费用和开发费用均应根据其投资的特点及所经历的时间计算利息，利息率按评估期日的中国人民银行公布的贷款利息率来确定。计息期间以农用地开发周期为基础，考虑各项投资的投入特点确定。农用地开发周期根据农用地开发的总面积、农用地开发程度和开发难度等方面确定。

利润是对农用地开发投资的回报，是土地取得费用和开发费用在合理的投资回报率（利润率）下应得的经济报酬。利润率根据开发农用地所处地区的经济环境、开发农用地的利用类型（行业特点）和开发周期等方面确定。

农用地增值收益是指待估农用地因追加投资进行农用地开发整理，使农用地生产能力得到提高而引起的农用地价格的增值。农用地增值收益率根据开发农用地所处地区的经济环境、开发农用地的利用类型（行业特点）等方面确定。

在确定了上述各项的基础上，利用成本逼近法公式计算初始农用地价格，然后再对初始农用地价格进行年期修正和区位修正。

如果求取的是有限年期的农用地价格时，应判断是否进行年期修正。判断是否进行年期修正的标准如下：

① 当农用地增值收益是以有限年期的市场价格与成本价格的差额确定时，年期修正已在增值收益中体现，不再另行修正；

② 当农用地增值收益是以无限年期的市场价格与成本价格的差额确定时，农用地增值收益与成本价格一道进行年期修正；

③ 当农用地为承包、转包等时，应按使用年期或剩余使用年期进行修正；

④ 当评估的是农用地无限年期价格时不用进行年期修正。

需要年期修正时，其公式为：

$$P_T = P K_y$$

式中　P_T——年期修正后的农用地价格；

　　　P——年期修正前的农用地价格；

　　　K_y——年期修正系数。

年期修正系数的计算公式为：

$$K_y = 1 - \frac{1}{(1+r)^n}$$

式中 K_y——年期修正系数；
       r——农用地还原率；
       n——农用地使用年期。

当区位对于农用地的经营类型影响较大时，还应对农用地价格进行区位修正。

成本逼近法适用于经过未利用土地开发或土地整理后的农用地价格评估，特别适用于土地市场不发育、土地成交实例不多、无法利用市场比较法进行估价时。

应用成本逼近法时应注意如下问题。

① 土地取得费和土地开发费均应是评估期日的重置费用，即应是按照评估期日有关规定和物价水平确定土地取得费和土地开发费的计费项目及取费标准，而不能按照企业实际取得和开发利用土地时的实际投入计算，因为企业可能是几年前甚至十几年前取得的土地。

② 各项费用的取费标准应有足够的依据和充分的分析。

③ 成本逼近法评估结果一般作为投入成本价格分析，用于作为市场交易价格时应慎重。在市场经济条件下，决定商品的重要因素是商品的效用和供求关系，不是商品的成本。所以如果直接用它作为市场交易的成本价格，则必须慎重，尽量补充进行充分市场分析的资料，甚至要采用市场比较法或其他方法的评估结果，进行相互校核和验证。

四、剩余法

剩余法又称为假设开发法、倒算法、残余法或余值法。剩余法是在预计开发完成后农用地正常交易价格的基础上，扣除预计的正常开发成本及有关专业费用、利息、利润和税收等，以价格余额来估算待估农用地价格的方法。基本公式为：

$$P = A - B - C$$

式中 P——待估农用地的价格；
       A——总开发价值或开发完成后的农用地总价格；
       B——整个开发项目的开发成本；
       C——开发者合理利润。

利用剩余法评估农用地价格要在调查待估农用地的基本情况的基础上，确定待估农用地的最有效利用方式，估计开发周期和投资进度安排，然后估算开发完成后的农用地总价格，再估算开发成本和开发者合理利润，最后确定待估农用地价格。

对开发完成后的农用地价格的估算必须根据待估农用地的最有效利用方式和当地农用地市场现状及未来变化趋势，采用市场比较法进行。对开发完成后拟采用出租或自营方式的农用地价格，也可以根据同一市场状况采用收益还原法来确定其价格。开发成本是项目开发期间所发生的一切费用的总和，主要包括开发建设投资成本、有关专业费用、投资利息和税收等，开发项目的正常利润一般以农用地总价或全部预付资本的一定比例计算。利润率宜采用同一市场上类似农用地开发项目的平均利润率进行确定。在确定完成上述各项费用后，利用剩余法的基本公式求出待估宗地的地价。

五、评分估价法

评分估价法是按一定的原则，建立影响农用地价格的因素体系和因素评分标准，依据因素评分标准对待估农用地的相应条件进行赋分，按其得分值的大小，乘以客观的农用地单位分值价格，从而得到农用地价格的一种估价方法。

(一) 评分估价法的程序

1. 建立农用地价格影响因素体系

县（市）级土地行政主管要部门根据当地的实际情况建立农用地价格影响因素体系。农用地价格影响因素见表 5-1。评分估价法——旱地评分法见表 5-2。评分估价法——水田评分法见表 5-3。

表 5-1 农用地价格影响因素

自然因素	气候条件	日照条件
		≥10℃有效积温
		无霜期
		降雨量
		降雨均衡度
		湿度
		灾害性天气
	地貌	地形坡度
		坡向
		海拔高度
		侵蚀切割
	土壤条件	表层土壤质地
		有效土层厚度
		有机质含量
		酸碱度
		障碍层深度
		盐渍化程度
	水文条件	地表水状况
		地下水状况
	农田基本设施状况	灌溉条件
		防洪排涝条件
		田块平整度
		供电条件
		地块形状
		田块大小
社会经济因素	社会经济发展条件	人均收入水平
		人均土地指标
		单位土地投入劳动量
		单位土地投入资本量
		农产品市场供求
		农机应用方便度
	土地制度	土地利用规划
	交通条件	道路类型
		交通通达度
		路网密度
		对外交通便利度
特殊因素	特殊的气候条件	灾害性天气
		特殊的小气候条件
	特殊的土壤条件	被污染的土壤
		有特异性质的土壤
	特殊的环境条件	居民点的影响
		工程建设的影响
	环境污染状况	环境污染状况

表 5-2 评分估价法——旱地评分法

因素体系			级别	分数	备注
自然因素	方位	南向	1		
		西向	2		
		东向	3		
		北向	4		
	湿度				
	坡度	<2°	1		
		2°~6°	2		
		6°~15°	3		
		15°~25°	4		
		>25°	5		
	表层土壤质地	壤土	1		
		黏土	2		
		砂土	3		
		砾石土	4		
	有效土层厚度	>100cm	1		
		60~100cm	2		
		30~60cm	3		
		<30cm	4		
	土壤有机质含量	>2.0%	1		
		1.5%~2.0%	2		
		1.0%~1.5%	3		
		0.6%~1.0%	4		
		<0.6%	5		
	障碍层深度	60~90cm	1		
		30~60cm	2		
		<30cm	3		
	下土层	与上层土同质壤土	1		
		砂黏土及砂砾土	2		
		强黏土及砂砾土	3		
	土壤盐渍化状况	无盐渍化	1		
		轻微盐渍化	2		
		中度盐渍化	3		
		盐渍化严重	4		
	灌溉保证率	充分满足	1		
		基本满足	2		
		一般满足	3		
		无灌溉条件	4		

因素体系			级别	分数	备注
自然因素	排水条件	无洪涝	1		
		丰水年有短期洪涝发生	2		
		丰水年有洪涝发生	3		
		雨季发生洪涝	4		
	面积	10亩以上	1		
		5～10亩	2		
		1～5亩	3		
		1亩以下	4		
社会经济因素	耕作难易程度	容易	1		
		中等	2		
		较困难	3		
		很困难	4		
	距城镇的远近及交通的通达性	距城镇较近,且交通通达性好	1		
		距城镇较近,但交通通达性差	2		
		距城镇较远,但交通通达性较好	3		
		距城镇较远,且交通通达性较差	4		
特殊因素	特殊的气候条件	非常特殊小气候	1		
		比较特殊小气候	2		
		无特殊	3	0	
	特殊的土壤条件	非常特殊土壤	1		
		比较特殊土壤	2		
		无特殊	3	0	
	特殊的环境条件				
	环境的污染状况				

注：1亩≈666.67m², 下同。

表5-3 评分估价法——水田评分法

因素体系			级别	分数	备注
自然因素	日照	充分	1		
		早晚多阴影	2		
		日阴	3		
	土壤质地	黏质壤土	1		参考指标
		壤土	2		
		壤质黏土	3		
		砂质壤土	4		
		黏土	5		

续表

因素体系			级别	分数	备注
自然因素	有效土层厚度	>100cm	1		参考指标
		60~100cm	2		
		30~60cm	3		
		<30cm	4		
	土壤有机质含量	>2.0%	1		
		1.5%~2.0%	2		
		1.0%~1.5%	3		
		0.6%~1.0%	4		
	土壤有机质含量	<0.6%	5		参考指标
	障碍层深度	60~90cm	1		参考指标
		30~60cm	2		
		<30cm	3		
	土壤盐渍化状况	无盐渍化	1		
		轻微盐渍化	2		
		中度盐渍化	3		
		重度盐渍化	4		
	灌溉	自由	1		
		插秧时水量不足	2		
		平时可能水量不足	3		
		一般水量不足	4		
		时常水量不足	5		
		经常水量不足	6		
		用水极为缺乏	7		
	排水	较好	1		
		一般	2		
		积水田	3		
		偶尔有洪水发生	4		
		经常发生洪水	5		
	面积	5亩以上	1		参考指标
		3~5亩	2		
		1~3亩	3		
		1亩以下	4		
社会经济因素	耕作难易程度	容易	1		
		一般	2		
		不容易	3		
	距城镇远近及交通通达性	距城镇较近,且交通通达性较好	1		
		距城镇较近,但交通通达性较差	2		
		距城镇较远,但交通通达性较好	3		
		距城镇较远,且交通通达性较差	4		

续表

因素体系		级别	分数	备注
特殊因素	特殊的气候条件 — 非常特殊小气候	1		
	特殊的气候条件 — 比较特殊小气候	2		
	特殊的气候条件 — 无特殊小气候	3	0	
	特殊的土壤条件 — 非常特殊土壤	1		
	特殊的土壤条件 — 比较特殊土壤	2		
	特殊的土壤条件 — 无特殊土壤	3	0	
	特殊的环境条件			
	环境污染状况			

2. 制定农用地价格影响因素评分标准

由县（市）级土地行政主管部门依据农用地价格影响因素体系制定本区域内的农用地评分表。对农用地价格影响越大的因素，评分值越高。自然因素和社会经济因素的得分之和最高为100。当待估农用地没有特殊因素时，特殊因素得分为0，当有特殊因素时，可根据特殊因素对农用地的实际影响程度对其进行评分。

3. 调查待估宗地的基本情况，对待估宗地进行评分

按照表5-1~表5-3中的因素体系，逐项对待估宗地的基本情况进行调查，并确定各因素的分值。

4. 确定单位分值价格

农用地单位分值价格是指一定区域范围内，一定时期，农用地评分与农用地价格进行转换的价格。由县（市）级土地行政主管部门确定该县统一的农用地单位分值价格。农用地单位分值价格可用农用地市场价格资料进行回归求取。农用地单位分值价格每6年更新一次。

农用地单位分值价格的回归模型有两种类型，见下式：

$$P_B = CS$$
$$P_B = AS^C$$

式中　P_B——农用地价格；
　　　C——农用地单位分值价格；
　　　S——农用地总得分；
　　　A——回归系数。

县（市）级土地行政主管部门根据本县的实际情况，从以上两种回归模型中选取一种，求取农用地单位分值价格。

5. 计算待估宗地价格

农用地价格计算公式为：

$$P = CS$$

或

$$P = AS^C$$

式中　P——待估农用地价格；
　　　C——农用单位分值价格；
　　　S——待估农用地的总得分；
　　　A——回归系数。

从上边两个公式中选择一种计算待估宗地的价格。

6. 对农用地价格进行年期修正

如果求取的是有限年期的农用地价格时，需进行年期修正。年期修正及年期修正系数的计算公式与成本逼近法的年期修正相同。

（二）评分估价法适用范围

评分估价法适用于所有农用地价格评估，特别适用于成片农用地价格评估。

六、基准地价修正法

农用地基准地价是指县（市）政府根据需要针对农用地不同级别或不同均质地域，按照不同利用类型，分别评估确定的某一估价期日的平均价格。基准地价修正法有三种：一是系数修正法；二是定级指数模型评估法；三是基准地块法。

（一）系数修正法

系数修正法的步骤如下。

① 收集有关基准地价资料，包括基准地价报告、基准地价图、宗地地价修正体系及有关各种地价影响因素资料等。

② 确定待估宗地所处级别及基准地价。根据当地农用地基准地价报告、基准地价图和有关基准地价批文，确定待估宗地所处级别及基准地价，并说明基准地价内含。

③ 分析待估宗地的地价影响因素，编制待估宗地地价影响因素条件说明表。按照影响因素指标说明表中的影响因素体系调查待估宗地的各影响因素状况，并对各因素状况进行准确描述。

④ 依据影响因素指标说明表和修正系数表确定修正系数。根据各影响因素状况，按照影响因素指标说明表中的划分标准确定各因素的级别标准，并查对修正系数表，确定修正系数，按下式计算：

$$\sum K = K_1 + K_2 + K_3 + \cdots + K_n$$

式中　　　$\sum K$——宗地地价影响因素修正系数和；

K_1，K_2，$\cdots$，K_n——待估宗地第 1，2，$\cdots$，n 个因素的修正系数。

⑤ 期日修正。待估宗地的估价期日与基准地价的评估期日如不相同，则需根据地价的变化程度进行期日修正。

⑥ 年期修正。当待估农用地使用年期为有限年时，应进行年期修正。

⑦ 计算待估农用地价格。在确定好各修正系数后，用下式计算待估农用地价格：

$$P = P_0 (1 \pm \sum K) K_t K_y$$

式中　P——待估农用地价格；

P_0——基准地价；

$\sum K$——宗地地价影响因素修正系数和；

K_t——交易期日修正系数；

K_y——年期修正系数。

（二）定级指数模型评估法

指利用基准地价评估过程中所建立的定级指数与地价模型，通过评判待估农用地定级指数，并将其代入模型，测算出待估农用地价格的方法。

其方法是在收集有关基准地价资料，包括基准地价评估报告、基准地价图、定级指数模型资料等的基础上，确定待估农用地级别、基准地价及适用模型，调查分析确定待估农用地定级指数,把定级指数代入模型,计算待估农用地价格,并进行估价期日和年期修正。

(三) 基准地块法

基准地块是在农用地均质地域内设定的,其自然、社会经济等条件在该地域内具有代表性,使用状况相对稳定的地块,具有代表性、中庸性和稳定性。基准地块法是利用基准地价评估过程中已经建立的基准地块档案,通过比较修正评估出待估农用地价格的方法。其评估步骤和方法同市场比较法。

基准地价修正法适用于有基准地价成果区域的农用地价格评估。

第四节 农用地宗地估价

一、农用地宗地价格

农用地宗地价格是指具体某一宗农用地在正常市场条件下于某一基准日的价格。一般情况下分农用地宗地交易价格和农用地宗地评估价格。

农用地宗地交易价格是某一农用地在市场交易过程中所形成的价格。农用地宗地评估价格是指具体某一宗农用地在正常市场条件下于某一估价期日的评估价格,这里的农用地宗地价格是指后者。

二、农用地宗地估价程序

农用地宗地估价的具体程序如下。

(1) 接受估价委托 接受委托方委托的宗地估价任务。

(2) 明确估价基本事项 要明确估价对象,即确定待估宗地类型、范围、权利状况和宗地条件等;明确估价目的;确定估价期日;确定估价作业日期等。

(3) 拟订估价作业计划 拟订估价工作的计划安排,如确定估价项目性质和工作量,拟调查收集的资料与来源渠道、拟采用的估价技术路线和估价方法、预计估价所需的时间,拟订作业步骤、进度、成果组成等。

(4) 估价资料的收集与整理 要收集宗地所在区域自然条件及社会经济发展状况(如光、温、水、土及地形地貌等,区域土地资源状况、产业政策、区域社会经济发展水平、土地市场状况、现代化农业技术水平等)、土地利用状况(待估农用地有关位置、用途、四至、土地面积、土地形状、土地等级、土地附着物状况、地籍资料等)、土地权利状况资料、地价影响因素资料、交易实例资料、收益资料、成本费用资料、基准地价资料、参考数据(收集有关借贷利息率、税率、利润率、还原率、农用地单位分值价格等参考资料)、其他资料(有关经济指数及农用地价格变动指数、农用地的政策法规、条例、规定、农用地利用规划等有关资料)。

用于农用地估价的资料数据必须严格核实,来源要可靠,无显著异常,对明显不符合要求的和特殊极值应予以剔除。

(5) 选定估价方法,试算宗地价格 估价方法应根据估价的目的、估价对象的特点、所收集到的资料状况选定。对同一估价对象必须选用两种以上的估价方法进行估价。

(6) 确定最终估价结果 根据待估宗地情况及各种方法的评估结果,选用简单算术平均法、加权算术平均法以及综合分析法中的一种确定最终估价结果。

三、不同利用类型的农用地宗地估价

（一）耕地地价的评估

1. 耕地地价影响因素的确定

水田地价评估因素的确定要根据农用地地价影响因素体系并结合水田的利用性质确定水田的地价影响因素。要注意保水能力、水源条件、灾害性气候等因素对地价的影响。

旱地地价评估因素的确定要根据农用地地价影响因素体系并结合旱地的利用性质确定旱地的地价影响因素。要注意地块形状、地形坡度、灌溉条件、灾害性气候等因素对地价的影响。

2. 耕地地价评估方法及评估技术要点

耕地地价评估根据其利用状况和所处地区条件，可采用收益还原法、市场比较法、评分估价法和基准地价修正法等。如果是新开发整理的耕地，可采用成本逼近法，如果是待开发的耕地，可采用剩余法。

耕地地价评估技术要点如下。

① 在评估耕地价格时，应首先根据土地所处地域条件、近三年来耕地的实际耕作状况及可能的新的耕作利用方式，确定耕作制度、复种指数等，并根据其耕作制度分析其利用状况及收益能力。

② 要充分考虑农田基本设施对耕地价格的影响，包括引水渠、排水渠、田间道路、机耕道路等，分析其可用程度对地价产生的影响，对于通过性设施对农用地可能产生的负面影响也应充分考虑。

③ 用收益还原法评估耕地地价时，其估价结果的可信度主要取决于土地的预期纯收益和还原率是否准确。在测算耕地纯收益时，总收益和总费用的测算要全，一般应采用实测的方式，即具体计算待估宗地在一年内各种产出物的经济价值和各种投入的费用总和，收益及费用数据应采用近三年的客观平均值。

④ 采用市场比较法时应注意比较案例交易对象与评估对象的构成是否一致，即交易对象是否包括地上农作物、农田设施等，如果不一致应进行一致性调整。比较案例的利用方式和耕作制度也应与评估对象一致。

（二）园地地价的评估

1. 园地地价影响因素的确定

根据农用地地价评估因素体系并结合园地的利用性质确定园地的地价影响因素，要注意有机质的含量、地下水埋深、园艺设施状况、距城市远近、独特的小气候及特殊土壤等因素对地价的影响。

2. 评估方法及评估技术要点

园地地价评估根据其利用状况和所处地区条件，可采用收益还原法、市场比较法和成本逼近法等，如果是新开发的园地，可采用成本逼近法；如果是待开发的园地，可采用剩余法。

园地地价评估技术要点如下。

① 在评估园地价格时，应首先准确界定估价对象是否包括果树及有关设施等，如果包括应充分考虑包括后对园地价格的影响。

② 应适当考虑特殊的土壤及气候条件对园地利用产生的垄断收益及垄断价格。

③ 对于果园用地应适当考虑其区位条件，如距消费地的距离、路网状况等。对具有景

观及旅游价值的园地，应充分考虑景观及旅游价值对土地价格的影响。

④ 用收益还原法评估果园用地地价时，应尽量消除大小年对纯收益的影响，其收益及费用数据应采用最近连续3～5年的客观平均值。

⑤ 采用市场比较法评估园地地价时，也应注意比较案例交易对象与评估对象的构成是否一致，即交易对象是否包括地上果树、园林设施等。如果不一致应进行一致性调整。比较案例的果树类别及利用方式应与评估对象一致。

（三）林地地价的评估

1. 林地地价影响因素的确定

根据农用地地价评估因素体系并结合林地的利用性质确定林地的地价影响因素。在确定林地的地价影响因素时，要注意立地条件、砾石含量、地形坡度、林业设施状况、林业经营结构、交通运输条件等因素对地价的影响。

2. 评估方法及评估技术要点

林地评估根据其利用状况和所处地区条件，可采用市场比较法、成本逼近法和收益还原法等。

① 在评估林地价格时，应首先准确界定估价对象是否包括林木及有关林业设施等。如果包括应充分考虑包括后对林地价格的影响。

② 采用市场比较法评估林地地价时，比较案例的林木类别及林地开发经营方式应与评估对象的一致，即交易对象是否包括地上林木、林业设施等。如果不一致应进行一致性调整。

③ 用收益还原法评估林地价格时，宜以林木生长期和采伐期为周期计算年平均总收益和总费用。

④ 对具有生态及旅游价值的林地，应考虑生态及旅游价值对土地价格的影响。

（四）牧草地地价的评估

1. 牧草地地价影响因素的确定

根据农用地地价评估因素体系并结合牧草地的利用性质确定牧草地的地价影响因素，在确定牧草地的地价影响因素时，要注意土壤沙化程度、草地经营方式、草场设施状况等因素对于地价的影响。

2. 牧草地评估方法及评估技术要点

牧草地地价评估根据其利用状况和所处地区条件，可采用评分估价法、收益还原法和市场比较法等。

牧草地地价评估技术要点如下。

① 在评估牧草地价格时，应考虑牧草地的经营方式和草种结构，区分圈养和单独经营草场等不同方式。

② 采用收益还原法进行评估时，对于用于圈养的草场，其经营收益来源于牲畜的出售收益，在测算总收益时应考虑出栏率和牲畜生长期，收益和费用数据一般采用连续3～5年的客观平均值；对于只进行草场经营的牧草地，其经营收益主要是草场经营使用费及牧草的出售收益，计算纯收益时可采用近3年的收益和费用数据客观平均值。

③ 采用市场比较法评估牧草地地价时，比较案例的草场类型及利用方式应与评估对象的一致。

④ 对牧草地价格评估时应考虑其生态价值。

（五）养殖水面地价的评估

1. 养殖水面地价影响因素的确定

根据农用地地价评估因素体系并结合养殖水面的利用性质确定养殖水面的地价影响因素，要注意保水能力、水质条件、养殖设施状况、养殖种类结构、距消费地距离等因素对地价的影响。

2. 评估方法及评估技术要点

养殖水面地价评估根据其利用状况和所处地区条件，可采用收益还原法、市场比较法和成本逼近法等。如果是待开发的养殖水面，可采用剩余法。

养殖水面地价评估技术要点如下。

① 评估养殖水面应首先确定估价对象类型及构成，是否包括养殖池及其有关设施等。如果包括应充分考虑包括后对土地或评估对象价格的影响。

② 应适当考虑特殊的水质、气候条件对养殖水面产生的垄断收益及垄断价格。

③ 对于养殖水面应适当考虑其作为水产养殖及消费的区位条件，如距消费地的距离、路网状况等。

④ 采用收益还原法进行评估时，其经营收益来源于水产品的出售收益，在测算总收益时应考虑所养殖水产的种类及其生长周期等，收益和费用数据一般应采用连续3～5年的客观平均值。

⑤ 采用市场比较法评估养殖水面地价时，比较案例的构成与评估对象的应一致，如是否包括养殖池的设施等。如果不一致应进行一致性调整。比较案例的养殖水产类别及经营方式也应与评估对象的一致。

（六）未利用地价格的评估

未利用地是农用地重要的后备土地资源，当未利用的土地被开发为农用地（包括耕地、园地、林地、牧草地和养殖水面）时，应按照农用地估价方法进行估价。

在进行未利用地价格评估时，首先应根据未利用地的规划要求或土地的开发利用计划，确定土地利用类型和土地利用方式，然后选择适当的方法进行评估。未利用地价格的评估方法，可根据实际情况采用剩余法和市场比较法进行评估。

未利用地地价评估的技术要点如下。

① 未利用地价格评估时应先确定未利用地的开发利用方式，包括未利用地的开发用途、开发利用率等。确定的依据主要是未利用地本身的自身条件、有关规划的要求及开发者的实际开发计划等。

② 未利用地价格评估时应适当考虑未利用地开发后的价格增值，并充分考虑未利用地的可利用与未利用程度。

③ 用剩余法评估时，按照所确定的未利用地开发利用方式调查和评估开发后的买卖价格，要求有可比较的市场交易案例。

④ 市场比较法评估时，应调查当地的类似条件的未利用地拍卖等市场价格。

四、不同估价目的的农用地估价

（一）承包农用地价格评估

承包农用地价格是指在正常条件下承包年期内的农用地价格。承包农用地的价格评估应综合考虑农用地的土地质量、收益水平、土地承包经营期限、有无其他经营权利限制等方面的因素。

承包农用地价格评估方法可采用收益还原法、市场比较法和基准地价修正法等。用收益还原法进行承包农用地价格评估时,由于承包方对农用地具有不完全处置权,因此,农用地还原率应比正常情况高。

(二)转包农用地价格评估

转包农用地价格是指在正常市场条件下转包期内农用地收益的现值之和。农用地转包最高年限不得超过农用地的剩余承包年限。农用地转包价格应综合考虑农用地的土地质量、土地收益水平、土地转包经营期限、有无其他经营或权利限制等方面进行评估。

农用地转包价格的评估方法可采用收益还原法、市场比较法等。用收益还原法进行农用地转包价格评估时,由于第二份合同的承包者是继承第一份合同承包者的权利,因此农用地还原率应比正常情况高。

(三)农用地租金评估

农用地租金标准应与该宗地的正常地价标准相均衡。租金标准的评估可通过该宗地的正常土地使用权价格标准折算,也可采用市场比较法等直接评估。租赁农用地使用权的租赁风险比农用地承包经营权的投资风险大,收益不确定性高,因此,租赁农用地价格还原率一般比农用地承包价格的高。

(四)荒地拍卖底价评估

荒地拍卖的年限不应超过国家规定的最高年限。荒地拍卖估价,可采用剩余法和市场比较法确定其价格,但应在估价报告中说明未来市场变化风险和预期强制处分等因素对拍卖价格的影响。

(五)荒地抵押价格的评估

荒地抵押估价是指在将荒地作为抵押债权担保而设定抵押权时,对荒地进行的价格评估。荒地抵押评估的是有限年期荒地价格。

评估时可采用市场比较法、剩余法和成本逼近法确定其价格,但应在估价报告中说明未来市场变化风险和预期强制处分等因素对抵押价格的影响。应区分抵押物的权利状况,应按照其相应的权利评估确定其相应的价格。评估时应掌握前三年荒地价格的变化情况,预测未来三年的地价变动趋势,并考虑抵押风险和强制处分等因素。

第五节 农用地基准地价评估

农用地基准地价是指县(市)政府根据需要针对农用地不同级别或不同均质地域,按照不同利用类型,分别评估确定的某一估价期日的平均价格。农用地基准地价是反映农用地价格的区域平均水平,主要是为政府宏观调控农用地价格水平,合理引导农用地交易,促进农用地资源合理利用提供依据。

一、农用地基准地价评估的技术路线

农用地基准地价评估技术路线有三条:一是样点地价平均法,就是在农用地定级基础上,用投入产出样点资料和市场交易样点资料评估并确定基准地价;二是定级指数模型法,就是在农用地定级基础上,根据定级指数、农用地市场交易资料和投入产出资料,建立地价测算模型,评估并确定基准地价;三是基准地块评估法,通过设置基准地块,并评估基准地块价格,根据基准地块价格评估并确定基准地价。

在农用地基准地价评估中,应根据当地农用地市场状况、基础资料及技术条件,选择其

中一条技术路线进行评估。

二、样点地价平均法

样点地价平均法评估基准地价是在农用地定级基础上，调查农用地投入产出样点资料和市场交易样点资料，并计算样点地价，以各样点地价的平均值评估并确定农用地基准地价。其步骤为：①资料调查；②按农用地级别确定农用地的土地利用类型；③投入产出资料抽样调查；④利用投入产出资料分析计算土地利用纯收益，并以此计算样点地价；⑤利用市场交易案例资料，计算样点地价；⑥根据所测算的样点地价资料，计算各级别基准地价。

（一）资料调查

进行农用地基准地价评估要调查的资料包括四个方面：一是农用地定级成果资料，包括土地级别图、土地定级工作报告和技术报告、其他能用于农用地估价的定级成果及资料；二是农用地承包、转包、出租、拍卖、抵押、联营入股等交易资料、农用地征用的补偿标准文件及实际支付标准资料等；三是社会经济及土地利用资料，包括当地农村经济发展状况资料、农业和社会经济发展统计资料、土地利用总体规划资料、基本农田保护区资料等；四是其他资料，如农用地历史地价资料、农业开发和农业生产的政策资料等。

资料调查的一般要求：资料调查应以土地级别为单位进行，按土地级别或行政区域进行归类整理；调查、收集资料中选择的样点地块要按实地位置标注到估价工作底图上，并建立样点资料数据库；农用地承包、转包、出租、拍卖、抵押、联营入股等交易资料和农用地收益资料中的价格指标均以元为单位，面积指标均以平方米为单位，指标数值准确到小数点后一位；样点调查应符合数理统计要求。

（二）确定土地利用类型

根据土地利用现状分区同时考虑土地利用总体规划的土地利用分区及土地用途管制的土地利用类型要求，确定各级别的主要用地类型。

（三）投入产出样点及市场交易资料调查

农用地投入产出样点资料调查采用抽样调查方式。市场交易样点资料调查，在市场资料充足的情况下，采用抽样调查，在市场资料不足的情况下，采用全面调查。

对调查样点的要求为：①样点单位可以是一定面积的地块，也可以是某一农户种植的相同用地类型的地块，地块面积应适中；②样点要有代表性，样点分布要均匀，样点数据应调查最近的连续三年的资料；③样点单位总数、调查样点单位总数、各类样点单位数及调查样点单位数，应符合下式要求：

$$\frac{E_{n_i}}{E_n} = \frac{E_{N_i}}{E_N}$$

式中　E_{n_i}——第 i 类用地抽取的样点单位数；

　　　E_n——各类用地抽取的样点单位总数；

　　　E_{N_i}——第 i 类用地的样点单位数；

　　　E_N——各类用地的样点单位总数。

对样点资料要加以整理，整理包括样点资料补充完善或剔除以及样点资料归类。对所有调查的样点资料均应逐表审查，对主要数据不全或不准确的，应进行补充调查，完善内容；把缺少主要项目、填报数据不符合要求和数据明显偏离正常情况而又不容易补充的样点进行剔除，并把初等审查合格的样点资料，分别按土地级别、土地用途、用地效益等进行归类，当样点数据量少于规定要求时应进行样点的补充调查。

(四) 投入产出资料和市场交易资料分析计算

主要是计算投入产出样点和市场交易样点的地价。投入产出样点地价主要采用收益还原法进行计算。市场交易样点地价分析，需根据样点交易类型进行计算。买卖样点可直接对其交易价格进行修正，租赁样点可采用收益还原法进行评估。

(五) 样点地价的修正及样点地价处理

样点地价的修正主要是把样点地价修正成为基准地价内涵条件下的正常地价，主要包括年期修正、期日修正及其他修正等。样点地价处理是指绘制样点地价图及进行样点数据检验等。

1. 样点地价的年期修正

不同年期的样点地价资料应修正到基准地价的无限年期。计算公式为：

$$P_m = \frac{P_{m_1}}{1 - \frac{1}{(1+r_d)^{m_1}}}$$

式中　P_m——修正后的土地价格；

　　　m_1——样点地价的实际年期；

　　　P_{m_1}——样点地价；

　　　r_d——土地还原率。

2. 样点地价的期日修正

不同交易时间的样点地价，只有修正到基准地价估价期日的地价，才能用于基准地价评估。修正过程中应区别不同土地用途，计算地价的变化幅度。在已建立地价指数系统的地区，可采用地价指数进行修正。计算公式为：

$$K_{ij} = \frac{P_{is}}{P_{ij}}$$

式中　K_{ij}——第 i 类用地第 j 期地价修正到基准地价估价期日的系数；

　　　P_{is}——第 i 类用地基准地价估价期日土地交易平均价（或地价指数）；

　　　P_{ij}——第 i 类用地第 j 期土地交易平均价（或地价指数）。

对不同时期发生的交易地价修正到估价期日的地价计算公式为：

$$P_{L_s} = K_{ij} P_{ji}$$

式中　P_{L_s}——修正为基准地价评估期日的宗地价格；

　　　P_{ji}——第 j 期、第 i 类宗地的实际成交地价。

3. 样点地价的其他修正

(1) 交易情况修正　把交易情况不正常的样点地价修正到正常条件下的交易地价。

(2) 农用地开发程度修正　在不同农田基本设施配套程度下的样点地价，必须修正到基准地价评估所设定的农田基本设施配套程度下的地价。基准地价评估中的农田基本设施配套程度，可按各级农田基本设施配套现状程度的平均水平设定。

(3) 权利修正　是指对承包、转包、出租、拍卖、抵押、联营入股等不同权利状况的修正。

4. 样点数据检验

① 同一土地级别中，同一交易方式的样点地价要通过样点同一性检验。同一级别中样点数量不能满足总体检验的需要时，需对级别进行差别判别归类，按类进行样点总体同一性

检验。

② 同一级别中，不同交易方式计算的样点地价，也需要通过样点总体同一性检验。

③ 用 t 检验法或均值-方差法对样点进行异常值剔除。当检验后的数据不能满足需要时，应增加抽样数据，按以上方式重新进行数据检验。

5. 样点地价分布图的绘制

所调查和计算出的样点地价，要在工作底图上绘制样点地价分布图。绘制样点地价分布图时注意：按不同用途分别绘制样点资料分布图；土地级别界线要反映在图上；直接在图上表示样点地价，样点地价资料多时，采用分级图例表示地价点标准；样点资料应有编码，编码应反映不同用地类型、样点类型和样点序号等。

6. 数据整理

将经过修正及样点数据处理以后的样点，按土地级别、用地类型和交易方式顺序进行整理，并填入相应的表格。

（六）计算级别基准地价

当合格样点量满足数据统计要求时，即可利用样点地价计算基准地价。基准地价的计算是以级别为单位，按不同用途采用样点地价的简单运算平均值、加权算术平均值、中位数、众数等作为该级别的基准地价。

三、定级指数模型法

采用定级指数模型法评估基准地价，是在农用地定级基础上，根据定级单元定级指数、市场交易地价资料和投入产出资料，建立定级指数与地价关系模型，并利用该模型评估级别基准地价。其步骤为：①资料调查；②按农用地级别确定农用地的土地利用类型；③按土地利用类型进行样点地价调查、计算与整理；④测算有样点地价定级单元的平均地价；⑤选择确定有样点地价定级单元的指数；⑥建立定级单元平均地价与定级指数关系模型；⑦计算各级别基准地价。

其中资料调查、确定土地利用类型、样点地价的调查、计算和修正与上述的样点地价平均法类似。下面着重介绍④～⑦步。

（一）测算有样点地价定级单元的平均地价

对于有样点地价的定级单元，如果单元内样点数量有 3 个以上且样点条件能代表单元的一般条件，可采用平均法计算定级单元的平均地价；如果样点数量为 3 个以下，或虽样点数量为 3 个以上，但样点不具有代表性，则采用比较法修正并计算定级单元地价，计算方法按照市场比较法的要求进行。

（二）选择确定有样点地价定级单元的指数

根据定级单元的指数图和表格，将有样点地价的定级单元及其指数选择出来，作为建立模型的基本数据。

（三）建立定级指数与定级单元地价关系模型

1. 基本模型

用于分析定级指数和定级单元地价之间关系的基本模型如下。

线性模型：

$$Y=aX+b$$

对数模型：

$$Y=a\ln(X)+b$$

乘幂模型：
$$Y = aX^b$$

指数模型：
$$Y = ae^{bX}$$

多项式模型：
$$Y = aX^2 + bX + c$$

式中 Y——评估单元地价；
      X——评估单元定级指数；
  a, b, c——常数；
      e——自然对数的底。

2. 模型的确定

确定模型的方法和步骤如下。

① 绘制评估单元地价与评估单元定级指数的二维散点图来初步确定应该选择线性回归模型还是非线性回归模型。

② 如果二维散点图能够反映两者的线性关系，则选择线性回归模型，并对模型进行经济、统计和计量检验，按检验结果确定模型。

③ 如果二维散点图样点数据的分布不是线性时，应引入非线性回归模型。在选择非线性回归模型时，应对各模型的判定系数 R^2 的大小和二维散点图本身进行比较，直至确定最佳模型。

3. 线性回归模型的检验

线性回归模型需要对以下结果进行说明：

① 描述性统计结果，包括变量是 Y 与 X 的均值、标准差、样点数；

② 相关分析结果，包括相关系数 R、判定系数 R^2、单项显著性检验 P 值、回归系数 95% 的置信区间；

③ 对全部观察单位进行回归诊断的结果；

④ 残差统计结果；

⑤ 残差的直方图，判断标准化残差是否服从正态分布；

⑥ 观察值的累加概率图。

4. 因素系数估计值的经济意义检验

一般从符号和值域两方面检验。符号检验主要是根据模型中变量设计所要达到的条件进行检验，值域检验是根据现实经济条件加以具体限定。

(四) 计算各级别基准地价

利用上述建立的定级指数与单元地价关系模型，计算所有定级单元地价，并利用定级单元地价采用简单算术平均值、加权算术平均值、中位数、众数等作为级别基准地价。

四、基准地块评估法

采用基准地块评估基准地价，是指根据农用地土地质量条件划分农用地均质地域，然后在均质地域内选定若干地块作为基准地块，依据农用地市场交易资料和投入产出资料评估基准地块价格，再将同一均质地域内基准地块的平均地价作为该均质地域的基准地价。具体评估步骤为：①调查和收集资料；②划分均质地域；③选定基准地块；④评估基准地块价格；⑤核定基准地块价格水平；⑥计算均质地域基准地价。

(一) 资料调查的内容与要求

资料调查的内容如下。

① 农用地自然条件资料，包括气候、地貌、土壤条件、水文状况、农田基本建设等资料。

② 农用地社会经济资料，包括人均耕地、农产品市场供求、土地利用规划、交通条件等资料。

③ 农用地承包、转包、出租、拍卖、抵押等市场交易资料。

④ 其他资料，如农用地历史地价资料等。

资料调查的要求与样点地价平均法的相同。

(二) 划分均质地域

所谓均质地域是指农用地质量和价格水平基本相同的土地区域。划分均质地域，第一，要确定农用地地价影响因素，一般是根据评估区域的具体条件，确定农用地地价影响因素体系。第二，确定各影响因素权重，权重可采用特尔菲法、层次分析法、因素成对比较法等方法确定。第三，划分均质地域单元。均质地域单元的划分要满足两个条件：一是同一单元内用地类型、耕作制度的一致性；二是同一单元内的土地质量的一致性。第四，测算各单元各影响因素分值。分值的计算可采用特尔菲法或因素分值定量测算的方法进行。第五，各单元影响因素综合分值计算。计算出各单元影响因素的分值后，按照下面的公式计算各单元影响因素综合分值：

$$F_j = \sum_{i=1}^{n}(w_i f_{ij})$$

式中　F_j——j 单元综合分值；

　　　w_i——i 因素权重；

　　　n——因素个数；

　　　f_{ij}——j 单元 i 因素分值。

最后，根据上述公式得到的单元影响因素综合分值，采用总分数轴法、总分频率曲线法等划分均质地域。

(三) 选定基准地块

在各均质地域内，根据土壤、日照、灌溉、排水、面积、形状及耕作制度等方面条件，选择具有普遍性的一定数量的宗地作为基准地块。具体选择过程中主要考虑下列条件：①日照的时间、田面的干湿、保水、排水、旱地的坡度等自然条件属于一般的；②耕作距离、距市场的远近、交通条件等属于一般的；③面积、形状、土壤条件属于一般的；④在标准耕作制度下，土地利用程度、单产水平等一般的；⑤灾害条件属于一般的。

均质地域内每类农用地基准地块数量不应少于 3 块。

(四) 评估基准地块价格

利用市场交易资料，按照市场比较法要求评估基准地块价格。具体评估过程按市场比较法的要求进行。若基准地块在近三年内发生过市场交易行为，可直接通过对其进行交易方式、交易期日等修正，求取其在正常市场条件下的土地价格；也可利用基准地块本身的投入产出资料，采用收益还原法求取基准地块的价格；还可利用农用地开发资料采用成本逼近法评估基准地块价格。

基准地块价格评估必须采用两种以上方法进行。

（五）核定基准地块价格水平

对各均质地域基准地块价格加以比较检查，并做必要的调整。

（六）计算均质地域基准地价

按照调整后均质地域内各基准地块地价，采用简单算术平均法或加权算术平均法求取各均质地域的平均地价，并作为该均质地域基准地价。

（七）基准地价的确定

对所采用的技术路线计算出的基准地价结果，与实际情况进行比较验证后，进行适当调整，确定各级别（均质地域）不同类型农用地基准地价。

五、基准地价修正系数表的编制

（一）编制步骤

① 宗地地价影响因素选择；

② 确定各影响因素的权重；

③ 各因素影响地价修正幅度值的计算；

④ 计算并编制基准地价修正系数表；

⑤ 编制宗地地价影响因素指标说明表。

（二）宗地地价影响因素的选择

宗地地价影响因素选择范围是在各级别（均质地域）内对宗地地价影响较大的自然因素、社会经济因素和特殊因素。

宗地地价影响因素选择的原则：

① 考虑不同用途选择不同的影响因素；

② 考虑宗地条件与级别条件之间的差异。

各类型农用地具体的因素可根据各类农用地估价的有关规定确定。

（三）确定各影响因素的权重

可采用特尔菲法、层次分析法等，按各因素对地价的影响程度，确定各因素的权重值。

（四）基准地价修正幅度值的计算

以级别或均质地域为单位，调查各级别或均质地域中正常土地收益的上限、下限值等，分别与该级别或均质地域的基准地价折算的土地收益相减，得到上调或下调的最高值。

上调幅度的计算公式：

$$F_1 = \frac{I_{nh} - I_{lb}}{I_{lb}} \times 100\%$$

下调幅度的计算公式：

$$F_2 = \frac{I_{lb} - I_{nl}}{I_{lb}} \times 100\%$$

式中　F_1——基准地价上调最大幅度；

　　　F_2——基准地价下调最大幅度；

　　　I_{lb}——基准地价折算的土地收益；

　　　I_{nh}——级别或均质地域正常土地收益的最高值；

　　　I_{nl}——级别或均质地域正常土地收益的最低值。

在确定上调、下调幅度的情况下，内插修正值，将宗地地价修正幅度划分为优、较优、一般、较劣、劣五个档次。

（五）计算并编制基准地价修正系数表

根据各因素的权重，按下式计算各因素的修正幅度：

$$F_{1i}=F_1W_i$$
$$F_{2i}=F_2W_i$$

式中　F_{1i}——某一因素的上调幅度；

　　　F_{2i}——某一因素的下调幅度；

　　　W_i——某一因素对宗地地价的影响权重。

以基准地价为一般水平，其修正幅度为零。在一般水平与上限价格之间，内插条件较优的修正幅度，通常为$F_{1i}/2$，同时确定较优条件下的地价水平；在一般水平与下限价格之间，内插条件较劣的修正幅度，通常为$F_{2i}/2$，同时确定较劣条件上的地价水平。在此基础上按优、较优、一般、较劣、劣确定各种地价水平下的因素修正系数，通过已有地价样点检验、校核，编制各级别（均质地域）基准地价修正系数表。

六、宗地地价影响因素指标说明表的编制

根据所确定的宗地地价影响因素体系，以各级别（均质地域）对应基准地价因素条件为一般条件，比一般条件好的为优、较优，比一般条件差的为较劣、劣，分因素进行描述，编制各级别（均质地域）宗地地价影响因素指标说明表。

值得注意的是在下面两种情况下不必编制基准地价修正系数表：一是基准地价评估中所采用的定级指数模型，经实践检验，有效性和可操作性强，可直接用于农用地宗地地价评估；二是采用基准地块评估基准地价时，建立了较丰富的基准地块数据档案库。

第六节　农用地征用价格评估

农用地征用价格是指国家征用集体土地农用地时，按照正常条件确定的征用补偿价格。

一、农用地征用价格影响因素

农用地征用价格的影响除了农用地价格影响因素外，还有下列因素。

（1）权利因素　指国家征用集体土地农用地时，因土地所有权发生转移对农用地征用价格的影响。

（2）用途因素　指国家征用集体土地农用地时，因土地用途发生转变对农用地征用价格的影响。

（3）社会保障因素　指影响农用地征用价格的个别条件，包括农业外收入状况、农民生产和生活方式对土地的依赖程度、农民平均文化水平以及农业外就业的意识和能力等。

二、农用地征用区片价评估

征用区片是指农用地利用条件和社会保障价格水平基本一致的土地区域。农用地征用区片价是指为宏观控制农用地征用价格水平，在县（市）行政区范围内对不同征用区片，按照不同用途，分别评估确定的某一估价期日的农用地价格和社会保障价格平均水平。社会保障价格是指农民失去土地后，为获得基本生活保障、接受教育、再就业培训等应得到的补偿。

（一）技术路线

技术路线有如下两条。

（1）叠加法　指在农用地基准地价评估的基础上，叠加农用地社会保障价格，评估农用地征用区片价。

（2）样点法 是指根据样点农用地价格和社会保障价格评估农用地征用区片价。

在具体评估时，根据实际情况选一种技术路线评估。

（二）叠加法

1. 评估步骤

叠加法的评估步骤有：

① 资料调查；

② 划分社会保障区；

③ 测算各社会保障区的社会保障价格；

④ 绘制社会保障图；

⑤ 划分农用地征用价格区片；

⑥ 计算农用地征用区片价。

2. 资料调查

用叠加法进行农用地征用区片价评估时要调查的资料包括农用地基准地价评估成果资料（如农用地基准地价图、农用地基准地价评估工作报告和技术报告等）、区域社会经济因素资料（当地区域经济因素和区域社会因素状况资料）、社会保障因素资料（基本生活费、教育费、再就业培训费等）以及其他相关资料。

资料调查要求与农用地基准地价评估的要求相同。

3. 社会保障区划分

社会保障区的划分是结合当地实际，确定评估区域的区域经济因素和社会因素体系，然后以乡（镇）、村或村民小组为基本地域单位，分析量化区域经济因素和社会因素的影响程度，最后依据量化指标，按照一定的原则，划分出社会保障区。

4. 社会保障价格测算

以社会保障区为单位，计算其社会保障价格。

首先，测算各年龄组人均社会保障价格。按照数理统计原理，抽取一定数量的村或村民小组为样点，测算不同年龄组的人均社会保障价格。公式为：

$$Y_j = \frac{(Y_{j_m} b_j + Y_{j_w} C_j) M_{ji}}{M_{j_0} + C_{j_e}}$$

式中 Y_j ——j 年龄组人均社会保障价格；

Y_{j_m} ——j 年龄组男性公民保险费趸缴金额基数；

Y_{j_w} ——j 年龄组女性公民保险费趸缴金额基数；

b_j ——j 年龄组男性人口占 j 年龄组总人口的比例；

C_j ——j 年龄组女性人口占 j 年龄组总人口的比例；

M_{ji} ——j 年龄组农民基本生活费（月保险费领取标准）；

M_{j_0} ——j 年龄组月保险费基数；

C_{j_e} ——j 年龄组人均教育和再就业培训费用。

年龄组按 0～18 周岁、18～40 周岁（男）及 18～35 周岁（女）、40～60 周岁（男）及 35～55 周岁（女）、60 周岁以上（男）及 55 周岁以上（女）划分。

Y_{j_m}、Y_{j_w}、M_{ji}、M_{j_0}、C_{j_e} 按组中值周岁取值。

对样点数据进行同一性检验和异常值删除，采用算术平均法或加权平均法计算并确定各年龄组人均社会保障价格。

其次,计算人均社会保障价格,其公式为:

$$Y = \frac{\sum_{j=1}^{n} Y_j R_j}{\sum_{j=1}^{n} R_j}$$

式中　Y——人均社会保障价格;

　　　R_j——j 年龄组人口数。

最后,计算单位面积农用地社会保障价格。公式为:

$$P_a = \frac{Y}{A_a}$$

式中　P_a——单位面积农用地社会保障价格;

　　　Y——人均社会保障价格;

　　　A_a——人均农用地面积。

5. 社会保障价格图绘制

在工作底图上勾绘社会保障区,并将以上计算出的单位面积社会保障价格分别标注在对应的社会保障区内,绘制出社会保障价格图。

6. 农用地征用价格区片划分

将农用地基准地价图与农用地社会保障价格图叠加,将形成的封闭图斑进行归并,并根据实际情况进行适当调整,确定农用地征用价格区片。

7. 农用地征用区片价计算

农用地征用区片价等于基准地价与社会保障价格之和。

(三) 样点法

1. 评估步骤

样点法的评估步骤有:

① 资料调查;

② 农用地征用区片价的影响因素及其权重的确定;

③ 评估单元划分;

④ 各评估单元影响因素综合分值计算;

⑤ 根据影响因素综合分值进行征用区片划分;

⑥ 样点地价测算;

⑦ 农用地征用区片价评估。

2. 资料调查

资料调查的内容和要求与叠加法相同。

3. 农用地征用区片价的影响因素及其权重的确定

根据农用地价格影响因素及农用地征用价格影响因素,并结合当地实际情况确定农用地征用区片价影响因素体系。采用特尔菲法、层次分析法、因素成对比较法等方法确定农用地征用区片价影响因素权重。

4. 评估单元划分

根据评估区域的社会经济条件、行政区划分、地形地貌、土地利用现状及土壤条件等进行综合分析，把条件基本一致的区域作为评估单元。

5. 各评估单元影响因素综合分值计算

首先计算各单元各影响因素分值，可采用特尔菲法或因素分值定量测算的方法进行，其中因素分值定量测算按照评分估价法中的因素分值计算方法进行。

在计算各单元影响因素分值后，按下式计算各单元影响因素综合分值：

$$F_j = \sum_{i=1}^{n}(w_i f_{ij})$$

式中　F_j——j 单元综合分值；

　　　w_i——i 因素权重；

　　　f_{ij}——j 单元 i 因素分值。

6. 根据评估单元影响因素综合分值进行征用区片划分

在得到单元影响因素综合分值后，采用总分数轴法、总分频率曲线法划分征用区片。

7. 样点地价测算

① 按区片确定农用地利用类型，再分类型抽取样点；

② 采用投入产出等资料测算样点农用地地价；

③ 按前述的社会保障价格测算公式计算样点的社会保障价格；

④ 征用区片价样点地价等于样点农用地地价与样点社会保障价格之和。

8. 农用地征用区片价评估

在评估农用地征用区片价时，合格的样点数量应符合数理统计要求。以区片为单位，按不同用途采用样点地价的简单算术平均值、加权算术平均值、中位数或众数等作为该区片的征用区片价。

9. 农用地征用区片价确定。

根据实际情况及上述计算出的征用区片价进行调整，确定农用地征用区片价。

10. 区片征用价修正系数表的编制。

区片征用价修正系数表的编制与基准地价修正系数表的编制方法相同。

三、农用地征用宗地价格评估

农用地征用宗地价格评估方法有综合法、比较法和征用区片价系数修正法三种。

（一）综合法

采用综合法所评估的农用地征用价格等于农用地价格、地上附属物价格和社会保障价格之和。

待估农用地价格评估可采用收益还原法、市场比较法、剩余法、成本逼近法、评分估价法、基准地价修正法等方法进行，具体选取什么方法，根据实际情况来定。

对地上附属物的计算主要是计算建筑物、构筑物、青苗、树苗、鱼苗等的价格。建筑物和构筑物的价格可利用重置价格折旧法进行评估。青苗、树苗、鱼苗的价格可根据各省、自治区、直辖市的有关补偿规定计算。

社会保障价格的计算首先是要计算人均社会保障价格，方法与农用地征用区片价评估中人均社会保障价格的计算方法相同。在此基础上计算宗地社会保障价格。

$$P_s = \frac{A_m}{A_a} \times Y$$

式中　P_s——宗地社会保障价格；

A_m——被征农用地面积;

A_a——人均农用地面积。

(二) 比较法

征地案例比较多的地区,农用地征用价格可以直接采用市场比较法进行评估。

(三) 征用区片价系数修正法

征用区片价系数修正法是指通过对待估宗地征用地价影响因素的分析和确定,利用征用区片价修正系数,对农用地征用区片价进行修正,估算待估宗地客观征用价格的方法。公式为:

$$P = P_0(1 \pm \sum K) K_t + T$$

式中 P——待估农用地征用价格;

P_0——农用地征用区片价;

$\sum K$——宗地征用区片价影响因素修正系数和;

K_t——期日修正系数;

T——地上附属物价格。

(四) 农用地征用价格的确定

应采用两种或两种以上方法对农用地征用价格进行评估,并结合当地实际情况对不同评估结果进行分析,确定最终的估价结果。

第七节 农用地基准地价评估案例

这里介绍吴起县农用地基准地价评估。吴起县是陕西省确定的八个试点县之一,吴起县农用地基准地价评估期日为 2006 年 6 月 30 日,评估年限为无限年期和 30 年。

吴起县农用地估价的主要目的是为农用地流转、农用地开发整理、土地整理项目管理、耕地占补平衡和国家征用集体土地农用地等提供依据和价格参考。农用地基准地价评估对象是吴起县行政区内现有 20091.17 公顷耕地。吴起县农用地估价的技术依据是《农用地估价规程》(TD/T 1006—2003)和《陕西省农用地分等及试点县农用地定级与估价技术方案》(2006 年)。采用的方法是样点地价平均法。

一、投入产出样点资料调查与整理

吴起县农用地投入产出样点资料的调查采用抽样调查方式。由于该县农村土地市场不活跃,农用地交易案例较少,所以,投入产出样点的选取是通过收集调查当地各级别农用地投入产出资料,按照以下原则在全县范围内调查选取 391 个样点作为样点单位总数。

① 以宗地为单位,选取某一农户种植的一定面积的地块作为估价样点,所抽取的估价样点能够代表它所在区域内的生产经营水平和土地类型。

② 样点数据调查均为近三年的投入产出资料。

③ 各级样点数目不少于 30 个,满足数理统计的要求。

对所有调查的样点资料逐表审查,对主要数据不全或不准确的进行补充调查,完善内容;将缺少主要项目、填报数据不符合要求和数据明显偏离正常情况而又不容易补充的样点进行剔除。经筛选,在 319 个初步确定的样点中共得到 272 个资料比较完整、调查结果较合理的估价样点。样点在各级别中的分布情况见表 5-4。

表 5-4　样点在各级别中的分布情况

项目	一级地	二级地	三级地	四级地	五级地	总计
调查样点总数/个	72	113	65	82	59	391
抽取样点数量/个	60	65	40	57	50	272

二、样点地价的计算

农用地在正常条件下有客观收益，且土地纯收益较容易测算，故采用收益还原法计算各级别各类型样点地价。

（一）年总收益的分析计算

年总收益是指待估宗地按法定用途，合理有效地利用土地所取得的持续而稳定的客观正常年收益。本县所选取的样点均为直接生产经营方式，故将农产品年收入作为年总收益。农产品年收入是指农用地用于农业生产过程中，每年平均的农业生产产品的收入，包括主产品收入和副产品收入。

吴起县农产品主产品收入主要是粮食收入，副产品收入主要是秸秆收益及其他收益。

分等中已经确定了吴起县的标准耕作制度为一年一熟，指定作物为春玉米和谷子，所以这里的年总收益取近三年各指定作物年总收益的平均值。

从收集的投入产出样点资料可以看出，由于自然地理条件不同，土地质量差异较大，吴起县粮食产量差距也较大，谷子亩产量在 80～400kg 之间，春玉米亩产量在 110～650kg 之间。

由于各乡镇经济发展情况各异，对农产品的市场供求也不同，其粮食单价也不同。其中，春玉米单价在 1.0～1.4 元/kg 之间，谷子单价在 0.8～2.0 元/kg 之间（各单价为近三年的平均值）。综合分析各样点的农产品产量及其单价，计算得出样点农产品总收益，经计算得出，吴起县农产品年总收益在 142～1222 元/亩之间。

（二）年总费用的分析计算

吴起县农用地基本都是采用直接生产经营方式，其年总费用包括：种子费、肥料费（包括化肥和农家肥）、农药费、机耕费、人工费、灌溉投入及其他投入。从各样点投入产出资料可以看出，春玉米投入相对较高，且高投入对应高产量，根据不同自然、经济条件，县内各样点的投入在 74.7～434 元/亩之间。

最后将各项费用加和即得到各样点年总费用。

（三）年纯收益的计算

将年总收益扣除年总费用及投入所形成的固定资产后的余值作为土地年纯收益。考虑农用地的客观收益，吴起县所选择的调查样点其年纯收益均为正值。

（四）土地还原率的确定

根据《农用地估价规程》(TD/T 1006—2003) 及《陕西省农用地分等定级与估价技术方案》(2006 年)，土地还原利率采用安全利率加风险调整法来确定，即土地还原利率＝安全利率＋风险调整值。安全利率选用同一时期的银行一年期存款年利率，风险调整值根据农业生产所遇到的灾害性天气、评估对象所处地区的社会、经济发展水平和农用地市场等状况对其影响程度而定。按照《陕西省农用地分等定级与估价技术方案》(2006 年)，吴起县与陕西省各试点县农用地估价的土地还原率保持一致，为 4.51%。

（五）收益价格的计算

利用收益还原法计算无限年期农用地的使用权价格，即农用地所有权价格和 30 年期农用地使用价格。

三、各级别农用地基准地价的计算

计算出各估价样点的地价后，对每一级别内的估价样点采用算术平均法计算每一级别农用地基准地价，与实际情况进行比较、验证后，进行适当调整，最终确定吴起县各级别农用地基准地价（表5-5），并编制基准地价图（图5-1）。

表 5-5 吴起县各级别农用地基准地价

土地级别	基准地价(无限年期)		基准地价(30年期)	
	/(元/m²)	/(元/亩)	/(元/m²)	/(元/亩)
一级地	28	18666.76	20.39	13593.40
二级地	25	16666.75	18.2	12133.39
三级地	16	10666.72	13.91	9273.38
四级地	8.26	5506.69	6.06	4040.02
五级地	6.77	4513.36	4.97	3313.35

注：1亩≈666.67m²，下同。

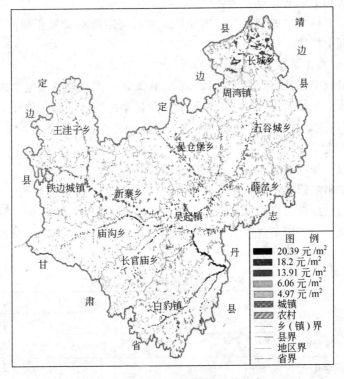

图 5-1 吴起县农用地基准地价分布

四、基准地价修正系数表的编制

采用特尔斐法选取宗地地价影响因素并经过专家打分，确定各因素影响权重，计算地价修正幅度值，最后编制基准地价修正系数表及基准地价修正因素指标说明表。

（一）宗地地价影响因素及其权重的选择与确定

宗地地价影响因素的选择范围是在各级别内对宗地地价影响较大的一些自然因素、社会经济因素和特殊因素等。影响因素选择应考虑不同用途和不同地类，选择不同的影响因素以及宗地条件与级别条件之间的差异。吴起县农用地宗地地价影响因素的选择采用特尔菲法，通过邀请35位从事农田、水利、土壤、地理、土地等方面的专家讨论并进行两轮打分（按百分制），并对打分结果进行标准差分析，选择其中标准差最小的一次打分结果，作为计算其权重的依据。把确定的因素及计算的权重再经过陕西省农用地分等定级与估价技术指导小组专家的论证，最终确定对本县宗地地价影响程度较明显的因素，并按各因素对地价的影响程度，确定各因素的权重值。宗地地价影响因素及其权重见表5-6。

表 5-6 宗地地价影响因素及其权重

因素	自然因素					社会经济因素			
	表层土壤质地	土壤有机质含量	土层厚度	地形坡度	土壤侵蚀度	人均耕地	交通通达度	人均收入	耕作便利度
因素权重	0.09	0.12	0.11	0.12	0.13	0.11	0.11	0.09	0.12

（二）地价修正幅度值的计算

以级别为单位，调查各级别中正常土地收益的上限、下限值等，分别与该级别的基准地价折算的土地收益相减，得到上调或下调的最高值。根据规程中的上调幅度和小调幅度计算公式分别计算上调和下调的幅度。

在确定上调、下调幅度的情况下，内插修正值，将宗地地价修正幅度划分成优、较优、一般、较劣、劣五个档次。

（三）基准地价修正系数表的计算与编制

根据各因素的权重以及修正幅度计算公式，计算某一因素修正幅度。之后，以基准地价为一般水平，其修正系数为零。在一般水平与上限价格之间，内插条件较优的修正系数，通常为 $F_{1i}/2$，同时确定较优条件下的地价水平；在一般水平与下限价格之间，内插条件较劣的修正系数，通常为 $F_{2i}/2$，在此基础上按优（一级）、较优（二级）、一般（三级）、较劣（四级）、劣（五级）编制各级别基准地价修正系数（表5-7~表5-11）。

五、宗地地价影响因素指标说明表的编制

根据已确定的宗地地价影响因素体系，以各级别基准地价的条件为一般条件，比一般条件好的为优、较优，比一般条件差的为较劣、劣，并分别进行描述，编制各级别宗地地价修正因素说明表（表5-12~表5-16）。

表 5-7 一级地基准地价修正系数

	优劣程度	权重	优	较优	一般	较差	差
调整幅度/%			8.6	4.3	0	-4.2	-8.4
自然因素	表层土壤质地	0.09	0.77	0.39	0	-0.38	-0.76
	有机质含量	0.12	1.03	0.52	0	-0.50	-1.01
	土层厚度	0.11	0.95	0.47	0	-0.46	-0.92
	地形坡度	0.12	1.03	0.52	0	-0.50	-1.01
	土壤侵蚀度	0.13	1.12	0.56	0	-0.55	-1.09
社会经济因素	人均收入水平	0.09	0.77	0.39	0	-0.38	-0.76
	人均耕地	0.11	0.95	0.47	0	-0.46	-0.92
	交通通达度	0.11	0.95	0.47	0	-0.46	-0.92
	耕作便利度	0.12	1.03	0.52	0	-0.50	-1.01

表 5-8 二级地基准地价修正系数

	优劣程度	权重	优	较优	一般	较差	差
调整幅度/%			6.24	3.12	0	−3.22	−6.44
自然因素	表层土壤质地	0.09	0.56	0.28	0	−0.29	−0.58
	有机质含量	0.12	0.75	0.37	0	−0.39	−0.77
	土层厚度	0.11	0.69	0.34	0	−0.35	−0.71
	地形坡度	0.12	0.75	0.37	0	−0.39	−0.77
	土壤侵蚀度	0.13	0.81	0.41	0	−0.42	−0.84
社会经济因素	人均收入水平	0.09	0.56	0.28	0	−0.29	−0.58
	人均耕地	0.11	0.69	0.34	0	−0.35	−0.71
	交通通达度	0.11	0.69	0.34	0	−0.35	−0.71
	耕作便利度	0.12	0.75	0.37	0	−0.39	−0.77

表 5-9 三级地基准地价修正系数

	优劣程度	权重	优	较优	一般	较差	差
调整幅度/%			5.62	2.81	0	−2.79	−5.58
自然因素	表层土壤质地	0.09	0.51	0.25	0	−0.25	−0.50
	有机质含量	0.12	0.67	0.34	0	−0.33	−0.67
	土层厚度	0.11	0.62	0.31	0	−0.31	−0.61
	地形坡度	0.12	0.67	0.34	0	−0.33	−0.67
	土壤侵蚀度	0.13	0.73	0.37	0	−0.36	−0.73
社会经济因素	人均收入水平	0.09	0.51	0.25	0	−0.25	−0.50
	人均耕地	0.11	0.62	0.31	0	−0.31	−0.61
	交通通达度	0.11	0.62	0.31	0	−0.31	−0.61
	耕作便利度	0.12	0.67	0.34	0	−0.33	−0.67

表 5-10 四级地基准地价修正系数

	优劣程度	权重	优	较优	一般	较差	差
调整幅度/%			9.5	4.75	0	−4.9	−9.8
自然因素	表层土壤质地	0.09	0.86	0.43	0	−0.44	−0.88
	有机质含量	0.12	1.14	0.57	0	−0.59	−1.18
	土层厚度	0.11	1.05	0.52	0	−0.54	−1.08
	地形坡度	0.12	1.14	0.57	0	−0.59	−1.18
	土壤侵蚀度	0.13	1.24	0.62	0	−0.64	−1.27
社会经济因素	人均收入水平	0.09	0.86	0.43	0	−0.44	−0.88
	人均耕地	0.11	1.05	0.52	0	−0.54	−1.08
	交通通达度	0.11	1.05	0.52	0	−0.54	−1.08
	耕作便利度	0.12	1.14	0.57	0	−0.59	−1.18

表 5-11　五级地基准地价修正系数

调整幅度/%	优劣程度	权重	优	较优	一般	较差	差
			8.9	4.45	0	−4.6	−9.2
自然因素	表层土壤质地	0.09	0.80	0.40	0	−0.41	−0.83
	有机质含量	0.12	1.07	0.53	0	−0.55	−1.10
	土层厚度	0.11	0.98	0.49	0	−0.51	−1.01
	地形坡度	0.12	1.07	0.53	0	−0.55	−1.10
	土壤侵蚀度	0.13	1.16	0.58	0	−0.60	−1.20
社会经济因素	人均收入水平	0.09	0.80	0.40	0	−0.41	−0.83
	人均耕地	0.11	0.98	0.49	0	−0.51	−1.01
	交通通达度	0.11	0.98	0.49	0	−0.51	−1.01
	耕作便利度	0.12	1.07	0.53	0	−0.55	−1.10

表 5-12　一级地修正因素说明

项目	优	较优	一般	较差	差
土壤质地	壤质	壤偏黏、壤偏砂	黏质	砂质	砾质
有机质/%	大于1.0	0.8~1.0	0.6~0.8	0.4~0.6	小于0.4
坡度/(°)	小于2	2~3	3~4	4~5	大于5
土层厚度/cm	大于150	100~150	60~100	60~30	小于30
土壤侵蚀	没有侵蚀	微弱侵蚀	轻度侵蚀	中度侵蚀	侵蚀较重
人均收入/(元/年)	大于2400	2100~2400	1800~2100	1500~1800	小于1500
交通通达度	离居民点近,交通通达度好	离居民点近,交通通达度较好	离居民点远,但交通通达度好	离居民点远,交通通达度较差	交通通达度差
耕作便利度	离居民点近,居民点距离小于0.5km	离居民点较近,距居民点0.5~1.0km	离居民点中等,距居民点1.0~1.5km	离居民点较远,距居民点1.5~2.0km	离居民点远,距居点大于2.0km
人均耕地	人均耕地很少,人均小于1亩	人均耕地较少,人均1~2亩	人均耕地数量一般,人均2~3亩	人均耕地较多,人均3~4亩	人均耕地多,人均大于4亩

表 5-13　二级地修正因素说明

项目	优	较优	一般	较差	差
土壤质地	壤质	壤偏黏、壤偏砂	黏质	砂质	砾质
有机质/%	大于1.0	0.8~1.0	0.6~0.8	0.4~0.6	小于0.4
坡度/(°)	小于2	2~3	3~4	4~5	大于5
土层厚度/cm	大于100	80~100	60~80	60~30	小于30
土壤侵蚀	没有侵蚀	微弱侵蚀	轻度侵蚀	中度侵蚀	侵蚀较重
人均收入/(元/年)	大于2400	2100~2400	1800~2100	1500~1800	小于1500
交通通达度	离居民点近,交通通达度较好	离居民点较远,交通通达度较好	离居民点远,但交通通达度好	离居民点远,交通通达度较差	交通通达度差
耕作便利度	离居民点近,居民点距离小于0.5km	离居民点较近,距居民点0.5~1.0km	离居民点中等,距居民点1.0~1.5km	离居民点较远,距居民点1.5~2.0km	离居民点远,距居民点大于2.0km
人均耕地	人均耕地很少,人均小于1亩	人均耕地较少,人均1~2亩	人均耕地数量一般,人均2~3亩	人均耕地较多,人均3~4亩	人均耕地多,人均大于4亩

表 5-14 三级地修正因素说明

项目	优	较优	一般	较差	差
土壤质地	壤质	壤偏黏、壤偏砂	黏质	砂质	砾质
有机质/%	大于0.8	0.6~0.8	0.4~0.6	0.2~0.4	小于0.2
坡度/(°)	小于3	3~4	4~5	5~6	大于6
土层厚度/cm	大于100	80~100	60~80	60~30	小于30
土壤侵蚀	微弱侵蚀	轻度侵蚀	中度侵蚀	侵蚀较重	侵蚀很重
人均收入/(元/年)	大于2400	2100~2400	1800~2100	1500~1800	小于1500
交通通达度	交通通达度较好	交通通达度好	交通通达度中等	交通通达度较差	交通通达度差
耕作便利度	离居民点较近,距居民点0.5~1.0km	离居民点中等,距居民点1.0~1.5km	离居民点较远,距居民点1.5~2.0km	离居民点远,距居民点2.0~3.0km	离居民点很远,距居民点大于3km
人均耕地	人均耕地很少,人均小于1亩	人均耕地较少,人均1~2亩	人均耕地数量一般,人均2~3亩	人均耕地较多,人均3~4亩	人均耕地多,人均大于4亩

表 5-15 四级地修正因素说明

项目	优	较优	一般	较差	差
土壤质地	壤质	壤偏黏、壤偏砂	黏质	砂质	砾质
有机质/%	大于0.6	0.4~0.6	0.4~0.6	0.1~0.4	小于0.1
坡度/(°)	小于5	5~8	8~12	12~15	大于15
土层厚度/cm	大于80	60~80	40~60	20~40	小于20
土壤侵蚀	轻度侵蚀	中度侵蚀	侵蚀较重	侵蚀很重	强烈侵蚀
人均收入/(元/年)	大于2400	2100~2400	1800~2100	1500~1800	小于1500
交通通达度	交通通达度好	交通通达度较好	交通通达度中等	交通通达度较差	交通通达度差
耕作便利度	离居民点中等,距居民点1.0~1.5km	离居民点较远,距居民点1.5~2.0km	离居民点远,距居民点2.0~3km	离居民点很远,距居民点大于3km	离居民点很远,距居民点大于4km
人均耕地	人均耕地很少,人均小于1亩	人均耕地较少,人均1~2亩	人均耕地数量一般,人均2~3亩	人均耕地较多,人均3~4亩	人均耕地多,人均大于4亩

表 5-16 五级地修正因素说明

项目	优	较优	一般	较差	差
土壤质地	壤质	壤偏黏、壤偏砂	黏质	砂质	砾质
有机质/%	大于0.4	0.3~0.4	0.2~0.3	0.1~0.2	小于0.1
坡度/(°)	5~8	8~12	12~15	15~20	大于20
土层厚度/cm	大于80	60~80	40~60	20~40	小于20
土壤侵蚀	轻度侵蚀	中度侵蚀	侵蚀较重	侵蚀很重	强烈侵蚀
人均收入/(元/年)	大于2400	2100~2400	1800~2100	1500~1800	小于1500
交通通达度	交通通达度好	交通通达度较好	交通通达度中等	交通通达度较差	交通通达度差
耕作便利度	距居民点1.5~2.0km	距居民点2.0~3.0km	距居民点3.0~4.0km	距居民点4.0~5.0km	距居民点大于5.0km
人均耕地	人均耕地很少,人均小于1亩	人均耕地较少,人均1~2亩	人均耕地数量一般,人均2~3亩	人均耕地较多,人均3~4亩	人均耕地多,人均大于4亩

第六章 城镇土地分等

第一节 城镇土地分等概述

一、城镇土地分等的任务与目的

城镇土地分等与农用地分等不同。城镇土地分等反映的是城镇之间土地质量的地域差异。城镇土地分等的任务是通过对影响城镇土地质量的经济、社会、自然等各项因素的综合分析，揭示城镇之间土地质量的地域差异，适用定量和定性相结合的方法对城镇进行分类，确定城镇土地等。

城镇土地分等定级的目的是全面掌握城镇土地质量及利用状况，科学管理和合理利用城镇土地，提高土地利用效率，为国家和各级政府制定各项土地政策和调控措施，为土地估价、土地税费征收和城镇土地利用规划、计划制定提供科学依据。

城镇土地分等宜分层次进行。全国开展城镇土地分等，应重点考虑对全国范围内重要的设市城市划分土地等；省域（自治区）开展城镇土地分等，应重点考虑对省、自治区内的城市和县城镇划分土地等；直辖市域开展城镇土地分等，应重点考虑对市区、地级和县级政府驻地城镇划分土地等。城市所辖的空间与主城区分隔的实体（如独立工矿区、开发区等），宜在城市分等基础上，经综合平衡划定等别。

城镇土地分等的对象是城市市区、建制镇镇区土地。

二、城镇土地分等原则

城镇土地分等原则有综合分析原则、主导因素原则、地域分异原则、土地收益差异原则和定量与定性分析相结合原则。

（1）综合分析原则　城镇土地分等应对影响城镇土地质量的各种经济、社会、自然因素进行综合分析，按综合差异划分土地等。

（2）主导因素原则　城镇土地分等应重点分析对土地等具有重要作用的因素，突出主导因素的影响。

（3）地域分异原则　城市土地分等结果要符合城镇本身的经济特征，充分考虑城镇的宏观地理位置，与区域经济发展水平保持相对一致。

（4）土地收益差异原则　城镇土地的划分应符合区域土地收益分布规律。

（5）定量与定性分析相结合原则　城镇土地分等应尽量把定性的、经验性的分析量化。在确定城镇土地分等的初步方案时以定量分析为主，城镇土地分等的调整和最终方案确定宜以定性分析为主。

三、城镇土地分等的技术程序和方法

城镇土地分等的技术程序为：第一，建立影响城镇间土地分等的因素因子体系；第二，确定各因素因子的相应权重；第三，分析因素因子的影响方式，建立评价标准；第四，对各城镇因素因子的评价指标值进行标准化处理，加权计算各城镇总分值，并初步划分城镇土地分等；第五，验证分等初步结果，制定分等基本方案，征求意见，调整初步分等结果并最终

确定分等结果，最后编制城镇土地分等成果图件、报告和基础资料汇编。

城镇土地分等的技术途径是采用多因素综合评价法，以市场资料分析法等进行验证；根据各地具体情况，采用特尔菲法选取影响土地等别的因素因子体系，必要时，可通过主成分分析等方法筛选因素因子体系；因素因子权重的确定采用特尔菲法、层次分析法、因素成对比较法中的一种或多种进行；因子评价指标值标准化处理采用位序标准化、极值标准化中的一种进行，分等对象总分值的计算采用多因素分值加权求和法，等别的划分可采用数轴法、总分频率曲线法等进行。

四、城镇土地分等资料调查与整理

城镇土地分等资料调查的一般要求是除反映增长率水平所需的资料外，所收集的资料时限应在分等工作开展年度的前三年内；资料调查应统一各种数据的时限，人口、用地、基础设施等数据应统一设定截止时限，经济、社会数据应以年度为统计时段；同一因素因子的数据口径应保持一致，必要时应根据具体情况进行适当的修正；调查工作应在统计数据填报、汇总的基础上，进行必要的实地考察、补充、校核工作。

城镇土地分等资料调查应根据分等所涉及的行政区域的情况，收集相应的各类统计年鉴、城市（镇）建设统计年报等。收集分等的资料包括基本资料（城镇年末常住人口、非农业人口、农业人口；区域总人口、农业人口；城镇建成区面积；区域土地总面积）、城镇区位资料、城镇集聚规模资料、基础设施资料、城镇用地投入产出资料、区域经济发展水平资料、区域综合服务能力资料、区域土地供应潜力资料等。资料包括文字资料、图件资料等。把收集到的资料整理，并填写在预先制作的表格中。

第二节　城镇土地分等因素

一、城镇土地分等因素选择范围

城镇土地分等因素是指对城镇土地等别有重大影响，并能体现城镇间土地区位差异的经济、社会、自然条件，一般分为因素和因子两个层次。

（一）影响城镇土地分等的主要因素

影响城镇土地分等的主要因素是城镇区位因素、城镇集聚规模因素、城镇基础设施因素、城镇用地投入产出水平因素、区域经济发展水平因素、区域综合服务能力因素和区域土地供应潜力因素。其中城镇用地投入产出因素和区域土地供应潜力因素属备选因素，可根据具体情况选用。

（二）影响城镇土地分等的主要因素相应涉及的因子

城镇区位因素的主要因子有交通区位、城镇对外辐射能力。城镇集聚规模的主要因子有城镇人口规模、城镇人口密度、城镇非农产业规模、城镇工业经济规模。城镇基础设施的主要因子包括道路状况、供水状况、供气状况、排水状况。城镇用地投入产出水平的因子有城镇非农产业产出效果、城镇商业活动强度、城镇建设固定资产投资强度、城镇劳动力投入强度。国内生产总值、财政状况、固定资产投资状况、商业活动、外贸活动构成了区域经济发展水平的因子。区域综合服务能力因素包括科技水平、金融状况、邮电服务能力。区域农业人口人均耕地和区域人口密度构成了区域土地供应潜力的因子。

要明确这些因素和因子的含义，首先要弄清楚下列几个概念。

（1）城镇范围　对于县以上的城市，其城镇范围是城市市区；对于县级市，其城镇范围为市政府驻地的建成区范围；对于县城镇，其城镇范围为镇城区。

(2) 区域范围　县级以上城市的区域范围为市区；县级市的区域范围是市行政辖区（即市域）；县域的区域范围为县域。

(3) 城镇用地面积　政府驻地的建成区面积。

(4) 城镇人口　相对于城镇范围而言，即县级以上城市的城镇人口为市区人口；县级市的城镇人口为市政府驻地的建成区内人口；县城为镇区人口。

(5) 区域人口　相对于区域范围而言，即县级以上城市为市区人口；县级市为全市人口（市域人口）；县域为全县人口。

在明确了这些概念后，再来看看这些指标的具体含义。

城镇土地分等因素因子指标体系见表 6-1。城镇交通条件指数反映的是城镇对外交通手段及其便捷程度的影响。按各种运输方式的效率和在区域经济联系中的作用，对各城市对外交通条件进行综合评分。

表 6-1　城镇土地分等因素因子指标体系

因素	选择要求	因子	评价指标	选择要求
城镇区位	必选	交通区位	城镇交通条件指数	必选
		城镇对外辐射能力	城镇对外辐射能力指数	备选
城镇集聚规模	必选	城镇人口规模	城镇人口规模	必选
		城镇人口密度	城镇人口密度	备选
		城镇非农产业规模	城镇二、三产业增加值	备选
		城镇工业经济规模	城镇工业销售收入	备选
城镇基础设施	必选	道路状况	城镇人均铺装道路面积	必选
		供水状况	城镇人均生活用水量	备选
		供气状况	城镇气化率	备选
		排水状况	城镇排水管道密度	备选
城镇用地投入产业水平	备选	城镇非农产业产出效果	城镇单位用地二、三产业增加值	备选
		城镇商业活动强度	城镇单位用地批发零售贸易业商品销售总额	备选
		城镇固定资产投资强度	城镇单位用地建设固定资产投资	备选
		城镇劳动力投入强度	城镇单位用地从业人员数	备选
区域经济发展水平	必选	国内生产总值	国内生产总值综合指数	必选
		财政状况	地方财政收入综合指数	必选
		固定资产投资状况	全社会固定资产投资综合指数	必选
		商业活动	社会消费品零售额综合指数	必选
		外贸活动	外贸出口额综合指数	备选
区域综合服务能力	必选	金融状况	人均年末银行储蓄存款余额	必选
		邮电服务能力	人均邮电业务量	备选
		科技水平	专业技术人员比	备选
区域土地供应潜力	备选	区域农业人口人均耕地	区域农业人口人均耕地	备选
		区域人口密度	区域人口密度	备选

有铁路站点的城镇每拥有一条国家干线铁路得6分，区域干线铁路得5分，支线铁路得4分，属一等客运站所在城镇加4分，属二等客运站所在城镇加3分，属三等客运站城镇加2分。

城镇每拥有一个跨省际高速公路出入口得5分，每拥有一个省内高速公路出入口得4分，每拥有一个方向的国家干线公路得2分，省级干线公路得1.5分，县级公路得1分，其他公路得0.5分。

沿海或内河港口的年吞吐量在6000万吨以上的城镇得10分，3000万～6000万吨得8分，1000万～3000万吨得6分，500万～1000万吨得4分，100万～500万吨得2分，小于100万吨得1分，长江航线所涉及的城镇取按照前述标准赋分或等同于一条国家铁路标准赋分的较高值。

拥有5条以上（含5条）国际航空港的城镇得10分，拥有5条以下国际航线的国际航空港的城镇得8分，拥有国内干线机场的城镇得6分，拥有国内支线机场的城镇得3分。判断城镇是否拥有机场按照机场辐射范围（半径为50km）确定。

城镇对外辐射能力指数用城镇所在区域的货运总量和客运总量来反映。客运总量是指统计一年内铁路、公路、水运、民航等各种交通工具实际运送的旅客人数，单位为人。货运总量是指年内由各种运输工具实际完成运输过程的货物数量，单位为吨。对各城镇所在区域的货运总量和客运总量分别进行标准化处理，加权计算城镇对外辐射能力指数。

城镇人口规模反映城镇人口集聚程度，用城市（镇）驻地的常住人口表示，单位为万人。

城镇二、三产业增加值反映城镇非农产业的规模状况，可用城镇国内生产总值减去第一产业增加值的余额计算，或用第二、第三产业增加值之和表示，单位为万元。

城镇人均铺装道路面积反映城镇道路建设状况，是以城镇驻地年末铺装道路面积除以城镇人口数来计算的，单位为万平方米/人。铺装道路面积是指除土路以外，路面经过铺筑的宽度在3.5m以上（含3.5m）的道路面积。

城镇人均生活用水量反映城镇基础设施中的供水状况，单位为t/人。

城镇气化率是指使用燃气（包括人工煤气、液化石油气、天然气）的城市非农业人口（不包括临时人口和流动人口）与城市非农业人口总数之比。

城镇排水管道密度反映城镇基础设施的排水状况，以城镇驻地排水管道（下水道）总长度除以城镇建成区域面积来计算，单位为km/平方公里。

城镇单位用地二、三产业增加值反映城镇用地上的总体经济收益和投入产出水平。用城镇国内生产总值减去第一产业增加值的余额（或第二、第三产业增加值之和）除以城镇建成区面积来计算，单位为万元/平方公里。

城镇单位用地批发零售贸易业商品销售额反映城镇商业发展水平及社会购买力水平。用城镇批发零售贸易业商品销售总额除以城镇建成区面积来计算，单位为万元/平方公里。

城镇单位用地建设固定资产投资是指全社会固定资产投资中的基本建设投资与更新改造投资之和。反映城镇土地的基本建设投资强度，用城镇基本建设投资额与更新改造投资额之和除以城镇建成区面积计算，单位为万元/平方公里。

城镇单位用地从业人数反映城镇土地劳动力的投入强度，用城镇当年从业人员总数除以城镇建成区面积计算，单位为人/m^2。

国内生产总值指一个国家（地区）领土范围所有常驻单位在一定时期内所产生和提供最

终使用的产品及劳务的价值，以万元为单位。国内生产总值指数通过城镇所在区域的全年国内生产总值、人均国内生产总值、3~5年内地方财政收入平均增长率三项指标来计算。首先对三项指标分别进行标准化处理，然后用特尔菲测定法或因素成对比较法确定三项指标的权重，加权计算国内生产总值综合指数。

地方财政收入是衡量地方经济发展水平、政府支配资源能力的重要标志，也是衡量城镇所在区域土地产出水平的重要指标。地方财政收入综合指数通过城镇所在区域的全年地方财政收入、人均财政收入、3~5年内地方财政收入的增长率三项指标来计算，方法与国内生产总值指数计算方法相同。

全社会固定资产投资指的是以货币为代表的一定时期内建造、购置固定资产的工作量以及与此有关的费用总称，包括国有单位的基本建设投资、更新改造措施投资、其他固定资产投资、城镇集体单位固定资产投资以及城镇个人固定资产投资，是反映城镇所在区域固定资产投资规模、结构和发展速度的综合性指标。全社会固定资产投资综合指数通过城镇所在区域的全年全社会固定资产投资和人均全社会固定资产投资两项指标来计算，方法与国内生产总值综合指数计算相同。

社会消费品零售总额综合指数反映了城镇所在区域的商品发展水平和社会购买力水平，它由城镇所在区域的全年社会消费品零售总额、人均社会消费品零售总额、3~5年内社会消费品零售总额年均增长率三项指标来计算，计算方法同国内生产总值综合指数的计算。

城镇外贸出口额指实际由城镇出口并引起境内物资资源减少的出口货物总金额，该指标反映了城镇所在区域经济在对外贸易方面的总规模。外贸出口额综合指数由城镇所在区域的全年外贸出口额、人均外贸出口额两项指标来计算，方法同国内生产总值综合指数的计算。

人均年末储蓄存款余额反映城镇所在区域的金融服务规模和水平，用城镇所在区域居民年末储蓄存款余额除以城镇所在区域人口数来计算，单位为元/人。

人均邮电业务量是货币表现的邮电部门为社会提供邮电通信服务的总量，反映了城镇所在区域的邮电通信服务水平和信息交流状况，用城镇所在区域年邮电业务总量除以区域人口数计算，单位为元/人。

专业技术人员比反映城镇所在区域的科技文化发展状况，用城镇所在区域专业技术人员数与城镇所在区域人口数之比来表示。

区域农业人口人均耕地间接反映城镇向外扩展在用地方面的潜力。用城镇所在区域范围内年末耕地面积除以城镇所在区域人口中的农业人口数来计算，单位为亩/人。

区域人口密度间接反映城镇所在区域土地供应潜力，用城镇所在区域人口数除以城镇所在区域范围的面积来计算，单位为人/平方公里。

二、城镇土地分等因素因子选择原则

城镇土地分等因素因子选择的原则是城镇土地分等因素因子的指标值变化对城镇土地质量有显著影响，且能直接客观地反映评价区域的城镇土地等的高低；城镇土地分等因素因子的指标值有较大的变化范围；选择的因素因子对不同性质城镇的影响有较大的差异，其指标能够反映不同性质城镇之间的土地等差异。

三、城镇土地分等因素因子选择方法

城镇土地分等必须选择有关必选因素因子。必要时，可以根据实际情况和资料获取的难易程度，遵循城镇土地分等因素因子选择原则对备选因素因子进行筛选，因素因子选择宜根据特尔菲测定法进行，必要时可采用主成分分析方法等作为辅助手段来进行筛选。

第三节 城镇土地初步分等

一、城镇土地分等因素因子权重确定

权重的大小与因素因子对土地质量的影响成正比。将选定的因素因子按作用大小分别赋值，作用大的权重值高，作用小的权重值低，各因素权重值在0~1之间变化，各选定因素因子的权重值之和等于1。

因素因子权重确定方法通常有特尔菲法、因素成对比较法和层次分析法。

1. 特尔菲法（Delphi方法）

特尔菲法是一种客观地综合多数专家经验与主观判断的方法，其基本步骤如下。

① 确定因素。

② 选择专家。所选择的专家应当是熟悉城镇土地状况和社会经济发展状况等有关行业的技术、管理专家以及高层次决策者，专家总体权威程度要较高，总人数10~40人为宜。

③ 设计评估意见征询表。征询表没有统一规定，但要符合下列原则：一是表格的每一栏目要紧扣测定因素因子，力求达到测定因素和专家所关心的问题的一致性；二是表格简明扼要。

④ 专家征询和轮间信息反馈。特尔菲法一般分多轮次专家打分，专家打分应根据相应工作的背景材料和打分说明进行，并在不协商的情况下，按表6-2格式独立打分。从第二轮打分起，将前一轮打分结果进行统计处理，得出专家总体的打分结果，求出其均值与方差，将这些信息反馈给专家，以便打分时参考上一轮打分的结果进行，打分轮次一般2~3轮。

表6-2 城镇土地分等因素因子权重调查表

项目	因素(因子)A	因素(因子)B	因素(因子)C	因素(因子)D	因素(因子)E
上一轮平均分					
上轮方差					
重要性顺序					
权重值					

注：按百分制打分。

⑤ 计算因素或因子权重。对各因素进行多轮次的专家打分后，按下式计算权重值：

$$w_i = \frac{E_i}{100}$$

式中 w_i——第i个因素或因子的权重；

E_i——第i个因素或因子经过多轮打分后的均值。

2. 因素成对比较法

对所选因素或因子的相对重要性进行两两比较，赋值，计算权重。对比结果要符合A因素大于B因素，B因素大于C因素，A因素大于C因素的关系。对因素或因子所赋的值在0~1范围内，同时各因素或因子的值之和等于1。

3. 层次分析法

简称AHP方法，其基本原理是把要研究的复杂问题看做一个大系统，通过对系统的多个因素的分析，划分出各因素间相互联系的有序层次；再请专家对每一个层次的各因素进行较客观的判断后，相应给出相对重要性的定量表示，进而建立数学模型，计算出每一层次全

部因素的相对重要性的权值,加以排序;最后根据排序结果规划决策和选择解决问题的措施。

二、城镇土地分等对象的因子分值计算

采用位序标准化和极值标准化的方法,分别计算分等对象的因子分值,因子分值在 0~100 之间。因子分值越大,表示分等对象相应因子的影响效果越好。应主要区分因子评价指标与土地质量之间是正相关还是负相关。区域土地供应潜力因素中的区域农业人口人均耕地与土地质量呈负相关关系,其他因素中的各因子为正相关。

位序标准化公式为:

$$Y_{ij} = 100 \frac{X_{ij}}{n}$$

式中 Y_{ij}——第 i 个分等对象的第 j 项因子分值;

X_{ij}——各分等对象按第 j 项因子指标值大小进行排序;

n——参加分等的城镇个数。

X_{ij} 为排序后第 i 个分等对象的位序;当指标值与土地利用效益呈正相关时,排序从小到大进行;反之,从大到小排序。

极值标准化公式为:

$$Y_{ij} = 100\alpha(j) \frac{X_{ij} - X_j}{X_{\max} - X_{\min}}$$

式中 Y_{ij}——第 i 个对象和第 j 项因子分值;

$\alpha(j)$, X_j——当第 j 项因子指标与土地利用效益正相关时,$\alpha(j) = 1$,且 $X_j = X_{\min}$,当第 j 项因子指标与土地利用效益负相关时,$\alpha(j) = -1$,且 $X_j = X_{\max}$;

X_{ij}——第 i 个分等对象第 j 项指标值;

$X_{\max}$——各分等对象 X_{ij} 指标的最大值;

$X_{\min}$——各分等对象 X_{ij} 指标的最小值。

三、城镇土地分等对象的因素分值计算

分等对象的因素分值计算公式为:

$$F_{ik} = \sum_{j=1}^{n}(W_{kj} Y_{ij})$$

式中 F_{ik}——第 i 个分等对象第 k 个因素分值;

W_{kj}——第 j 项因子对应上层第 k 个因素的权重值;

Y_{ij}——第 i 个分等对象第 j 项因子的分值;

n——第 k 个因素包含的因子个数。

四、城镇土地分等对象的综合分值计算及初步分等

城镇土地分等对象综合分值按下式计算:

$$S_i = \sum_{k=1}^{n}(W_k F_{ik})$$

式中 S_i——第 i 个分等对象的综合分值;

W_k——第 k 个因素的权重值;

F_{ik}——第 i 个分等对象第 k 个因素分值;

n——因素个数。

在计算了综合分值后，按照综合分值分布状况划分城镇土地分等，不同土地分等对应不同的综合分值区间，按从优到劣的顺序对应于1、2、3、…、n 个等别。土地分等的数目依不同区域的行政级别、所包含的城镇数量、差异复杂程度而定，一般情况下，省（自治区）为 3~8 等，直辖市为 3~5 等，省级以下区域为 2~5 等，全国和跨省级区域依实际情况而定。任何一个综合分值只能对应一个土地分等，按照综合分值和区域状况确定 2~3 个不同的分等初步方案。

城镇土地分等初步划分可采用数轴法和总分频率曲线法中的一种或两种进行，数轴法是将综合分值点标绘在数轴上，按土地利用效果的实际状况，选择点数稀少处作为等别之间分界。总分频率曲线法是对综合分值进行频率统计，绘出频率直方图，得到频率曲线，按土地利用效果的实际状况，选择频率曲线波谷处作为等别之间的分界。

第四节　城镇土地分等成果验证与确定

一、土地分等验证

在初步分等后，要对城镇土地分等成果进行验证，验证应当采用市场资料分等和聚类分析方法分等中的一种或多种方法。

（一）利用市场资料验证

利用市场资料验证城镇土地分等时，应保证参与验证的城镇数量占参加分等的城镇总数 50% 以上。

利用市场资料进行城镇土地分等验证，可采取城镇间基准地价分等、土地市场交易资料分等、商品住宅交易资料分等、标准宗地资料分等中的一种或多种方法。利用市场资料对多因素综合评价方法划分的城镇土地分等进行验证时，宜比较不同方法分等的城镇间排序关系，必要时，可直接比较城镇的等别关系。

1. 利用城镇基准地价验证

利用城镇基准地价验证土地分等时，宜以最高级别商业或住宅用地的基准地价为主要分等依据。要收集分等区域内各城镇基准地价资料，包括城镇土地级别、各类用地的基准基地水平、年期、评估和公布时间、内涵（土地开发程度的界定等）、基准地价图等。其次对各城镇基准地价资料进行标准化处理。应以标准化后的最高级别商业或住宅用地的基准地价作为排序的指标。城镇基准地价评估时间与分等时点相距不得超过 3 年。超过 3 年的应利用地价指数修正到分等时点的地价水平，无法修正处理的城镇应予于剔除，这主要是保证资料的现势性。对商业或住宅用地基准地价的年期应统一为该类用地法定最高出让年期。无限年期土地价格转化为法定最高出让年限的土地价格用下面的公式表示：

$$K_N = 1 - \frac{1}{(1+r)^N}$$

式中　K_N——N 年土地使用权价格修正系数；
　　　r——土地还原率；
　　　N——某类用途土地的法定最高出让期。

$$P_N = P_\infty K_N$$

式中　P_∞——无限年期价格；
　　　P_N——N 年后使用权价格；

K_N——N 年土地使用权价格修正系数。

采用标准化后的商业或住宅用地的最高级别基准地价进行城镇排序分等。必要时，采用数轴法或总分频率曲线法，参考初步分等的土地等数量，划分城镇等别。

2. 利用城镇主城区土地市场交易资料进行验证

利用城镇主城区土地市场交易资料进行验证应当收集的资料包括近三年所有的土地交易资料。交易资料包括土地使用权出让、转让、作价出资（入股）、抵押、强制拍卖等地价资料。交易资料调查的内容包括交易案例所在土地级别、土地面积、土地用途、交易日期、交易总价和单位、付款方式、土地利用状况、使用权年限及起止时间、交易情况证明、地价指数、物价指数等。

不同规模城镇在一个土地级内收集的土地交易样点数量最低要求见表 6-3，其中最高级别范围内的商业用途样点数必须符合本表要求，其他级别可适当减少。最低级别范围内的工业用途的样点数必须符合本表要求，其他级别可适当减少。

表 6-3　不同规模城镇在一个土地级内收集的土地交易样点数量最低要求

城镇类别	交易样点用途		
	商业	住宅	工业
大城市	5	4	3
中等城市	4	3	2
小城市以下	3	2	1

土地交易样本价格要进行标准化处理。标准化处理时要将样本价格统一化为一次性付款的价格，并且统一将样本价格修正为该类用地的法定最高出让年期的价格，统一将样本在各交易时间的价格修正为城镇土地分等时点的价格。

对样本要进行检验，对异常值要进行剔除，数据检验以土地级别为单位，以土地用途分类，采用 t 检验法对数据分布类型进行正态性检验，用均值-方差法进行异常值剔除，即求取城镇各级别土地上的同用途样本的价格均值（P_{in}）和标准差（S），正常样本应是 [P_{in}－$2S$，P_{in}＋$2S$]（95％置信度）范围内的数据，超出范围的样本应剔除。再计算新样本的新的均值和标准差，再剔除，重复这一过程，直到无异常为止。

利用经过检验的样本来求取各级别分类土地的平均价格和分类土地总平均价格，其公式为：

$$P_{ij} = \sum_{i=1}^{m} \frac{(P_{i,j,x} S_{i,jx})}{\sum_{x=1}^{m} S_{i,j,x}}$$

$$P_i = \sum_{j=1}^{n} \sum_{x=1}^{m} \frac{(P_{i,j,x} S_{i,j,x})}{\sum_{j=1}^{n} \sum_{x=1}^{m} S_{i,j,x}}$$

式中　P_{ij}——i 城镇第 j 级某类土地平均价格；

　　　P_i——i 城镇某类土地的总平均价格；

　　　$P_{i,j,x}$——i 城镇第 j 级土地 x 样本的单价；

　　　$S_{i,j,x}$——i 城镇第 j 级土地 x 样本的面积；

　　　m——i 城镇第 j 级基类土地样本的总数；

n——i 城镇土地级别数。

最后采用土地交易价格进行城镇排序分等。根据土地用途分类，采用分等土地的总平均价格指标将城镇排序。城镇土地等的划分和验证应按照涉及城镇数量最多的用途类型来确定，其他用途类型的分等结果作为参考，必要时运用数轴法或总分频率曲线法，参考初步分等的土地等数量，划分城镇土地等别。分类土地的各级别平均价格作为分等的参考。

3. 利用城镇商品住宅交易资料进行验证

利用城镇商品住宅交易资料进行验证需以城镇为单位收集商品住宅交易项目名称、坐落、所在土地级别、用途、土地面积、总建筑面积、交易建筑面积、交易日期、交易总价和单位、付款方式、交易情况证明等资料，且是近三年的商品住宅交易资料。之后，对商品住宅样本交易价格进行标准化处理，标准化处理时将样本交易价格统一化为交易时间一次性付款的价格，将样本价格的时点统一化为城镇土地分等的时点。样本检验和异常值剔除的方法与用土地市场交易资料进行验证的方法相同。

样本检验和剔除采用通过检验的样本计算各城镇各土地级别的商品住宅平均价格和总平均价格，计算公式与土地交易平均价格的计算公式相同。

最后采用商品住宅的总平均价格指标将城镇排序，必要时，运用数轴法或总分频率曲线法，参考初步分等的土地等级数量，划分等别。

4. 利用标准宗地资料进行城镇土地等验证

利用标准宗地资料进行验证要以城镇为单位收集标准宗地所在土地级别、土地面积、用途、地价水平、使用年期、土地权利状况等资料。然后把标准宗地价格进行标准化处理，标准化处理时统一标准宗地价格的年期，统一标准宗地的价格为城镇土地分等时点的价格。

标准化后进行分类标准宗地平均价格的计算。计算方法与土地交易平均价格的方法相同。最后进行分等排序，排序方法与采用土地交易价格进行城镇排序分等相同。

（二）利用聚类分析方法验证城镇土地等

利用聚类分析方法验证城镇土地等时，应保证参与验证的城镇数量占参加分等的城镇总数 90% 以上。

利用聚类分析方法验证城镇土地分等初步结果的步骤如下。

(1) 计算因素因子分值和权重。应用位序标准化或极值标准化和相应因子分值计算方法，对各分等对象的因子分值进行相应的标准化处理，并应用特尔菲法、因素成对比较法或层次分析法确定有关因子的总排序权重。

(2) 根据聚类分析法的要求计算任意两个分等对象的加权欧氏距离，计算公式为：

$$D_{ij} = \{\sum [W_k(F_{ik}-F_{jk})]^2\}^{\frac{1}{2}}$$

式中　D_{ij}——第 i 个分等对象到第 j 个分等对象的欧氏距离；

　　　W_k——第 k 项因子的总排序权重；

　　　F_{ik}——第 i 个分等对象第 k 项因子的评分值；

　　　F_{jk}——第 j 个分等对象第 k 项因子的评分值。

(3) 对分等对象进行聚类，并勾画聚类分析谱系图。

二、土地等的调整与确定

根据多因素综合评价初步划分的城镇土地等，结合市场资料分析和聚类分析等方法对城镇土地初步分等结果进行验证，形成基本方案，并进行专家咨询和向下级土地行政主管部门征求意见，确定最终方案。

城镇土地等调整与确定不但应遵循综合分析原则、主导因素原则、地域分异原则、土地收益差异原则、定量与定性分析结合的原则，还应遵循以下原则。

(1) 行政建制协调原则　城镇土地等应与我国现行的行政建制相协调，一般情况下，在省级以下（不含省级）的同一行政区域内，行政级别较高的城市，土地等不宜低于行政级别较低的城市，设市城市土地等不宜低于未设市城镇。

(2) 城镇规模和职能调控原则　城镇土地分等应根据城镇人口规模和职能特征进行适当调控。我国城市人口规模往往反映城市在相应区域内的集聚能力，具体确定等别时，应考虑不同规模级城市的合理等别控制。

(3) 近邻平衡原则　空间相近且分属于不同行政区域的城镇之间应根据区域经济发展状况保持适当的等别平衡。

按照上述原则确定城镇土地分等基本方案时，还应注意以下几点：

(1) 城镇土地分等基本方案的制定应以多因素综合评价的结果为主要依据。

(2) 对于多种方法划分的等别一致的城镇，即可以确定该城镇的土地分等。

(3) 对于多种方法划分的等别不一致的城镇，采用多方案对比分析与专家咨询相结合的方法调整确定其土地等：①检查分析各方法涉及资料的准确性和样本的数量、分布情况，分析各方法的结果产生差异的原因，对各方法的可靠性作出判断；②将可靠性较低的方法结果剔除，将其余方法的结果对照列出，提交专家组进一步判断；③采用多数方法相一致的土地等结果为依据，不一致时可采用专家咨询投票的多数专家的意见为依据，确定分等结果；④在城镇土地分等基本方案的制定过程中，必要时需对不同级别区域的城镇和县级以上（不含县级）城市的市辖区进行等别平衡及划定。

城镇土地等调整与确定中聘请的专家以10～40人为宜，专家应是从事土地管理、估价、房地产开发、管理、研究和区域社会经济发展研究等方面的人员，其中熟悉分等区域的土地市场情况的专家应达到一定数量。城镇土地等的最终确定应综合考虑专家和下级土地行政主管部门的反馈意见。

三、特殊区域的土地等别确定

(一) 跨行政区域城镇土地等别平衡

我国地域辽阔，各地经济社会发展水平差异很大，导致开展城镇土地基础资料、数据收集的工作条件存在明显差异。特别是当需要对全国或多个不同行政区域（如跨省、自治区、直辖市或省级行政区域内跨不同地区、地级市）的城市、县城镇统一划分土地等别时，往往难以从资料和数据上保证所涉及的城市、县城镇列入同一体系进行分等，必须进行分层次的分等和平衡。

(1) 跨行政区域城镇土地等别平衡时，城镇土地分等应分为两部分进行：全区域的城市土地分等、各行政区域的城市和县城镇分等。一方面，可以按多因素综合评价方法和必要的验证途径，统一对全区域内所有的设市城市市区划分土地等别；另一方面，应按照各自行政区域范围对所辖的城市、县城镇划分土地等别。如果由于统计数据等原因，难以对所有城市、县城镇统一分等时，可适当简化评价指标，仅对县级城市和县城镇统一分等。

(2) 跨行政区域城镇土地等别平衡的基本参照系统是全区域城市土地分等的结果。

(3) 各城镇土地等别平衡时，城市维持其在全区域城市土地分等中的等别；县城镇的土地等别按照其在相应行政区域的城镇土地分等中与各县级城市的相近关系，嵌入全区域城市土地分等的等别中；对于无法嵌入全区域城市土地分等的县城镇（其在行政区域城镇土地分等中的等别会低于城市），应按行政区域及所划等别统一归类，并调查各类城镇集聚规模因素、区域经济发展水平因素所涉及的各项因子指标的平均值，依照多因素综合评价方法对各类进行分等，等别从城市等的最低一等顺延排列，并将分等结果赋予各类对应的城镇土地等别；必要时，可采用聚类分析方法、市场资料验证法以及专家征询方法对城镇土地等别平衡结果进行校核和修正，最终确定有关结果。

（二）市辖区土地等别划分

市辖区是指地级和地级以上城市所辖的行政区域中区级人民政府驻地。按照区级人民政府驻地与城市主城区的关系，市辖区分为三类：第一类是位于主城区的市辖区，即区人民政府驻地位于城市规划区范围内的现状建成区内；第二类是与主城区相邻的市辖区，即区人民政府驻地不在城市规划区范围内的现状建成区内，但该区行政辖区与第一类区的行政辖区相邻；第三类是与主城区不接壤的市辖区，即区人民政府驻地不在城市规划区范围内的现状建成区内，且区行政辖区与第一类区行政辖区不接壤。

第一类区直接套用所在城市的土地等别；第二、三类区的调整应以城市、县城镇的土地分等结果为基础，采用"分市研究、综合分析、近邻比较"的思路来进行。对第二、三类区的分等步骤如下：

① 明确二、三类辖区所对应的分等体系，把二、三类市辖区和所在城市下辖区的县级市、县城归为同一分等体系。

② 开展城镇土地初步分等。通常情况下，选择多因素综合评价方法，以城镇集聚规模、区域经济发展水平两大因素为主，将拟评价的区、市、县城镇分等，等别数控制在2～4等。对于难以直接采用多因素综合评价的城市，利用地价、人口密度、经济发展水平等指标分析各城市内部的土地等别排序。

③ 确定二、三类辖区的土地等别。依照土地分等初步结果，以邻近市、县的土地等别为参照系统，分析各区、县在空间上的相对关系以及地价、规划、职能和经济发展等状况，遵循城镇土地分等原则，结合专家咨询等途径，把第二类区和第三类区的土地等别分别予以最终确定。

第七章 城镇土地定级

第一节 城镇土地定级概述

一、城镇土地定级的概念、目的与对象

城镇土地定级是根据城镇土地的经济、自然两方面属性及其在社会经济活动中的地位、作用，对城镇土地使用价值进行综合分析，揭示城镇内部土地质量的地域差异，评定城镇土地级别。

城镇土地定级的目的是为全面掌握城镇土地质量及利用状况，科学管理和合理利用城镇土地，提高土地使用效率，为国家和各级政府制定各项土地政策及调整措施，为土地估价、土地税费征收和城镇土地利用规划、计划制订提供科学依据。

城镇土地定级反映城镇内部土地质量的差异。城镇土地定级有综合定级和分类定级两种。综合定级指对影响城镇土地质量的各种经济、社会、自然因素进行综合分析，按综合评价值的差异划分土地等级。分类定级指分别对影响城镇某类型用地质量的各种经济、社会、自然因素进行分析，按分类评价值的差异划分土地等级；分类定级包含商业用地定级、住宅用地定级、工业用地定级等。

城镇土地定级主要分析现状土地质量的差异，必要时，应考虑城市规划等其他因素对土地级别的影响。市区非农业人口在 50 万以上的大城市，宜进行综合定级和分类定级，其他城镇宜进行综合等级，必要时可同时进行分类定级。

城镇土地定级的对象是土地利用总体规划确定的城镇建设用地范围内的所有土地。城镇以外的独立工矿区、开发区、旅游区等用地一同参与评定。

二、城镇土地定级的原则

城镇土地定级的原则与土地分等的原则相同，有综合分析原则、主导因素原则、地域分异原则、土地收益差异原则以及定量与定性分析相结合的原则。这些原则在城镇土地分等中已论述，这里不再赘述。

三、城镇土地定级的程序

城镇土地定级的技术程序是：

① 建立城镇土地定级的因素体系；
② 确定各因素的权重值；
③ 计算各因素的指标值和作用分，编制各因素的指标值与作用分值对照表；
④ 划分城镇土地定级单元；
⑤ 计算单元内各因素分值，加权求和计算总分值，按总分的分布排列和实际情况，初步划分土地等级；
⑥ 进行土地收益测算或市场交易价格定级，对初步划分的土地等级进行验证和调整。
⑦ 编制城镇土地定级图件、报告和基础资料汇编。

四、城镇土地定级的图件准备

城镇土地定级工作所需准备的图件主要为各类工作底图，包括城镇土地级别图、城镇土地级别边界图、定级因素作用分值图和其他辅助图件的工作底图。各类底图采用能覆盖城镇定级范围的城镇地籍图、地形图或规划图。根据城镇规模和复杂程度不同，各类工作底图的比例尺也不同。城镇土地级别图的工作底图的比例尺一般是大城市为 1：10000～1：50000；中等城市为 1：5000～1：10000；小城市以下为 1：1000～1：5000。城镇土地级别边界图的工作底图应采用城镇地籍图，无地籍图时，可用比例尺大于城镇土地级别图并能准确划分出土地级别边界的其他图件。定级因素作用分值图的工作底图比例尺应与土地级别图一致。其他辅助图件的工作底图应采用满足工作需要的图件，比例尺由城镇自行确定。

第二节 城镇土地定级资料收集与调查

一、城镇土地定级资料调查的一般要求

城镇土地定级资料调查的一般要求是外业调查、收集到的资料，要按实地位置标注到定级工作辅助图或底图上；利润、销售额等数据的调查按抽样方法进行，要求近期连续三年以上的资料；抽样或断面调查，每种类型要有足够的样本；外业调查资料应填写到相应的调查手簿或各种表格中，数值准确到小数点后一位。

二、各类型城镇土地定级的资料调查范围

1. 综合定级资料调查范围

综合定级资料调查范围主要有繁华程度、交通条件、基本设施、环境条件等方面的资料，其中包括商业服务繁华程度、道路、公交、对外交通、基础设施、公用设施、环境质量、绿地、自然条件等方面的资料。

2. 商业用地定级资料调查范围

商业用地定级资料调查范围主要有繁华程度、交通条件、基本设施、人口等方面的资料，其中包括商业服务繁华程度、道路、公交、对外交通（客运）、基础设施、人口密度、高级商务集聚等方面的资料。

3. 住宅用地定级资料调查范围

住宅用地定级资料调查范围主要有基本设施、交通条件、环境条件、繁华程度、人口等方面的资料，其中包括基础设施、公用设施、道路、公交、对外交通（客运）、环境质量、绿地、商业服务繁华程度、人口密度等方面的资料。

4. 工业用地定级资料调查范围

工业用地定级资料调查范围主要有交通条件、基本设施、产业集聚效益、环境条件等方面的资料，其包括道路、对外交通（货运）、基础设施、产业集聚、自然条件等方面的资料。

三、城镇土地定级资料调查内容

1. 繁华程度资料的收集与调查

收集与调查的资料包括商业服务业中心的数量、位置、范围；商店总数、经营项目、销售额、利润额、占地面积、职工人数及营业面积、商业功能种类数、商业服务中心职能完备率、商业服务业建筑物密度及楼层数等。

2. 交通条件资料的收集与调查

收集与调查的资料包括道路网分布、道路类型、级别标准、车流量、道路长度及宽度；公共

汽车与地铁的线路、站点分布、车流量及停靠次数、主要对外交通类型、设施规模及分布等。

3. 基础设施状况资料的收集与调查

基础设施包括电力、供水、排水、供气、供热、电信等基础设施和中小学、幼儿园、托儿所、医院、诊所、体育场馆、文化馆（活动中心）、影剧院、公园、邮局等公用服务设施。

收集与调查的资料包括设施的类型、数量、分布及投资状况；基础设施的技术水平、规模、级别和服务水平；基础设施的保证率、持续率和可靠率及区域服务的优劣。公用服务设施的类型、数量、分布、技术水平、规模、级别、服务水平和服务范围等。

4. 环境条件资料的收集与调查

收集与调查的资料包括各类污染状况、分布状况和环境质量指数等环境评价资料；地形、工程地质、水文和气候条件；公园、绿地的位置、面积、服务的范围及规模等；区域地理环境、人文环境和生活环境的优劣。

5. 社会、历史及人口资料的收集与调查

收集与调查的资料包括人口总数、行政区划、城镇发展过程等。

6. 产业聚集资料的收集与调查

收集与调查的资料包括产业积聚区的数量、范围、性质、各集聚区产业类型数、企业数量、年产值、年利润、职工人数等、同类产业及其配套产业的前后向关系。

7. 城镇规划资料的收集与调查

收集与调查的资料包括城镇总体规划（规划文本、规划说明书等）及图件资料、国民经济和社会发展五年计划和年度计划安排的项目情况、以往城市规划或五年计划的执行情况。重点收集与调查城镇近期建设规划中的用地调整、建设项目及计划的文字资料和图件资料、有关商业服务中心、道路、对外交通、主要基础设施等的规划资料。

8. 其他资料的收集与调查

包括临街权属单位使用土地平均进深数据，以及定级中需要的明显地物、新增地物的位置数据等。另外，为验证土地级别，需要收集高级商务集聚情况资料和土地利用效益资料，高级商务集聚情况资料包括高级商务集聚区的数量、位置、范围，各集聚区内的金融、保险、高级写字楼、高级宾馆等的数量、等级、建筑面积、年营业额、年租金以及高级宾馆的床位数等资料。

第三节 城镇土地定级单元的划分

一、定级单元的概念

定级单元是评定土地级的基本空间单位，单元内部土地特性和区位条件基本一致。除采用网格法划分单元外，定级单元边界由线状地物或权属界线组成。

定级单元在土地定级中，既是一个能完整反映自身特性的最基本地块，同时也是工作中取样和获取数据的工作单位。为了充分反映城镇土地利用的形态特征，更好地反映土地的空间实体，在一定的精度要求下，在定级工作中往往采用一个小面积的均质地域来代替各点的质量状况。所以单元大小要适宜，如果单元太小，地块整体属性易被破坏（如太小的单元割裂完整的商业服务中心，以及面积太小的地块上基本设施、道路等区位条件体现不出来等）；单元太大时，又容易把多个性质不一的地块包括其中，掩盖了土地差异性，影响土地级别评定的精度。

二、定级单元划分原则

(1) 单元内主要定级因素的优劣程度或影响大体一致。这里是指在土地评价时,在土地定级单元的地块内土地定级因素的作用分,不论是面状分布的因素,还是从因素中心向外以不用方式衰减的因素,其分值变化都应在较小的范围内,以保持内部特性和区位条件的相对均一。同一单元内的同一主要因素作用分值差异必须小于 $100/(n+1)$(n 为拟划分的土地级别数)。

(2) 明显属于同一商业服务中心的区域,不能分割为不同的单元。城镇用地功能有一定的整体性,其作用和影响只有保持完整才能显示出来,所以在单元划分中要保证一些特殊功能地块的完整性,如商业服务中心、公用设施、交通枢纽等整体起作用的区域,不能被分割为不同的单元。

(3) 商业用地定级时,城镇主要的商业服务繁华街道,应按临街两侧相对应的进深,划分为条状单元;住宅用地定级时,应以居住小区和居住组团为单元,保持其完整性,单元面积不宜过小;工业用地定级时,可以交通道路为单元界线。

(4) 除交通性道路外,兼有商业娱乐等多种用途的道路,不能作为单元之间的分界线。因为兼做商业、娱乐用途的道路,往往形成一个整体,道路两侧不仅是等效的,而且是互补的。所以在划分单元中,一般不能把同一混合型道路两侧的地方划为不同单元。

(5) 划分的单元要能方便地进行因素取样,并能保证分值计算的精确性和科学性。

三、定级单元边界确定的原则

定级单元的界线是界定不同均质地域的边界,是反映土地利用特征范围和空间实体边缘的标志。所以,划定的单元界线在城镇中必须是一个客观存在的实体,同时呈线性或连续分布。定级单元之间的界线按下列顺序优先采用。

(1) 定级底图上依比例尺表示的自然线状地物和面积较大的自然地物。大的自然障碍和明显地物所造成的地表差异,往往成为限制人们行为的因素,在自然线状地物和面积较大的自然地物两边,土地利用类型也往往有所不同。

(2) 城镇中的铁路。城镇中的铁路往往把两侧的地块从空间上割裂开来,导致铁路两边土地利用类型的不同。

(3) 交通道路。城镇中往往道路两边土地利用类型不同。

(4) 土地权属界线或权属单位内部的土地类型界线。土地权属单位是由权属界线封闭而围成的一个地域实体;不同的土地权属单位常常代表不同的土地利用方式,所以权属界线往往成为划分土地定级单元的界线。对于面积较大的单位,如果内部土地利用差异较大,就需要按其内部的不同利用类型界线来划分。

(5) 行政区划界线。

(6) 其他线状地物。小的道路、围墙等,城镇内部明显的、易于定位的线状地物,也是划分单元的界线。

四、定级单元大小的要求

单元的大小与定级质量有关。单元面积一般确定在 5~25 公顷之间。在城镇中心区单元面积尽量取低值,由于城镇中心区土地条件繁杂,单元面积可小些,一般为 5~10 公顷;城镇郊区,土地条件简单,单元面积可大些,在 10~25 公顷之间。定级单元的大小以不大于 25 公顷为宜,特殊地块,如独立工矿区可稍大些。当采用计算机系统进行定级并按网格法划定单元时,单元面积应不大于 0.25 公顷。

五、定级单元划分方法

城镇土地定级单元划分方法有主导因素判定法、叠置法、动态网格法、网格法以及其他方法。

1. 主导因素判定法

主导因素判定法是通过选择城镇中条件最复杂、最有代表性的若干剖面，通过计算剖面上一系列具有代表性特征点的两个以上的主导因素分值，得到剖面的因素分值变化曲线图。根据因素分值变化规律，选择突变曲线段的位置作为单元边界位置，结合经验，把因素得分基本一致的区域，划分为同一单元。

2. 叠置法

把定级主要因素作用分值图叠置，勾画出作用分值基本一致的区域，形成图斑，经适当调整得到单元。

3. 动态网格法

动态网格法是以 1/4 或 1/16km 网格把城镇划分成若干基本网格，选择包括市中心、市郊在内的几类不同的典型网格，在四等分点检查每类网格内部 2 个以上主导因素的差异；某类网格内同一因素分值差异大于或等于 $[100/(1+n)]$ 时，此类网格四等分点加密。重复检查，加密，直至满足要求后得到单元。

4. 网格法

即固定网格法，采用计算机系统为辅助手段进行土地定级时，可直接把城镇划分为若干面积相同的网格，作为定级单元。

5. 其他方法

可利用地籍管理资料，采用宗地直接作为定级单元或者结合宗地和网格法等划分定级单元。

第四节 城镇土地定级因素选择与量化

一、城镇土地定级因素选择及权重确定

定级因素指对土地级别有重大影响并能体现土地区位差异的经济、社会、自然条件。定级的类型不同，其因素选择的侧重点也不同。

综合定级因素选择一般考虑繁华程度、交通条件、基本设施、环境条件及其他方面。繁华程度方面的因素有商业服务繁华影响度；交通条件方面的因素有道路通达度、公交便捷度、对外交通便利度；基本设施方面的因素有基础设施完善度、自然条件优劣度。

商业用地定级因素包括繁华程度、交通条件、基本设施、人口状况其他方面。繁华程度方面和交通条件方面的因素与综合定级相同，其中对外交通便利程度主要是客运交通，基本设施方面的因素是基础设施的完善度，人口状况方面的因素是人口密度。

住宅用地定级因素选择范围包括基本设施、交通条件、环境条件、繁华程度、人口状况以及其他方面的因素。基本设施和繁华程度方面的因素与综合定级相同，交通方面与人口方面的因素与商业用地定级相同，环境条件方面的因素有环境质量优劣度和绿地覆盖度。

工业用地定级因素选择范围包括交通条件、基本设施、环境条件、产业集聚效益以及其他方面的因素。交通条件方面的因素有道路通达度和对外交通便利度（货运），基本设施方面的因素是基础设施完善度，环境条件方面的因素是自然条件优劣度，产业集聚效益方面的因素是产业集聚影响度。

其他方面的因素包括城市规划等因素。

确定城镇土地定级因素时要注意因素指标值变化对城镇土地定级有较显著的影响，因素指标有较大的变化范围，选择的因素对不同区位的影响有较大的差异；不同类型的土地定级应分别选择相应的定级因素；其他方面的因素选择根据城镇及其定级工作的具体情况而定。

权重反映了定级因素对土地的影响程度，城镇土地定级因素权重因不同定级类型而异。综合定级时其因素重要性顺序及权重范围参见表7-1，商业用地定级时其因素重要性顺序及权重值范围参见表7-2，住宅用地定级参照表7-3，工业用地参照表7-4。如无特殊需要，不得随意打乱表中前两位因素原有的重要性顺序。定级因素对不同类型用地的影响程度不同，各分类定级应选定相应的因素权重。

表7-1 城镇土地综合定级因素

项目	繁华程度	交通条件			基本设施状况		环境条件		
定级因素	商业服务繁华影响度	道路通达度	公交便捷度	对外交通便利度	基础设施完善度	公用设施完备度	环境质量优劣度	绿地覆盖率	自然条件优劣度
选择性	必选	至少一种必选		备选	至少一种必选		备选		
重要性顺序	1	2或3			3或2		4		
权重范围	0.2～0.4	0.1～0.3			0.1～0.3		0.03～0.2		

表7-2 城镇商业用地定级因素

项目	繁华程度	交通条件			基本设施状况	人口状况
定级因素	商业服务繁华影响度	道路通达度	公交便捷度	对外交通便利度（客运）	基础设施完善度	人口密度
选择性	必选	至少一种必选			必选	备选
重要性顺序	1	2或3			3或2	4
权重范围	0.25～0.45	0.25～0.05			0.25～0.05	0.2～0.1

表7-3 城镇住宅用地定级因素

项目	基本设施状况		交通条件			环境条件		繁华程度	人口状况
定级因素	基础设施完善度	公用设施完备度	道路通达度	公交便捷度	对外交通便利度（客运）	环境质量优劣度	绿地覆盖度	商业服务繁华影响度	人口密度
选择性	必选		至少选一种		备选	至少选一种		备选	备选
重要性顺序	1		2或3			3或2		4或5	5或4
权重范围	0.2～0.4		0.2～0.3			0.15～0.25		0.1～0.2	0.05～0.1

表7-4 城镇工业用地定级因素

项目	交通条件		基础设施状况	环境条件	产业集聚效益
定级因素	道路通达度	对外交通便利度（货运）	基础设施完善度	自然条件优劣度	产业集聚影响度
选择性	必选			备选	
重要性顺序	1		2	3	4
权重范围	0.2～0.4		0.2～0.3	0.1～0.2	0.05～0.01

城镇土地定级因素权重确定方法与城镇土地分等因素权重确定方法相同。

二、定级因素的量化

（一）因素对土地质量的影响方式及类型

根据各因素在城镇中空间分布形态及影响土地质量的方式，可把定级因素分为两类：点、线状分布形式的因素和面状分布形式的因素。

点、线状因素有两个特征：一是这类因素所依附的客体在城镇中占地面积小，在空间分布上聚集现象明显，相对于城镇整体而言多为点状、线状形态分布；二是这些因素不仅对其自身客体所在位置上的土地有影响，而且还通过区位的波及性和效益外溢等作用形成一定的区位关系，对其周围地块甚至整个城镇土地产生不同的影响。如与商业服务中心、道路、文体设施、公交站点等有关的因素就属于此类。

面状因素也具有两个主要特征：一是它所依附的客体在城镇中分布面积较大；二是这类因素仅对其自身客体所在的位置产生影响。而对周围的地块基本无外溢的影响。城镇中基础设施、自然条件、绿地状况等均属此类。

（二）基本概念

城镇土地定级一般采用多因素综合评价法进行。定级因素可分为面状因素和点、线状因素，两者在对土地质量影响的方式以及赋分处理上略有不同。所以首先需要明确几个在定级过程中的概念。

（1）功能分　指点、线状因素涉及的商业服务中心、设施等根据自身的规模指数计算而来的作用能力得分；其符号用"f"表示，并根据因素的不同赋予不同的上、下标。

（2）作用分　指点、线状因素涉及的商业服务中心、设施等向外辐射其能力（即功能分）时，对空间上各点或区域产生的影响；或者面状因素对各区域产生的影响；其符号用"e"表示，并根据因素的不同赋予不同的上、下标。

（3）因素分值　指各单元所受到的某一因素影响的综合结果，即根据该因素对单元内各点的作用分的情况，经有关处理计算得来；其符号用"F"表示，并根据因素的不同赋予不同的上、下标。

（4）单元总分值（土地总分）　指一个单元加权计算各因素分值后的结果，作为划定土地级别的基本依据；其符号用"S"表示。

（三）面状因素的量化

面状因素的量化方法是先对各因素进行整理，计算各地域或土地单元的因素指标值，对超出显著区间的各土地因素指标值，按显著区间的最高值或最低值处理；然后计算作用分，其计算公式为：

$$e_i = 100 \frac{x_i - x_{\min}}{x_{\max} - x_{\min}}$$

式中　e_i——i 指标值的作用分；

　　　x_i——i 指标值；

　　　$x_{\min}$——i 指标值的最小值；

　　　$x_{\max}$——i 指标值的最大值。

最后划分 3～10 个作用分区间，编制作用分值表。

（四）点、线状因素的量化

点、线状因素对土地的影响既与因素涉及的设施规模有关，又与距设施的相对距离有关，其量化方法是：先在各因素内按规模或类型求各个点或线的功能分，其最大值为 100，然后根据因素的类型或规模，计算其平均作用或平均吸引范围，并划分若干个相对距离区间，最后根据因素的影响随距离衰减具有不同规律的特点，选取不同的数学模型，计算各相对距离上的因素作用分。一般常用的计算模型有线性和非线性模型两种。

典型的线性模型表达式为：

$$e = f(1-r)$$

典型的非线性模型表达式为：

$$e = f^{(1-r)}$$

其中

$$r = \frac{d}{D}$$

式中　e——某土地指标在某一相对距离上对土地的作用分；
　　　f——某因素指标的功能分；
　　　r——地块的相对距离；
　　　d——某点、线设施距某地块的实际距离；
　　　D——某点、线设施影响半径。

按上述公式即可得到点、线状因素在地域或土地单元上的分值。在具体应用上述公式时注意，当因素作用分的衰减变化遇到不可直接跨越的障碍（如铁路、高速公路、河流等）时，则作用分衰减应以可通行处为结点，按结点处的因素作用分及剩余的影响半径，再次进行衰减；当不可直接跨越的障碍有较多的通行处时，可以忽视其的存在。

三、因素分值计算原则

1. 因素分值的确定要建立在因素与土地效益相关的基础上

通过研究因素与土地的关系，建立起各因素与土地利用、土地效益的相关模型，计算相关程度及其变动规律，以此确定各因素分值的计算方法。

2. 作用分值与土地的优劣成正相关

有的因素指标优劣与得分成正比，有的成反比。为了与日常习惯一致，采用土地条件越好，得分值越高；总分值越大，土地越优，土地级别越高。

3. 分值采用 0～100 分的封闭区间

为了使定级工作规范化，也为了数据便于处理，城镇土地定级采用 0～100 分的封闭区间体系，所以，指标的优劣均在 0～100 分内计算其相对得分值。最优的条件取值 100 分，相对最恶劣的条件取值 0 分，其他介于两者之间。

4. 作用分值只与因素指标的显著作用区间相适应

土地的优劣受定级因素的影响，但并不是指标值一变化就会对土地的优劣起显著作用，只有在显著作用区间内考虑指标的相对得分值才能衡量土地的相对优劣。也就是说，指标值只在一定的范围内才对土地定级产生作用。

5. 因素作用分值处理尽可能模型化

城镇中各土地定级因素，对不同的人或不同的行业，其认识是不同的，为了避免人为主观性，分值计算要按一定的原则，用数学公式或经验公式反映因素作用分值的空间变化规律。

第五节　定级因素影响度的分值计算

一、商业服务繁华影响度的分值计算

商业服务繁华影响度是反映土地经济区位最重要的指标。

(一) 商业服务繁华影响度指标分析

1. 城镇结节点与繁华程度

城镇结节点是城镇中某些对人口流动和物质能量交换具有聚集作用的特殊地段。结节点上人口流动频繁，物质能量交换也频繁，各种政治经济、文化活动以此为中心展开，所以，大大小小的结节点，往往表现为城镇的各繁华中心，结节点作用越强，吸引范围越大，繁华程度也越高。在土地定级中，结节点的许多衡量指标可以用繁华中心的指标来代替，结节点程度的强弱可用繁华程度高低近似表示，结节点的吸引范围可用繁华影响半径计算。一般情况下，结节点所在的土地级别最高，随着与结节点的距离增大，土地级别会逐渐降低。

2. 繁华程度与繁华影响度

衡量繁华程度的指标较多，如人口密度、商业繁华程度等，其中商业、服务业的繁华程度相对易测，便于衡量，也较直观，是衡量繁华程度的重要指标。在运用商业服务繁华指标时应考虑以商业服务规模近似代替繁华中心规模。以商业服务吸引半径代表繁华影响范围；以商业服务吸引力随距离的衰减值（不是以商业服务的繁华程度）代表土地繁华程度。

3. 商业服务中心等级、影响半径和功能层次

商业服务中心的规模代表着繁华中心的繁华程度，也近似等于该中心的结节程度，它决定着中心的影响大小和影响范围。

(1) 商业服务中心等级　在现代城镇中形成了多等级的商业服务中心体系。一般按各中心的作用和相对规模可划分四级：为全市、镇服务的商业服务中心的市级商业服务中心；为市、镇某个区域范围服务的区级商业服务中心；为某个居民小区服务的小区级商业服务中心以及为某个街区服务的街区级商业服务中心。

(2) 功能层次和影响半径　不同的商业服务中心，有着与其级别相一致的商业服务功能。级别越高，服务功能就越强，影响半径也越大，影响程度递减率也大。级别越低，服务功能越弱，影响半径也越小，影响程度递减率也越小。所以在计算商业服务繁华影响度时，需要对商业服务中心的各级功能进行分割，区分各级功能的半径和作用层次。

(二) 繁华影响度分值的计算与叠加

1. 商业服务中心规模指数和对应功能分的确定

对每一个城镇的各商业服务中心都可按相对规模、作用、水平划分市级、区级、小区级、街区级中心。划分依据主要有两个：一是商业服务中心的销售总额、总利润或单位面积销售额、利润值以及其他经济指标的高低；二是利用有关部门已做的划分，加以适当的调整。

一般地大城市应分出商业服务中心 2~4 级，最低级中心的建筑面积之和下限为 2000~1500m^2，中等城市应分出商业服务中心 2~3 级，最低级中心的建筑面积之和下限为 1500~1000m^2，小城市以下应分出商业服务中心 1~2 级，最低级中心的建筑面积之和下限为 1000~500m^2。

在商业服务中心所在的区域内，选择商业服务业繁华状况突变的地段，以明显的地物或非商业服务业建筑作为商业服务中心边界。

对划分出的各级中心计算相对规模指数，城市最高级中心为最高值（等于100），其余按相对规模指数计算：

$$I_K^M = \frac{100 X_K^M}{X_{max}^M}$$

式中　I_K^M——K 商业服务中心的规模指数；

X_K^M——K 商业服务中心经济指标实际值或该级商业服务中心指标平均值；

X_{max}^M——最高级商业服务中心的经济指标。

商业服务中心功能包含与中心自身级别相应的商业服务功能和低于其级别的各级功能，中心对土地繁华的影响由这些功能综合体现，并应以相应级别的功能分来衡量，所以在同一商业服务中心里，次一级功能以上的功能才是最高级功能，那么只要从商业服务中心里减去次一级功能的量，就可以得到高一级功能的量值。中心内各级功能的功能分按下式进行分割：

$$f_i^M = I_i^M - I_l^M$$
$$f_{min}^M = I_{min}^M$$

式中　f_i^M——某商业服务中心 i 级功能的功能分；

I_i^M——i 级商业服务中心的规模指数，该商业服务中心本身为 i 级时，应取其自身的规模指数；

I_l^M——次一级中心规模指数；

f_{min}^M——最低级功能的功能分；

I_{min}^M——最低级商业服务中心规模指数。

2. 商业服务中心各级功能的服务半径和相对距离的确定

市级商业服务功能的服务半径等于市级中心边缘到连片建成区的最大距离，市级商业服务功能以外的各级功能的服务半径等于同级商业服务中心的最大距离。当存在多个均匀分布的同级中心时，也可以按多个同级功能均分整个城市市场的原理，先按下式计算，然后加以适当调整，得到影响半径：

$$d = \sqrt{\frac{S}{\pi n}} = 0.5642\sqrt{\frac{S}{n}}$$

式中　S——某城镇面积；

n——某级功能的数目（等于同级中心数加上高级中心数）。

相对距离按下式计算：

$$r = \frac{d_i}{d}$$

式中　r——相对距离；

d_i——实际距离；

d——i 级商业服务功能的服务半径。

商业服务中心的不同级功能划分 3～15 个对应的相对距离区间。

3. 商业服务功能影响作用分的计算

商业服务繁华度对土地的影响随距离增加而递减，递减遵从指数衰减规律，即从商业服务中心往外，随距离增加，开始时，繁华程度急剧下降，随距离加大递减速度逐渐减慢。这种规律对商业用地的影响尤其明显，所以在综合定级和商业用地定级时，各级商业服务功能影响作用分按下式衰减：

$$e_{ij}^M = (f_i^M)^{(1-r)}$$

而对于住宅用地和工业用地定级时，各级商业服务功能影响作用按下式进行衰减：

$$e_{ij}^M = f_i^M(1-r)$$

式中　e_{ij}^M——j点受i级商业服务功能的作用分；

　　　f_i^M——i级商业服务功能的功能分；

　　　r——j点到具有i级功能的商业服务中心的相对距离。

4. 商业服务繁华影响度作用分值计算

商业服务繁华影响度作用分反映空间上各点受不同级别功能分的共同作用情况，各级商业服务功能影响作用分取值方法是：当同时受多个同级功能影响时，取其中最高的商业服务功能影响作用分；同时存在多级功能影响时，对各级商业服务功能影响作用分仅取值一次，并进行加和。各点商业服务繁华影响度作用分按下式计算：

$$e_j^M = \sum_{i=1}^n e_{ij}^M$$

式中　e_j^M——j点商业服务繁华影响度作用分，即商业服务中心各级功能对j点的总和作用分；

　　　e_{ij}^M——i级商业服务功能对j点的作用分；

　　　n——商业服务中心级别数目。

5. 商业服务繁华影响度分值计算

按商业服务繁华影响度作用分等值线图或上一步计算结果取样和计算，直接得到单元分值。

二、道路通达度分值计算

（一）道路通达度指标分析

1. 道路通达度与土地级别

通达度是指到达某特定土地区位的交通运输条件，由距离、耗时、费用来反映。通达度状况一方面影响土地上人流、物流的移动成本；另一方面还影响社会、经济活动中人与人、物与物之间的交往接触的频率、机会和便利程度。所以，经济区位产生的影响能否转化为实质性效益受到通达性的制约。另外，通达度状况还影响到聚集效益、市场演变、结节点产生和扩大等，所以通达度对土地级别有较大的影响。

对地块通达度的度量可以从道路类型、数量和与道路的相对位置三个方面来进行。

2. 道路类型和影响距离

按道路在城镇交通中的作用可分为主干道、次干道和支路。主干道指联系城镇中主要工矿企业、交通枢纽和全市性公共活动场所的道路，是城镇中主要的客货运输线；次干道是城镇主干道之间的联系道路；支路指各街坊之间的联系道路。按主、次干道在城镇中的类型不同分为混合型主干道，生活型主、次干道，交通型主、次干道。混合型主干道指城镇内部主要客货运输线；生活型主、次干道指城镇内部主要以客运为主的道路；交通型主、次干道指城镇内部主要以客货运输和过境为主的道路。

城镇不同，划分的道路类型数一般也不同。特大城市、大城市5~7类，中等城市3~5类，小城市以下1~3类。

一般根据道路宽度、道路的车道数以及道路在城镇中的地位和作用来划分道路类型。主干道一般红线宽度约为40m，车行道宽度为14~18m，次干道红线宽度约为30m，车行道宽度为11~14m，支路红线宽度约为15m，车行道宽度为7~9m。

从道路边缘到两侧影响范围边缘的距离称为影响距离。各类道路的影响距离是不同的，主、次干道构成了整个城市内部交通网络骨架，这个交通网络对全市、镇都有影响，所以主、次干道的影响距离为：

$$d = \frac{S}{2L}$$

式中　S——建成区面积；

　　　L——主或次干道的总长度；

　　　d——影响距离。

支路以下道路的影响距离，一般按市内路的疏密状况，确定在 0.3～0.7km 之间。

（二）道路通达度分值的计算

1. 道路作用指数和功能分的计算

道路作用指数反映的是某类道路在城镇交通运输中所起的作用。各类道路作用大小顺序一般依次为：混合型主干道、生活型主干道、交通型主干道、生活型次干道、交通型次干道。作用指数与道路作用或车流量大小成正比，数值在 0～1 之间。最佳道路的作用指数等于 1，其余依次递减（表 7-5）。

表 7-5　不同类型定级时道路类型对应的道路作用指数

定级类型 道路类型	综合定级	商业用地定级	住宅用地定级	工业用地定级
混合型主干道	1.00	1.00	0.80～0.95	0.80～0.95
生活型主干道	0.75～0.95	0.80～0.95	1.00	0.60～0.80
交通型主干道	0.65～0.85	0.60～0.80	0.60～0.80	1.00
生活型次干道	0.50～0.70	0.55～0.75	0.55～0.75	0.30～0.55
交通型次干道	0.40～0.60	0.30～0.55	0.30～0.55	0.55～0.75
支路	<0.40	<0.40	<0.40	<0.40

道路功能分按下式计算：

$$f_i^R = 100 I_i^R$$

式中　f_i^R——某 i 类道路功能分；

　　　I_i^R——i 类道路作用指数。

对步行街、单行道的道路功能分减半。

2. 道路影响距离及相对距离

主干道、次干道影响距离按实际推算，其公式为：

$$d = \frac{S}{2L}$$

式中　d——主干道或次干道影响距离；

　　　S——城镇规划建设用地面积；

　　　L——主干道或次干道总长度。

支路的影响半径在 0.3～0.75km 之间确定。道路影响的相对距离按下式计算，不同道路类型对应划分 3～10 个相对距离区间：

$$r = \frac{d_i}{d} \quad (0 \leqslant r \leqslant 1)$$

式中　r——i 类道路影响的相对距离；

　　　d_i——i 类道路影响距离内，某点距该类道路的实际距离；

　　　d——i 类道路影响距离。

将各级道路类型相对距离代入相应定级类型的道路通达度作用分值计算公式,可得各作用分。

3. 通达度递减规律及作用分衰减公式的确定

远离道路两侧的土地通达性不如近邻道路的土地,而且总是以道路为轴线向两侧逐渐递减。开始递减较快,在一定距离后变化则不明显。这种递减规律可用线性模型和非线性模型来表示。

综合定级和商业用地定级时道路通达度作用分按非线性模型来计算:

$$e_{ij}^R = (f_i^R)^{1-r}$$

住宅用地定级和工业用地定级时,道路通达度作用分按线性模型来计算:

$$e_{ij}^R = f_i^R(1-r)$$

式中 e_{ij}^R——i 道路对 j 点的通达度作用分;

f_i^R——i 道路或同类道路的功能分;

r——j 点到 i 道路的相对距离。

4. 道路通达度分值取值及修订

(1) 当同时存在多种道路类型影响时,取其中最高的分值。这是因为交通运输总是朝通达度最好的方向发展,地块的通达状况自然取决于最高的得分值。

(2) 得到通达度得分后必须加以修订,才能获得正确的通达度分值。在有道路的情况下,交叉路口的通达性能最好。据统计,交叉路口因通达性能好,商业利润比一般沿街高72%;沿街土地通达性能也比一般土地高40%,所以对地块的通达影响分要进行通达系数的修正。通达系数的计算先需确定方向数,含支路以上道路的地块(单元)统计道路的通达方向数,无支路以上道路的地块(单元)统计通往道路的方向数,然后据此确定通达系数:不低于4个方向的通达系数为1.00;3个方向的,通达系数为0.9;2个方向的,通达系数为0.81;1个方向的,通达系数为0.58。

(3) 把地块(或单元)上的得分乘以通达系数,即得到道路通达度分值,即:

$$F_j^R = e_j^R \beta_j^R$$

式中 F_j^R——道路通达度分值;

e_j^R——地块上的通达度作用分;

β_j^R——地块通达系数。

三、公交便捷度分值计算

(一) 公交便捷度分析

1. 便捷度与土地级别

与道路通达度一样,公交便捷度是反映通达度的指标。在其他条件相同的情况下,公交越便捷,土地级别越高。

2. 公交级别、影响半径及递减公式

影响公交便捷度的因素主要有线路的多少、流量的大小和站点的多少,在影响便捷度时这三个条件是相互依存的。无线路自然就没有站点;有线路车流量太少也不行;有线路、有流量,但在具体地块上无站点,则便捷度不会提高。所以,在城镇公交成网络的情况下,可采用站流量指标来衡量公交状况的级别。

人们出行的便捷与否和距离有关,按一般规律,每个站点的影响半径在 0.3~0.5km 之间,超过这个半径,人们就会到其他的站点去。在此影响半径内,距离越小,便捷程度越高;随距离加大,便捷度下降。

(二)公交便捷度的分值计算

1. 公共交通站流量与公交站点功能分的计算

站流量可取一定区域内各个公交站点的每小时停车量之和。当同一公交线路的各站点均为必停站点时,可用线路中各向车流量之和代替,各公交线路流量每天统一按 12~16h 计算平均值。地铁、小公共汽车等交通方式应根据客运能力等换算成普通公交汽车的车流量。然后将公交站点功能分按站点流量的大小依次划分为 3~15 个档次,各档次的公交功能分由下式计算:

$$f_i^B = \frac{100 x_i^B}{x_{max}^B}$$

式中　f_i^B——某级别 i 公交站点的功能分;

　　　x_i^B——i 公交站点流量值;

　　　x_{max}^B——最大公交站点流量值。

2. 公交站点服务半径和相对距离的计算

服务半径以站点为原点,统一在 0.3~0.5km 之间确定,站点密的城市半径定小些,站点疏的城市半径定大些。然后计算相对距离,把服务半径划分为 2~5 个相对距离区间。相对距离按下式计算:

$$r = \frac{d_i}{d}$$

式中　r——相对距离;

　　　d_i——服务半径内某地块距站点的实际距离;

　　　d——公交站点服务半径。

3. 公交便捷度作用分值计算

公交便捷度作用分值按下式进行衰减计算:

$$e_{ij}^B = f_i^B (1 - r)$$

式中　e_{ij}^B——i 公交站点对 j 点的公交便捷度作用分;

　　　f_i^B——i 公交站点功能分;

　　　r——j 点到 i 公交站点的相对距离。

如果同一地块上同时存在多个便捷度作用分值时,只取其中最高作用分值,因为交通出行总是"舍远求近",所以便捷主要是由最便捷分值所决定的。

4. 公交便捷度分值的计算

按上述公式获得便捷作用分值后,还需要加以修订才能获得正确分值。凡是有线路单元的统计其线路通往的方向数,无线路单元的统计其通往线路的方向数,然后按方向数确定通达系数;不低于 4 方向的通达系数为 1.00;3 方向的通达系数为 0.91;2 方向的通达系数为 0.81;1 方向的通达系数为 0.58。

把单元(或地块)的便捷度作用分值乘以通达系数,可得到公交、便捷度分值,即按下式计算:

$$F_j^B = e_j^B \beta_j^B$$

式中　F_j^B——公交便捷度分值;

e_j^B——地块（或单元）上取得的便捷度作用分；

β_j^B——地块的通达系数。

四、对外交通便利度分值计算

对外交通设施在土地定级中主要指火车站、港口、机场、高速公路出入口、长途车站等城镇中对外经营的客运站、货运站（不包括单位自有的接轨站、专用码头等）和重点对外交通节点，各城镇可按设施在城镇对外交通运输中的地位和作用、定级类型来选定其数目及类型。

1. 对外交通设施作用指数和功能分计算

对外交通设施作用指数反映某设施或某类设施在对外交通运输中的重要程度，指数与设施作用大小成正比，数值在 $0 \sim 1$ 之间，各指数值之和为1。对外交通设施功能分按下式计算：

$$f_i^T = 100 I_i^T$$

式中　f_i^T——对外交通设施 i 的作用分；

I_i^T——对外交通设施 i 的作用指数。

例如，如果对外交通便利度与火车站、飞机场、长途汽车站三个设施有关，它们各自作用指数分别为 0.5、0.35、0.15，那么这三个设施的作用分就分别为 50 分、35 分、15 分。

2. 对外交通设施服务半径和相对距离确定

对外交通设施服务半径以各设施场所为原点，范围分别确定在 $2 \sim 20$ km 之间。把各设施的服务半径划分为 $3 \sim 5$ 个距离区间，计算相对距离的公式为：

$$r = \frac{d_i}{d} \qquad (0 \leqslant r \leqslant 1)$$

式中　r——相对距离；

d_i——在对外交通设施 i 的服务半径内，某点距对外交通设施 i 的距离；

d——对外交通设施的服务半径。

3. 对外交通便利度作用分值计算

在综合定级和住宅用地定级时，对外交通便利度作用分按下式进行衰减计算：

$$e_{ij}^T = f_i^T (1-r)$$

商业用地定级和工业用地定级时，对外交通便利度作用分按下式进行衰减计算：

$$e_{ij}^T = (f_i^T)^{(1-r)}$$

式中　e_{ij}^T——对外交通设施 i 对 j 点的便利度作用分；

f_i^T——对外交通设施 i 的功能分；

r——j 点到 i 对外交通设施的相对距离。

4. 单元或地块上的对外交通便利度分值计算

当单元或地块同时存在多类对外交通设施影响时，每类对外交通设施对单元的作用分仅取值一次；受多个同类对外交通设施场所影响时，取其中最高作用分。

单元内对外交通便利度分值按下式计算：

$$F_j^T = \sum_{i=1}^{n} e_{ij}^T$$

式中　F_j^T——j 单元对外交通便利度分值；

e_{ij}^T——i 类对外交通设施因素对 j 单元的作用分；

n——对外交通设施的类型数。

五、基本设施分值计算

基本设施包括基础设施和公用设施，基础设施如电力、供水、排水、供气、供热、电信等。公用设施如中小学、幼儿园、托儿所、医院、诊所、体育场馆、文化馆（活动中心）、影剧院、公园、邮局等。

（一）基础设施完善度作用分值的计算

基础设施完善度是对土地经济区位和物化劳动投入量的度量，是反映社会活动、经济生产、生活等活动场所保障的指标，土地定级中，这是一个很重要的因素。不再考虑交通等基础设施的影响时，衡量基础设施完善度从三个方面进行。首先是基础设施类型是否齐备，主要指给水、排水、供水、电力、电信、供热、供气等与生活条件有关的设施；其次是设施水平，如同样有给水设施，但供水设施到户没到户，设施水平是不是一样的，划分设施在某区域中的水平系数时，按设施技术水平、设施服务方式或设备分布密度分出 2~4 个相对系数，数值在 0~1 之间；最后是使用的保证率，确定保证率时，按水、电、气、热等设施使用的持续率、可靠率和保证率确定，数值在 0~100% 之间。

1. 确定完善度中设施类型和作用指数

基础设施作用指数反映某类基础设施与日常生活、工作的密度，指数与各类基础设施作用大小呈正比，可参照因素权重确定的方法进行计算，数值在 0~1 之间，各指数之和等于 1。

2. 确定设施水平指数和使用保障率

按同类设施中不用的技术水平、分布密度、服务方式等相对差异，分成 2~4 个层次，并给予 0~1 之间的值。按各设施使用的持续率、可靠率分别划分为 2~5 个层次，并给予 0~100% 之间的值。

3. 计算完善度作用分

按下面公式影响区域计算每种设施各指标状态下的分值

$$e_{ij}^{T} = 100 I_i^I \lambda_{ij,1}^I \lambda_{ij,2}^I$$

式中 e_{ij}^{T} ——i 类基础设施在 j 区域的完善度作用分；

I_i^I ——i 类基础设施的作用指数；

$\lambda_{ij,1}^I$ ——i 类基础设施在 j 区域的水平系数；

$\lambda_{ij,2}^I$ ——i 类基础设施在区域内的使用保证率。

4. 单元内基础设施完善度分值计算

按单元直接取各设施的完善度作用分作为对应的各设施类型的完善度得分，将各得分值进行加和，即得到单元内的基础设施完善度分值，即：

$$F_j^I = \sum_{i=1}^{n} e_{ij}^I$$

式中 F_j^I ——j 单元基础设施完善度分值；

e_{ij}^I ——i 类基础设施因素对 j 单元的作用分；

n ——基础设施的类型数。

（二）公用设施完备度分值计算

1. 公用设施作用指数和功能分计算

公用设施作用指数反映某设施或某类设施和日常生活的密切程度,指数与设施作用的大小呈正比,数值在0~1之间,各指数值之和等于1。

公用设施功能分按下式计算:

$$f_i^P = 100 I_i^P$$

式中　f_i^P——公用设施i的功能分;

　　　I_i^P——公用设施i的作用指数。

2. 公用设施服务半径和相对距离的确定

各类公用设施的服务半径,按设施的数量多少、规模、影响大小,在0.3~3km之间确定;市级文体设施的服务半径一般在4~8km,区级文体设施的服务半径一般在2~3km;相对距离按下式计算,各设施划分3~5个距离区间:

$$r = \frac{d_i}{d} \qquad (0 \leqslant r \leqslant 1)$$

式中　r——相对距离;

　　　d_i——设施i的服务半径内,某点距设施i的距离;

　　　d——设施i的服务半径。

3. 公用设施作用分值的计算

公用设施作用分按下式进行衰减:

$$e_{ij}^P = f_i^P (1-r)$$

式中　e_{ij}^P——公用设施i对j点的作用分;

　　　f_i^P——公用设施i的功能分;

　　　r——j点到公用设施i的相对距离。

4. 单元内公用设施完备度分值计算

当同时存在多类公用设施影响时,每类公用设施对单元的作用分仅取值一次;受多个同类公用设施场所影响时,取其中最高作用分。

单元内公用设施完备度分值按下式计算:

$$F_j^P = \sum_{i=1}^{n} e_{ij}^P$$

式中　F_j^P——j单元公用设施完备度分值;

　　　e_{ij}^P——i类公用设施对j单元的作用分;

　　　n——公用设施的类型数。

六、环境质量优劣度分值计算

与前述各因素不同,环境质量不直接对土地的经济和交通区位产生影响,但直接影响生态效益和社会效益,从而直接影响土地上人类所进行的一切社会、经济和生活等活动。环境质量是一个综合的概念,它包括大气环境质量、水环境质量、土壤环境质量、声环境质量。在城镇土地定级中所选取的衡量环境指标主要有三个:对已开展了环境质量综合评价的城市,可直接采用环境质量综合指数作为环境质量优劣的指标;对大多数城市而言,一般都有环境污染监测单项污染评价,在此情况下可使用单项污染指标或质量指数作为基础数据,经过打分,乘以作用系数后用于衡量环境优劣度;基本无环境污染资料的城市,只能对环境的状况作定性分析,按优劣状况打分。

1. 环境质量优劣度分值计算

(1) 具有环境质量综合评价成果的城镇,以环境质量指数或等级值计算对应的作用分值,计算式为:

$$e^E = 100 \frac{X^E - X^E_{min}}{X^E_{max} - X^E_{min}}$$

式中　　e^E——区域优劣度作用分;
　　　　X^E——某综合评价指数或等级值;
X^E_{max}, X^E_{min}——某环境质量综合评价指数或等级的最优值和最劣值。

(2) 只有单项环境污染数据的城镇,首先要分析各单项污染对土地环境状况的影响程度,按影响大小决定各自的作用指数。指数与影响大小成正比,可参照确定因素权重的方法来计算,数值在 0~1 之间,各指数值之和等于 1。

具体单项环境质量优劣度作用分按下式计算:

$$e^E_i = 100 I^E_i \frac{X^E_i - X^E_{min}}{X^E_{max} - X^E_{min}}$$

式中　e^E_i——i 项环境质量优劣度作用分;
　　　I^E_i——i 项环境质量的作用指数;
　　　X^E_i——i 项环境质量指标值;
　　X^E_{min}——i 项环境质量指标最劣值;
　　X^E_{max}——i 项环境质量指标最优值。

(3) 无环境质量定量资料的城镇,按城镇内污染程度与各功能区、风向、水流方向的关系,定性判断各单项环境质量的优劣,按正相关设置对应的作用分,作用分在 0~100 之间。

2. 单元内环境质量优劣度分值计算

对于采用环境质量综合评价成果或定性资料进行环境质量优劣度评定的,只需将单元同区域环境作用分对照,所得分值就是单元环境质量分值。对于用单项环境污染指数进行环境质量评定的则是把单元各单项内环境质量的作用分值加和,得到单元环境质量优劣度分值。

七、绿地覆盖度分值计算

1. 绿地覆盖度指标的计算

统一按一定面积的区域或单元计算绿地覆盖度的指标值,计算公式为:

$$X^G_i = \frac{S^G_i}{S_i}$$

式中　X^G_i——i 典型区域或单元的绿地覆盖度指标值;
　　　S^G_i——i 典型区域或单元绿地面积;
　　　S_i——i 典型区域或单元面积。

2. 绿地覆盖度作用分计算

绿地覆盖度作用分计算公式为:

$$e^G_i = 100 \frac{X^G_i - X^G_{min}}{X^G_{max} - X^G_{min}}$$

式中　e^G_i——i 典型区域或单元的绿地覆盖度作用分;
　　　X^G_i——i 典型区域或单元的绿地覆盖度指标值;
　　X^G_{min}——绿地覆盖度指标的最小值;

$X_{\max}^{G}$——绿地覆盖度指标的最大值。

3. 单元内绿地覆盖度分值计算

根据划定的定级单元，分别计算其绿地覆盖度，从中找到最大值、最小值，然后按上述公式计算出其分值，这个分值就是单元内绿地覆盖度作用分值。

八、人口密度作用分值计算

人口密度主要在商业用地定级和住宅用地定级中使用。商业用地定级时，人口密度中涉及的人口资料数为客流人口；住宅用地定级时人口密度中涉及的人口资料数为常住人口及暂住人口之和。

（一）商业用地定级时人口密度作用分值的计算

1. 人口密度的计算

商业用地定级时人口密度的计算是统一按一定面积的区域或单元计算的，公式为：

$$X_i^D = \frac{P_i}{S_i}$$

式中　X_i^D——i 区域或单元客流人口密度指标值；

　　　P_i——i 区域或单元客流人口总数；

　　　S_i——i 区域或单元面积。

2. 人口密度作用分值计算

商业用地定级时人口密度作用分值计算公式为：

$$e_i^D = 100 \frac{X_i^D - X_{\min}^D}{X_{\max}^D - X_{\min}^D}$$

式中　e_i^D——i 区域或单元人口密度作用分；

　　　X_i^D——i 区域或单元人口密度指标值；

$X_{\min}^D$——人口密度指标值的最小值；

$X_{\max}^D$——人口密度指标的最大值。

3. 单元内人口密度作用分值计算

根据划定的定级单元计算人口密度，从中找出最大值和最小值，然后按上述公式计算的人口密度作用分就是单元内人口密度作用分值。

（二）住宅用地定级时人口密度作用分值的计算

按城镇状况及规划要求，确定本城镇最佳人口密度值。大于最佳密度值的指标时需按下式处理后再计算。

$$X_i^D = 2X_g^D - X_{\max}^D$$

式中　X_i^D——经处理后的 i 区域或单元指标值；

　　　$X_{\max}^D$——超过最大人口密度的指标值；

　　　X_g^D——城镇最佳人口密度指标值。

当一个城镇的最大人口密度超过 2 倍最佳人口密度时，按照分值计算原则，将超过 2 倍后的人口密度作为 2 倍计算。

人口密度作用分计算公式为：

$$e_i^D = 100 \frac{X_i^D - X_{\min}^D}{X_g^D - X_{\min}^D}$$

式中　e_i^D——i 区域或单元人口密度作用分；

X_g^D——人口密度最佳值（城镇人口未达到最佳值时取最大值）；

X_i^D——i区域或单元人口密度指标值；

X_{min}^D——人口密度指标的最小值。

九、产业集聚影响度作用分值计算

产业集聚规模反映产业在一定范围的集中程度。产业集聚分为同类产业及其配套产业的集聚和不同类产业的集聚。前者各产业间存在前后向产业关系，产品相同或互为原料、前后续产品，产品联系紧密；后者产业间相关性差，仅在空间上集聚，共同利用基础设施、劳动力等资源。产业集聚区域分为一般产业集聚区和高新技术产业集聚区。

1. 产业集聚规模指数的计算

产业集聚规模指数需要按照产业集聚区域，采用单位面积企业的数量、年产值、年利润、职工人数等指标值来计算。计算公式为：

$$I_i^A = 100 \frac{X_i^A}{X_{max}^A}$$

式中　I_i^A——i产业集聚区域的产业集聚规模指数；

　　　X_i^A——i产业集聚区域的产业集聚指标值；

　　　X_{max}^A——i产业集聚指标值的最大值。

2. 产业集聚影响度作用分的计算

产业集聚影响度作用分按下式计算：

$$e_i^A = 100 I_i^A \lambda_i^A$$

式中　e_i^A——i产业集聚区域的产业集聚影响度作用分；

　　　I_i^A——i产业集聚区域的产业集聚规模指数；

　　　λ_i^A——i产业集聚区域的产业集聚修正系数（见表7-6）。

表7-6　各类产业集聚区域的产业集聚修正系数

产业集聚区类型	一般产业集聚区			高新技术产业区		
	产业联系紧密区	产业联系一般区	产业联系松散区	产业联系紧密区	产业联系一般区	产业联系松散区
产业集聚修正系数	0.80	0.60	0.40	1.00	0.80	0.60

3. 单元内产业集聚影响度分值计算

对应划定的定级单元，直接将相应的产业集聚影响度作用分作为单元的因素分值。

十、城镇规划因素的量化方法

考虑规划条件的城镇土地定级分为规划模拟定级和规划修正定级两种。规划模拟定级和规划修正定级都采用多因素综合评价法。

（一）规划模拟定级

规划模拟定级是按照城镇规划、国民经济和社会发展中长期计划的设想，假定城镇土地利用已实现近期规划和五年计划设想的状况下的定级方式，包括规划模拟综合定级和规划模拟分类定级。

规划模拟定级的前提是根据城镇规划、国民经济和社会发展中长期计划设定未来某一时间点的城镇土地利用状况。未来时点距开展现状性质的城镇土地定级宜在五年左右。规划模拟定级应采用与现状土地定级一致的因素。可以采用现状土地定级的各因素的权重和各种设施的作用系数，特殊情况下可以重新调整确定各因素的权重和各种设施的作用系数，因素的作用分值计算公式可采用现状土地定级中相应因素的作用分值公式；各因素指标衡量、指标值作用范围、量化方法及有关的距离数据可采用现状土地定级的相应标准和方法。

（二）规划修正定级

规划修正定级是考虑城市规划因素和未来发展对现状土地利用的主要影响，对现状土地综合定级进行必要的调整和修正的定级方式。规划修正定级应选择对综合定级结果影响较大的因素进行调整，着重考察商业中心、城市道路、基础设施等的影响。应参考城市未来五年内的用地调整与布置，主要考虑近期规划和五年计划的项目安排与计划的影响。新增设施一般应列入规划修正定级评价因素，对于改扩建的各类设施，只有当其增加的服务能力对城镇土地级别可能产生影响时，才列入规划修正定级评价因素；对于近期规划中新增或改扩建的设施和项目，应按照现状土地定级中相应因素的评价方法，计算其增加功能分，乘以一定的规划折扣系数，加入相应设施的现状功能分，成为设施修正功能分，按照现状设施作用分计算公式计算。

1. 点、线状因素功能分计算

以点、线状设施规划实现后应达到的规模指标，依照现状定级相应设施的评价方法，计算设施规划功能分、增加功能分、修正功能分：

$$f_{i,增} = f_{i,规} - f_{i,现}$$
$$f_{i,修} = f_{i,现} + f_{i,增} \gamma$$

式中　$f_{i,增}$——规划设施 i 的增加功能分；

　　　$f_{i,规}$——规划设施 i 实现后应达到的功能分；

　　　$f_{i,现}$——规划设施 i 的现状功能分（新增设施的现状功能分为0）；

　　　$f_{i,修}$——规划设施 i 的修正功能分；

　　　γ——规划折扣系数。

2. 面状因素作用分计算

以面状设施规划实现后应达到的规模指标，依照现状定级相应设施的评价方法，计算设施规划作用分、增加作用分、修正功能分：

$$e_{i,增} = e_{i,规} - e_{i,现}$$
$$e_{i,修} = e_{i,现} + e_{i,增} \gamma$$

式中：$e_{i,增}$——规划设施 i 的增加作用分；

　　　$e_{i,规}$——规划设施 i 实现后应达到的作用分；

　　　$e_{i,现}$——规划设施 i 的现状作用分（新增设施的现状作用分为0）；

　　　$e_{i,修}$——规划设施 i 的修正功能分；

　　　γ——规划折扣系数。

3. 规划折扣系数的计算

规划折扣系数反映城市规划影响的变动性和潜在性，影响规划折扣系数的有规划实现率和贴现系数。规划实现率反映规划的变动性和土地使用者追求潜在收益的风险性，根据具体城市规划实现的情况总结得到；贴现系数是将未来一定年期的潜在影响贴现到定级时点的参数，根据折现率与规划年期计算确定。

规划折扣系数按下式计算：

$$\gamma = \gamma_1 \gamma_2$$

$$\gamma_2 = \frac{1}{(1+r)^n}$$

式中　γ——规划折扣系数；

　　　γ_1——规划实现率；

　　　γ_2——贴现系数；

　　　r——折现率；

　　　n——规划年期。

第六节　城镇土地等级的初步划分

一、单元内定级因素分值的取值

用空白单元图叠置在各作用分值图上，选择以下方法对单元内定级因素的分值进行取值计算：①以单元所包含的因素等分线平均值代表单元分值；②以单元跨越的不同分值区的面积加权平均分代表单元分值；③以单元几何中心点的分值代表单元分值，但当单元面积过大时，不能采用这种方法；④以单元各转折点、明显变化点的平均分值代表单元分值；⑤综合运用上述方法，计算分值；⑥采用计算机系统为辅助手段进行土地定级时，呈点、线状分布的定级因素分值由相应因素对单元中心点的作用分值按相应衰减公式直接计算，面状因素分值则直接读取中心点所在指标区域的作用分值。

二、定级单元总分计算

首先求取各单元总分，公式如下：

$$S_j = \sum_{i=1}^{n} F_{ij} w_i$$

式中　S_j——单元 j 的土地总分值；

　　　F_{ij}——单元 j 的因素 i 的分值；

　　　w_i——因素 i 的权重；

　　　n——定级因素个数。

三、城镇土地等级的划分

划分时注意不同的土地等级对应不同的总分值区间，任何一个总分值只能对应一个土地等级；土地等级数目依城镇规模、复杂程度和定级类型而定（表7-7）。

表7-7　土地等级

定级类型＼城市规模	大城市	中等城市	小城市以下
综合定级	5～10级	4～7级	3～5级
商业用地定级	6～12级	5～9级	4～7级
住宅用地定级	5～10级	4～7级	3～5级
工业用地定级	4～8级	3～5级	2～4级

按总分和城镇状况确定1～2个不同的划分级别方案。

城镇土地等级划分方法有总分数轴法、总分频率曲线法、总分剖面图法。其中数轴法和频率曲线法同农用地定级的相应方法。总分剖面图法是沿城镇若干方向作总分变化剖面，按土地优劣的实际情况，以剖面线的波谷和波峰的中间部位作为级间分界。

第七节 城镇土地等级的验证与确定

一、城镇土地等级的验证

城镇土地等级的验证有城镇土地级差收益测算和市场交易价格验证两种方法。商业用地定级时，宜通过高级商务集聚区来验证和修正土地等级。

（一）级差收益验证

级差收益验证首先分别计算每级土地中各行业的平均收益水平，并确定各行业的最低级收益值；以同一行业的各级收益值与最低级收益值相减，得到各级收益差；再扣除单位面积资金占有额、单位面积工资总额的影响，得到各级差收益；最后对土地级差收益进行方差检验、调整，使检验值差异显著。土地级差收益满足土地收益级间差异大于级内差异原则。

（二）市场交易价格等级验证

在土地市场发达、土地交易案例多的城镇，根据各类型用地市场交易样点地价划分土地级别，作为土地初步定级的验证手段之一。首先按城镇土地条件相似和样本地价相近划分各类用地的均质地域；再按城镇土地估价的技术规程要求，对均质区域内各类用地的样点地价进行统计、检验、分析、比较和计算，得出各均质地域平均地价；然后对各均质地域平均地价进行数理统计分析，确定各土地级相对应的平均地价区间；最后在图上对处于同一地价区间的相邻均质地域勾画连块，得到各类用地的土地级。

（三）商业用地定级中的高级商务集聚区修正

对形成高级商务集聚区的特大城市和大城市，应考虑高级商务集聚对商业用地级别的影响，根据各区域高级商务集聚规模作用分的高低，对相应区域的土地级别进行适当调整。

高级商务集聚主要由金融保险业、高档写字楼、高级宾馆等高级商务场所来反映。根据高级商务集聚职能，划定高级商务集聚区域，并计算各区域的高级商务集聚规模指数。按高级商务集聚区域为单元，采用单元面积金融保险业、高级写字楼、高级宾馆等的数量、级别、建筑面积、年营业额、年租金、高级宾馆的床位数等指标，计算高级商务集聚规模指数，公式为：

$$I_i^H = 100 \frac{X_i^H}{X_{max}^H}$$

式中 I_i^H——i 区域高级商务集聚规模指数；

X_i^H——i 区域高级商务集聚指标值；

X_{max}^H——高级商务集聚指标值的最大值。

高级商务集聚作用分计算公式为：

$$e_i^H = 100 \frac{X_i^H - X_{min}^H}{X_{max}^H - X_{min}^H}$$

式中 e_i^H——i 区域高级商务集聚作用分；

X_i^H——i 区域高级商务集聚规模指数；

X_{min}^H——高级商务集聚规模指标值的最小值；

X_{max}^H——高级商务集聚规模指标值的最大值。

二、土地等级的确定和实地验证

初步划分的土地等级必须在实地校核验证，并参考级差收益测算结果及市场交易价格定级结果对土地级的范围、边界、级别进行修订调整。

（一）土地等级调整和确定的原则

① 土地等级高低与土地相对优劣的对应关系基本一致。

② 等级之间应渐变过渡，相邻单元之间的土地级差不宜过大。

③ 各类用途的各级土地的平均单位面积地租或地价应具有明显差异并呈正向级差。

④ 保持自然地块及权属单位的完整性。

⑤ 边界尽量采用具有地域突变特征的自然界线及人工界线。

（二）土地等级的确定

在多因素综合评价法等级结果的基础上，采用级差收益测算法和市场价格定级方法进行验证、调整，确定综合定级的土地等级和工业用地定级的土地等级。对于城市中心区域城市规划中不允许布置工业用地的区域，不参与工业用地级别划定，定级中应调查此类区域。

在多因素综合评价法定级结果的基础上，采用级差收益测算法和市场价格定级方法进行验证、调整，并参照高级商务集聚区的验证结果，确定商业用地定级的土地级。

在多因素综合评价法定级结果的基础上，采用市场价格定级方法进行验证、调整，确定住宅用地定级的土地等级。

第八章 城镇土地估价

第一节 影响城镇土地价格的因素

影响城镇土地价格的因素有一般因素、区域因素和个别因素。

一、一般因素

一般因素是指影响土地价格的一般性的、普遍性的、共同性的因素。这些因素影响土地价格的总体水平，是决定各个地块土地价格的基础，包括自然、社会、经济和政治因素等，如地理位置、自然条件、人口、行政区划、城镇性质、城镇发展过程、社会经济状况、土地制度、住房制度、土地利用规划及计划、社会及国民经济发展规划等。

（一）自然因素

自然因素对城镇土地价格的影响不像对农用地价格的影响明显，但也有很重要的影响，主要是地质、地貌等方面的影响。地质条件、地貌条件等不同会影响到土地的开发利用。

（二）社会因素

影响地价的社会因素有政局稳定状况、社会治安状况和城市化进程等。政局稳定，房地产投资的运转渠道正常，风险小，资金可以按预期的目标在预期期限内得到回收并取得利润，从而投资者的投资信心增强，带动地价上升；反之地价会下降。社会治安状况好，人们感到安全，愿意投资、购物、居住，会带动地价上升。城市化进程对地价的影响主要表现在城市人口分布密集，地价涨幅较高，城市人口迁入比例高的地区，即城市化进行快的地区，地价涨幅和上涨的速度都要高于一般地区。

（三）经济因素

经济因素包括经济发展状况、储蓄和投资水平、财政收支与金融状况、居民收入和消费水平、物价变动、利用水平等。

国民收入是衡量经济发展状况的重要指标之一，国民收入增加，则经济繁荣，就业机会增加，物价、工资处于有利于经济发展的状况，社会总投资增加，对土地的总需求扩大，带动土地价格上涨，储蓄增长则投资也相应增长，这是经济学中的"储蓄、投资一致性"原理。资本积累要依赖于储蓄，而储蓄的多少又由储蓄能力和储蓄意愿所决定。当储蓄能力越大且储蓄意愿越高时，储蓄额越多，资本积累就越快。从资本积累的角度看，房地产价格比其他财产价格总量要高。所以，一般家庭购买不动产时，必须经历一段较长时间的储蓄，而储蓄率高，有利于资本的积累，这才能提供足够的购房准备款。一般情况下，储蓄率高的时期，往往是超额储蓄累计期，储蓄率低的时期，则是房地产热潮期，地价会涨。

财政和金融状况是国家综合经济势力的反映，而货币供给量是财政、金融状况的外在表现，货币供给量增加，则市面上的流通资金增加，社会闲散资金增加，游资过剩会导致人们用过多的货币争相购买可以保值的房地产，则导致对房地产需求的增加，促使地价不断上涨。

随着居民收入的增加，消费水平会相应提高，对住房会有更高的要求，一般情况下，一是收入高的家庭把住宅用作专用居住的比率较高;二是收入高的家庭使用新建房屋的比率较高;三是收入高的家庭有较高的自有住宅比率;四是人均收入水平高的家庭其住宅建筑面积也大。总之,居民收入和消费水平高,则对房地产的需求也大,从而地价也高。

房地产越是在物价变动时期越能体现其保值性,一般来说,物价上涨率越高,房地产价格也越高。当然,房地产价格剧涨一般发生在城市地区,乡村地区受影响较少。

二、区域因素

区域因素指影响城镇内部区域之间地价水平的商业服务繁华程度及区域在城镇中的位置、交通条件、公用设施及基础设备水平、区域环境条件、土地使用限制和自然条件等。

繁华程度指商业服务业的规模等级及其对土地利用的影响程度。商业服务业的规模等级越高,土地利用的集聚效益越高,土地效用随着距离商业服务中心距离的增加而递减。影响地价的交通条件主要有区域的交通类型、对外联系方式及方便程度、道路状况等。影响地价的基础设施条件,主要包括基础设施和公用设施两大类,如给排水、电力、电信、煤气、暖气以及幼儿园、学校、公园、医院等的等级、结构、保证率、齐备程度和距离等。区域环境条件包括人文环境和自然环境,土地利用限制主要是区域土地利用性质、用地结构、用地限制条件、区域交通管制等。

三、个别因素

个别因素指宗地自身的地价影响因素,包括宗地自身的自然条件、开发程度、形状、长度、宽度、面积、土地使用期限和宗地临街条件等。面积过大或过小都不适宜利用,临街宽度过窄,影响展示效果和收益,宗地临街过浅或过深,都会影响土地使用,从而影响地价。宗地形状最佳为矩形,其他形状如三角形、梯形、平行四边形、不规则形都不便于利用,从而影响地价。坡度过大,会增加开发成本或不易开发,从而影响地价。基础设施条件是否完善及宗地是否临街都对地价有很大影响。

第二节 收益还原法

城镇土地估价方法有收益还原法、市场比较法、成本逼近法、剩余法。

收益还原法是估价土地在未来每年预期纯收益的基础上,以一定的还原率,将评估对象在未来每年的纯收益折算为评估时日收益总和的一种方法。由于土地具有固定性、不增性、个别性、永续性等特性,使用者在占有某块土地时,土地不仅能提供现时的纯收益,而且还能期待在未来若干年间源源不断地继续取得。当此项随时间延续而能不断取得纯收益,以适当的还原利率折算为现在价值的总额(称为收益价值或资本价值)时,它即表现为该土地的实质价值,也是适当的客观交换价值,这就是收益还原法的基本原理。

一、收益还原法的基本公式

(1)当土地年纯收益不变,土地使用年期无限时,土地价格为:

$$P=\frac{a}{r}$$

式中 P——土地价格;

a——土地的年纯收益;

r——土地还原率。

(2)当土地使用年期有限,且土地还原利率不变时,土地价格为:

$$P=\frac{a}{r}\left[1-\frac{1}{(1+r)^n}\right]$$

式中　P，a，r——含义同前；

　　　n——使用土地的年期或有土地收益的年期。

（3）当土地纯收益在若干年内有变化，且土地使用年期无限时，如当 t 年以前（含 t 年）纯收益有变化，其值为 a_i，t 年后纯收益无变化，其值为 a；土地还原率不变且大于零，土地价格为：

$$P=\sum_{i=1}^{t}\frac{a_i}{(1+r)^i}+\frac{a}{r(1+r)^t}$$

式中　P，a，r——含义同前；

　　　a_i——第 i 年的纯收益；

　　　t——纯收益有变化的年限。

（4）当土地纯收益在若干年内有变化，且土地使用年期为有限时，如当 t 年以前（含第 t 年）纯收益有变化，其值为 a_i，t 年以后纯收益无变化，其值为 a，土地还原率每年不变且大于零，土地使用年限为 n 时，土地价格为：

$$p=\sum_{i=1}^{t}\frac{a_i}{(1+r)^i}+\frac{a}{r(1+r)^t}\left[1-\frac{1}{(1+r)^{n-t}}\right]$$

（5）未来若干年后的土地价格在已知的条件下，土地价格为：

$$P=\sum_{i=1}^{t-1}\frac{a_i}{(1+r)^i}+\frac{P_t}{(1+r)^t}$$

式中　P，a_i，r——含义同前；

　　　t——未来土地价格已知的年限；

　　　P_t——未来第 t 年的土地价格。

（6）纯收益按等级差数递增或递减，当土地使用年期无限时，土地价格为：

$$P=\frac{a}{r}\pm\frac{b}{r^2}$$

式中　P，a，r——含义同前；

　　　b——纯收益的等差级数递增或递减的数额，当纯收益按等差级数递增时取加号，递减时取减号。

（7）纯收益按等差级数递增或递减，当土地使用年期有限时，土地价格为：

$$P=\left(\frac{a}{r}\pm\frac{b}{r^2}\right)\left[1-\frac{1}{(1+r)^n}\right]\mu\frac{b}{r}\times\frac{n}{(1+r)^n}$$

式中　P，a，r——含义同前。

公式中符号的选取，当纯收益按等差级数递增时取加号，递减时取减号。

（8）纯收益按一定比率递增或递减，土地使用年期无限时，土地价格为：

$$P=\frac{a}{r\mu s}$$

式中　P，a，r——含义同前；

　　　s——纯收益逐年递增或递减的比率。

公式中的符号，当纯收益按等比级数递增时取减号，递减时取加号。r 不变，递增时 $r>s$，递减时 $(r+s)>0$。

(9) 纯收益按一定比率递增或递减，土地使用年期有限时，土地价格为：

$$P=\frac{a}{r\mu s}\left[1-\left(\frac{1\pm s}{1+r}\right)^n\right]$$

式中　P，a，r，s，n——含义同前。

公式中的符号，当纯收益按等比级数递增时取加号，递减时取减号。r不变，递增时，$r\neq s$，$r+s\neq 0$。

(10) 纯收益、还原率有变化时，土地价格为：

$$P=\frac{a_1}{(1+r_1)}+\frac{a_2}{(1+r_1)(1+r_2)}+\cdots+\frac{a_n}{(1+r_1)(1+r_2)\cdots(1+r_n)}$$

式中　a_1，a_2，$\cdots$，a_n——未来各年的纯收益；
　　　r_1，r_2，$\cdots$，r_n——未来各年的还原利率。

二、收益还原法的适用范围

收益还原法以求取土地纯收益为途径评估土地价格，它只适用于有收益或潜在收益的土地和建筑物，或是房地产的估价。

三、收益还原法估价的程序与方法

（一）收集相关资料

收集的资料包括待估宗地和与待估宗地特征相同或相似的宗地用于出租或经营时的年平均总收益与总费用资料等。出租性土地及房屋的宗地应收集三年以上的租赁资料。营业性土地及房屋的宗地应收集五年以上的营运资料。直接生产用地应收集过去五年中原料、人工及产品的市场价格资料。所收集的资料应是持续、稳定的，能反映土地的长期收益趋势。

（二）测算年总收益

年总收益是指待估宗地按法定用途和最有效用途出租或自行使用，在正常情况下，合理利用土地应取得的持续而稳定的年收益或年租金，包括租金收入、押金利息收入等。对总收益的收益期超过或不足一年的，要统一折算为年土地总收益。

土地收益可以分为实际收益和客观收益。实际收益是在现状下实际取得的收益。由于个人的经营能力等因素对实际收益影响很大，依据土地估价的性质和特点，不能用它作为评价的依据。客观收益是指排除了土地实际收益中属于特殊的、偶然的要素后所能得到的一般正常收益，它可直接用于评估。

根据土地参与生产经营过程的形式和业主以土地取得收益的方式，总收益产生的形式有以下几种情况。

（1）土地租金　指直接通过土地出租，每年获得租金收入，包括在土地租赁过程中承租方所交纳的押金或担保金的利息。

（2）房地出租的租金　指房、地一起出租的过程中，出租方从承担方取得的租金及有关收益。一般根据实际的租赁合同金额和当地的房地产租赁市场状况，确定客观收益水平。

（3）企业经营收益　指企业在正常的经营管理水平下每年所获得的客观总收益。在分析企业经营的客观收益时，首先可以根据企业的财务报表进行分析，客观的财务报表是企业经营状况的基本反映，但由于受经营管理水平、不合理的人为干预等因素的影响，造成企业报表不能客观反映企业经营状况和土地及有关资产的收益能力，因此在利用企业财务报表进行企业经营收益分析时，应进行适当调查，调整成为正常经营管理水平下的客观收益。

在计算总收益时，还应准确分析测算由评估对象所引起的其他派生收益，如租赁过程中承担方所支付押金的利息收益、企业经营生产过程中的副产品销售收益等。另外，还应当充分考虑收益的损失，如出租房屋的闲置，一般以出租率或空房损失率折算总收益。

（三）确定年总费用

年总费用是指利用土地进行经营活动时正常、合理的必要年支出。在确定土地年总费用时，要根据土地利用方式进行具体分析，对总费用支出期超过或不足一年的，要统一折算为年土地总费用。土地利用方式不同，其总费用的内容也不同。

1. 土地租赁中总费用

包括土地使用税、土地管理费、土地维护费及其他费用。土地使用税指因土地使用和租赁发生的，由待评估土地负担的税赋。如我国城镇土地使用税。土地管理费指管理人员的薪水及其他费用。一般以年租金额的3%计算。维护费指维护土地使用所发生的费用，如给排水及道路的修缮费等。

2. 房地出租中总费用

包括经营管理费、经营维修费、房屋年折旧费，房屋年保险费、房屋出租年应交税金及其他费用等。

经营管理费指对出租房屋进行的必要管理所需的费用。有两部分：一是出租经营过程中消耗品价值的货币支出；二是管理人员的工资支出。管理费的计算有两种方法：一是依管理面积平均计算；二是按租金的一定比例计算，通常以年租金的2%～5%计算。

经营维修费指为保证房屋正常使用每年需支付的修缮费。为计算方便，通常按建筑物重置价的1.5%～2%计算。

房屋折旧费是指房屋在使用过程中因损耗而在租金中赔偿的那部分价值，计算式为：

$$F=\frac{P_{hk}-B}{n}=\frac{P_{hk}(1-\beta)}{n}$$

式中　F——年折旧费；

P_{hk}——房屋重置价；

B——残值；

n——耐用年限；

β——残值率。

如果房屋耐用年限超过土地使用权出让年期时，按土地使用权出让年限调整确定房屋可使用年限，在计算年折旧时不应该考虑残值。其公式为：

$$F=\frac{P_{hk}}{N}$$

$$N=n_1+n_2$$

式中　F——年折旧费；

P_{hk}——房屋重置价；

N——房屋可使用年限；

n_1——土地出让前房屋已使用年限；

n_2——土地出让年限。

房屋重置价也称房屋重置成本，是指根据估价期日的人工和建筑材料价格，并按照目前的材料、标准与设计，建造功能相同的建筑物所需的建造成本。

房屋年保险费是指房产所有人为使自己的房产避免意外损失而向保险公司支付的费用。

一般可按房屋重置价或现值乘以保险费率计算。我国房屋的保险费率是 1.5‰~2‰。

房屋出租年应交税金指房产所有人按有关规定向税务机关缴纳的房产税和营业税等。关于税收标准，国家及各城市均有规定。一般月租金在 120 元以下者只缴纳 12% 的房产税。月租金在 120 元以上者除缴纳房产税外，还要按租金额缴纳营业税 5%、附加城建税 0.35%、教育税 0.05% 等。

3. 企业经营费用

企业分为经营性企业和生产性企业。对经营性企业而言，包括销售成本、销售费用、经营管理费、销售税金、财务费用及经营利润。对生产性企业而言，包括生产成本（原材料费、人工费、运输费等）、产品销售费、产品销售税金及附加、财务费用、管理费用及企业利润。企业生产经营费用的计算通常有两种方法：一是根据企业的财务报表进行分析调整计算；二是根据企业生产经营或服务的项目计算企业经营费用。客观的企业财务报表是企业生产经营过程的基本反映，因此，可根据企业财务报表中的损益表及有关财务资料分析计算企业经营总费用，但需详细分析企业生产经营和管理的整个过程，扣除不正常的生产经营和管理费用，计算客观的生产经营费用。工业企业可根据其生产的各种产品的平均成本计算总成本，这时要详细了解企业的生产经营过程和各种成本费用的支出状况。

(四) 确定土地纯收益

土地纯收益是在总纯收益中扣除非土地因素所产生的纯收益后的余额。纯收益按总收益扣除总费用计算。土地利用方式不同，其总收益和总费用的计算方法不同。

1. 土地租赁中的土地纯收益

$$a = R - C$$

式中　a——土地纯收益；
　　　R——年租金收入；
　　　C——年总费用。

2. 房地出租中的土地纯收益

$$a = R_{in} - I_{hn}$$

式中　a——土地纯收益；
　　　R_{in}——房地纯收益；
　　　I_{hn}——房屋纯收益。

$$R_{in} = R_{lg} - C_{lg}$$

式中　R_{lg}——房地出租年总收益；
　　　C_{lg}——房地出租年总费用。

$$I_{hn} = P_{hc} r_2$$

式中　P_{hc}——房屋现值；
　　　r_2——建筑物还原率。

房屋现值应根据估价期日的同类房屋建筑的建造成本费用，结合房屋的物理、经济和功能的退化状况选用合适方法来确定，其公式为：

$$P_{hc} = P_{hk} D_n$$
$$= P_{hk} - E$$

式中　P_{hc}——房屋现值；
　　　P_{hk}——房屋重置价；

D_n——房屋成新度；

E——房屋折旧总额。

3. 经营性企业的土地纯收益

$$a = I_{jp} - I_{jf}$$

式中　a——土地纯收益；

　　　I_{jp}——企业经营纯收益；

　　　I_{jf}——非土地资产纯收益。

$$I_{jp} = Y_{jp} - C_{jp}$$

式中　I_{jp}——企业经营纯收益；

　　　Y_{jp}——年经营总收入；

　　　C_{jp}——年经营总费用。

4. 生产性企业的土地纯收益

$$a = I_{sp} - I_{sf}$$

式中　a——土地纯收益；

　　　I_{sp}——企业生产纯收益；

　　　I_{sf}——非土地资产纯收益。

$$I_{sp} = Y_{sp} - C_{sp}$$

式中　I_{sp}——企业生产纯收益；

　　　Y_{sp}——年生产总收入；

　　　C_{sp}——年生产总费用。

5. 自用土地或待开发土地的纯收益

可采用比较法求取，即比照类似地区或相邻地区有收益的相似土地的纯收益，经过区域因素、个别因素的比较修正，求得其土地纯收益。

（五）土地还原利率的确定

还原利率有三种类型：综合还原利率、建筑物还原利率和土地还原利率。综合还原利率是求取土地及其地上建筑物合为一体的价格时所使用的还原利率。即如果运用收益还原法评估的是土地及建筑物合为一体的价格，所使用的纯收益必须是土地及建筑物合为一体所产生的纯收益，同时，所选用的还原利率必须是土地及建筑物合为一体的还原利率，即综合还原率。

建筑物还原率是求取单纯建筑物价格时，所使用的还原利率。这时所对应的纯收益，是由建筑物本身所产生的纯收益，不包括土地产生的纯收益，因此选用的还原利率也应是建筑物的还原利率。

土地还原利率是把土地纯收益还原为土地价格时的比率，是求取纯土地价格时所应使用的还原利率。这时对应的纯收益，是由土地所产生的纯收益，这个纯收益不应该包括土地以外的其他方面带来的部分。所选用的还原利率是相应的土地的还原利率。一般情况下，土地还原利率比建筑物还原利率低 2%～3%。

综合还原利率、建筑物还原利率及土地还原利率三者的关系为：

$$r = \frac{r_1 L + r_2 B}{L + B}$$

$$r = \frac{r_1 L + (r_2 + d) B}{L + B}$$

式中　r——综合还原利率；

　　　r_1——土地还原利率；

　　　r_2——建筑物还原利率；

　　　L——地价；

　　　B——建筑物价格；

　　　d——建筑物折旧率。

上述前面的公式适用于建筑物折旧后的纯收益的情况，后面的公式适用于建筑物折旧前的纯收益的情况。

土地还原率的确定有以下几种方法。

1. 土地纯收益与价格比率法

选择三宗以上近期发生交易的且在交易类型上与待估土地相似的交易实例，以交易实例的纯收益与其价格的比率的均值作为还原利率。

2. 安全利率加风险调整值法

即还原利率＝安全利率＋风险调整值。安全利率指无风险的资本投资利润率，可选用同一时期的一年期国债年利率或银行一年期定期存款年利率。风险调整值应根据估价对象所处地区的社会经济发展和土地市场状况对其影响程度来确定。

3. 投资风险与投资收益率综合排序插入法

把社会上各种相关类型投资，按它们的收益率与风险大小排序，然后分析判断估价对象所对应的范围，确定其还原利率。

在确定土地还原利率时，还应注意不同土地权利、不同土地使用年期、不同类型及不同级别土地之间还原利率的差别。

（六）计算土地收益价格

根据未来年期土地收益的变化情况，选择适当的计算公式，计算土地的收益价格。通常选取多个可行的还原利率，计算得到几个价格，并从中比较、分析、确定可能的价格水平。同时，也应根据具体情况，在可能的条件下，采用其他的估价方法，例如市场比较法测算地价作为评估结果的验证。

四、案例

某公司于2003年5月以有偿出让方式取得一面积为450m²的地块50年使用权，并于2004年5月在此地块上建成一栋建筑物，建筑面积为400m²，当时造价为每平方米1200元，其经济耐用年限为55年，目前该类建筑重置价格为每平方米1500元，残值率为10%，该建筑物目前全部出租，每月实收租金为10000元。而当地同类建筑出租租金一般为每月每平方米30元，土地及房屋还原利率分别为5%和6%。每年需支付的土地使用税及房产税为每建筑平方米20元，需支付的年管理费为同类建筑年租金的4%，年维修费为重置价的2%，年保险费为重置价的0.2%。试估算该地块在2007年5月的土地使用权价格。

解：该宗地与房屋出租，有经济收益，宜采用收益还原法估价。

1. 出租总收益

出租总收益的计算应采用客观收益，即当地同类建筑一般的租金。即每月每平方米30元，即年总收益为$30\times400\times12=144000$（元）。

2. 出租总费用

出租总费用包括年税金、年管理费、年维修费、年保险费、房屋年折旧费。

年税金　　　　　　$20 \times 400 = 8000$（元）
年管理费　　　　　$30 \times 400 \times 12 \times 4\% = 5760$（元）
年维修费　　　　　$1500 \times 400 \times 2\% = 12000$（元）
年保险费　　　　　$1500 \times 400 \times 0.2\% = 1200$（元）

本例房屋耐用年限（55年）超过了土地使用权出让年期（50年），所以按土地使用权出让年限调整确定房屋可使用年限，在计算年折旧时不应考虑残值。在该例中房屋使用者可使用房地产的年限不能超出出让年期。所以建筑物建成后到土地出让年限（50年）间属房屋可使用年限，所以本案例中房屋实际可使用年限为 $50-1=49$（年）（建造期为一年）。

房屋年折旧费为：

$$\frac{1500 \times 400}{50-1} = 12245 (元)$$

所以总费用为：

$$8000 + 5760 + 12000 + 1200 + 12245 = 39205 (元)$$

3. 房屋出租年纯收益

房屋现值为房屋重置价减去房屋折旧总额。该房从2004年5月建成，到2007年5月已使用3年。则房屋现值＝房屋重置价－年折旧费×已使用年限。

$$1500 \times 400 - 12245 \times 3 = 563265 (元)$$

房屋年纯收益为：

$$56325 \times 6\% = 33795.9 (元)$$

4. 土地纯收益

土地纯收益为：

$$144000 - 39205 - 33795.9 = 70999.1 (元)$$

5. 土地使用权价格

土地使用权价格为：

$$\frac{70999.1}{5\%} \times \left[1 - \frac{1}{(1+5\%)^{46}}\right] = 1269469 (元)$$

第三节　市场比较法

市场比较法就是在求取一宗待评估土地的价格时，根据替代原则，将待估土地与在较近时期内已发生交易的类似土地交易实例进行对照比较，并依据后者已知的价格，参照该土地的交易情况、期日、区域因素以及个别因素的差别，修正得出待估土地的评估期日地价的方法。

一、市场比较法的基本公式

$$V = V_B ABDE$$

式中　V——待估宗地价格；

　　　V_B——比较实例价格；

　　　A——情况修正系数，其值为待估宗地情况指数/比较实例宗地情况指数＝正常情况指数/比较实例宗地情况指数；

　　　B——期日修正系数，其值等于待估宗地估价期日地价指数/比较实例宗地交易日期地价指数；

D——区域因素修正系数，其值为待估宗地区域因素条件指数/比较实例宗地区域因素条件指数；

E——个别因素修正系数，其值为待估宗地个别因素条件指数/比较实例宗地个别因素条件指数。

比较实例宗地或比较宗地是指选定的与待估宗地具有替代关系的比较交易案例的宗地或地块。

估价期日是指决定待估土地价额的基准日期。地价指数是指运用一定的统计方法将特定区域一定时期内的地价水平换算成相对于某一基准日期地价水平相对百分比的指数。

二、市场比较法评估的程序与方法

（一）收集宗地交易实例

收集大量的房地产市场交易的资料，是利用市场比较法评估土地价格的基础和前提。资料收集范围一般包括：地块位置、面积、用途、成交时间、形状、地段交通条件、交易价格、交易双方当事人、使用年期、影响地价的区域和个别因素等。交易案例调查见表8-1。

表 8-1　交易案例调查

项目		状态	项目		状态	项目		状态
坐落			距商业服务中心距离	市级		个别因素	地形、地质	
使用类别				区级			面积	
权利状态				小区级			宽、深度	
交易价格	总价		距公共设施距离	文体设施			形状	
	土地价格			公用设施			临街类型	
	建筑物价格		道路状况	宽度			临街位置	
建筑物概况	面积			车流量			临街深度	
	结构		公交状况	线路数			容积率	
	用途			线路流量			其他	
交易形式			距对外交通设施的距离	火车站		规划限制		
交易日期				汽车站		使用限制		
交易情况				码头				
基准地价				机场				
调查日期			给排水			备注		
其他			供电、供热					
			供气					
			电信					
			其他					

可通过查阅有关政府部门的房地产交易资料和各种报刊有关房地产交易的消息，通过房地产经纪人了解有关情况，或做市场调查，或者到当地评估机构查阅有关交易资料等。

（二）确定比较实例

并不是所收集的交易实例都能作为比较实例。对所有收集的交易资料要认真筛选，选出三个以上的比较实例。作为比较实例要符合以下要求。一是与待估土地用途相同。这里的用途指具体的利用方式，如办公楼（写字楼）、酒楼、零售店面、旅馆、住宅、仓库等。二是与待估土地的交易类型应相同。这里的交易类型主要指买卖、租赁、抵押、入股等。三是与待估土地所处地区的区域特性及宗地的个别条件要相近。比较实例应与待估土地处于具有相同特性的同一地区，或处于同一供需圈内相邻地区或类似地区。所谓同一供需圈指与待估宗地能形成替代关系，对待估宗地价格产生显著影响的其他土地所在的区域。针对宗地而言，相邻区域指待估宗地所处的、以某一特定用途为主的一定范围区域；针对区域而言，相邻区域指紧邻该区域周围的其他区域。所谓类似区域指与待估宗地所隶属的相邻区域相类似的、同一供需圈的其他区域。四是比较实例的交易时间与待估土地的估价期日最接近。如果市场稳定，比较的有效期可以延长，即可选择几年前的交易案例用于比较，如果市场变化快，比较的有效期就要缩短。一般应选择 2 年内成交的不动产交易实例，最长不超过 3 年。

（三）建立价格可比基础

为了能够相互比较，要建立价格比较基础，各比较实例应在付款方式、币种和货币单位、面积内涵和面积单位等方面一致。

（四）进行交易情况修正

交易情况修正是排除交易行为中的一些特殊因素所造成的交易价格偏差，将其成交价格修正为正常市场价格。交易行为中的特殊因素概括起来主要有九种：

① 有利害关系人之间的交易，如亲友之间、公司与其职员之间、有利害关系的两个单位之间等的土地交易，这些交易往往以低于市场价格进行；

② 急于出售或者购买情况下的交易，急于出售时往往价格偏低，急于购买往往价格偏高；

③ 受债权债务关系影响的；

④ 交易双方或者一方对市场信息了解不全或者不了解的交易；

⑤ 交易双方或者一方有特别动机或者特别偏好的交易；

⑥ 相邻地块的合并交易；

⑦ 特殊方式的交易；

⑧ 交易税费非正常负担的交易；

⑨ 其他非正常的交易。

将各特殊因素对地价的影响程度求和，得出宗地情况指数，再按公式计算。交易情况修正公式为：

$$V_E = \frac{V_0 E_P}{E_E}$$

式中　V_E——情况修正后的比较实例价格；

　　　V_0——情况修正前的比较实例价格；

　　　E_P——待估宗地情况指数；

　　　E_E——比较实例宗地情况指数。

（五）估价期日修正

交易条例的交易日期与待估土地估价期日是有差异的，一般情况下，交易案例交易日期在先，待估土地估价期日在后，在此期间，土地的价格很可能会发生变化，所以要进行期日修正。估价期日修正是将比较实例在其成交日期的价格调整为估价期日的价格，主要用地价指数或房地产价格指数进行修正，公式为：

$$V_E = V_0 \frac{Q}{Q_0}$$

式中 V_E——修正为估价期日的交易实例价格;

V_0——交易期日的交易实例价格;

Q——估价期日的地价或房地产价格指数;

Q_0——交易期日的地价或房地产价格指数。

地价指数指的是运用一定的统计方法将特定区域一定时期内的地价水平换算成相对于某一基准日期地价水平相对百分比的指数。如某城市地价指数 2000 年为 100，2001 年为 104.21，2002 年为 110.31，2004 年为 114.31，2005 年为 119.43。有一宗地于 2001 年成交，成交额为每平方米 1500 元。如果待估土地的估价期日为 2005 年 6 月 1 日，修正为 2005 年 6 月 1 日的交易案例的价格为：

$$1500 \times \frac{119.43}{104.21} = 1719.077 (元/m^2)$$

在利用地价指数（或房地产价格指数）进行期日修正时，必须要注意价格指数的基期。如果指数的基期是固定的（如上例），则称为定基指数；而有的价格指数的基期是不固定的，如国家统计局每季度发布的土地出让价格指数，是以上一年同季度为基期的指数，对于这种类型的指数应先调整到定基指数后，再利用上述方法修正。如果比较案例的交易时间正好是估价期日的上一年同季度，就可直接利用其指数修正。

（六）区域因素修正

区域因素是影响地价的因素之一。区域因素修正是将比较实例在其外部区域环境状况下的价格调整为估价对象外部区域环境状况下的价格。

区域因素修正的主要因子有商业繁华程度、交通条件、公用设施及基础设施水平、区域环境条件、城镇规划、土地使用限制、产业集聚程度等。不同用途的土地，影响其价格的区域因子不同，区域因素修正的具体因子要根据估价对象的用途确定。把区域因素中的各因子对地价的影响程度求和，得出区域因素条件指数，再按公式计算。修正公式为：

$$V_E = V_0 \frac{D_P}{D_E}$$

式中 V_E——区域因素修正后的比较实例价格;

V_0——区域因素修正前的比较实例价格;

D_P——待估宗地区域因素条件指数;

D_E——比较实例宗地区域因素条件指数。

（七）个别因素修正

个别因素是指构成宗地的个别特性（宗地条件）对其价格产生影响的因素。个别因素修正是将比较实例在其个体状况下的价格调整为估价对象个体状况下的价格。

个别因素修正的主要因子包括宗地位置、面积、形状、临街状况、宗地内基础设施水平、地势、地质、水文状况、规划限制条件等。个别因素修正的具体因子应根据估价对象的用途确定。将个别因素中的各因子对地价的影响程度求和，得出个别因素条件指数，再按公式计算。修正公式为：

$$V_E = V_0 \frac{S_P}{S_E}$$

式中 V_E——个别因素修正后的比较实例价格;

V_0——个别因素修正前的比较实例价格;

S_P——待估宗地个别因素条件指数;

S_E——比较实例宗地个别因素条件指数。

(八) 土地使用年期修正

土地使用年期是指土地交易中契约约定的土地使用权年限。土地使用年限期修正是将各比较实例的不同使用年期修正到待估宗地使用年期,以消除因土地使用年期不同而对价格带来的影响。其公式为:

$$V_t = V_0 K$$

式中 V_t——年期修正后比较实例宗地价格;

V_0——年期修正前比较实例价格;

K——年期修正系数。

$$K = \frac{1 - \frac{1}{(1+r)^m}}{1 - \frac{1}{(1+r)^n}}$$

式中 r——土地还原率;

m——待估宗地的使用年期;

n——比较实例的使用年期。

(九) 容积率修正

容积率是指一定区域范围内,建筑物的总建筑面积与整个宗地面积之比。容积率的大小直接影响土地利用程度的高低。容积率越高,土地利用效益就越高,从而地价也就会相应提高。

容积率修正同样用修正系数来修正地价。容积率修正首先要利用土地登记的资料,查询了解城市规划关于待估宗地所处地区的容积率规定指标以及容积率的现状水平。再根据容积率与地价水平的相关分析,确定容积率与地价相关系数,制定容积率修正系数,最后利用容积率修正系数修正调整地价,公式为:

$$V_u = V_0 \frac{K_P}{K_E}$$

式中 V_u——容积率修正后的交易案例价格;

V_0——容积率修正前的交易案例价格;

K_P——待估宗地容积率修正系数;

K_E——比较案例宗地容积率修正系数。

(十) 比准价格确定

所选取的若干个比较案例价格经过上述各项比较修正后,即可得出待估土地的试算比准价格。

在市场比较法中,要选择多个比较案例,这样通过修正后会得出对应的多个试算比准价格,而最终待估宗地的比准价格只能有一个,通常选用简单算术平均法、加权算术平均法、中位数法和众数法等方法来确定比准价格。简单算术平均法就是直接以多个比准价格的算术平均值作为最后的比准价格。加权平均法就是对多个比准价格赋予不同的权重,权重大小应反映该价格与待估土地价格的接近程度的大小,然后加权平均计算出待估土地的比准价格。中位数法是把多个比准价格按从大到小或从小到大排序,选择位居中间的那个值作为待估土地的比准价格。众数法是把多数比准价格作为待估土地的比准价格。

三、市场比较法的适用范围

市场比较法主要用于地产市场发达,有充足的具有替代性的土地交易实例的地区。市场比较法除可直接用于评估土地的价格或价值外,还可用于其他估价方法中有关参数的求取。

四、案例

在某城市内有一宗住宅用地需要评估,现根据当地条件,选择了与其类似的四宗已成交案例,几宗地块的交易情况与待估地一致,其他条件见表8-2。表中数字为正值,表示待估地块条件优于成交地块,数字大小表示优劣的程度。又知该城市地价指数在2006年1月为100,以后每月上涨一个百分点,容积率修正系数见表8-3。

表 8-2 交易案例与待估土地情况一览

项目		待估土地	比较案例 A	比较案例 B	比较案例 C	比较案例 D
用途		住宅	住宅	住宅	住宅	住宅
成交日期		评估期日 2007年10月	2006年10月	2006年12月	2007年8月	2006年4月
成交价格/(元/m²)			1200	1300	1400	1000
容积率		2	3	3	4	2
区域条件/%	位置	0	−2	−3	0	−3
	基础设施	0	−1	−2	2	0
	交通	0	−2	0	3	−2
	地势	0	−2	1	0	−2
	形状	0	3	0	5	−4
	其他	0	−3	−3	0	−2

表 8-3 容积率修正系数

容积率	1	2	3	4	5
修正系数	1	1.8	2.4	3.0	3.5

试按以上条件估算该住宅用地在2007年10月的单位地价。

解:根据上述条件采用市场比较法进行评估。

(1) 由于交易情况一致,所以不用进行交易情况修正。

(2) 编制当地地价指数表。根据所给条件,当地地价指数见表8-4。

表 8-4 当地地价指数

时间	2006年1月	2006年2月	2006年4月	2006年10月	2006年12月	2007年1月	2007年8月	2007年10月
地价指数	100	101	103	109	111	112	119	121

(3) 容积率修正已有相应的修正系数。

(4) 确定区域因素和个别因素的条件指数。根据条件,表中数字为待估地块与各案例地块比较的结果,即分别以案例地块区域和个别条件为100,待估地块与各案例地块分别相比,数字为正表示待估地优于案例地,即因素条件大于100。

(5) 计算各案例地价修正后的价格。

情况　日期　容积　区域　个别
　　　率　　因素　因素
修正　修正　修正　修正　修正

A. $1200 \times \dfrac{100}{100} \times \dfrac{121}{109} \times \dfrac{1.8}{2.4} \times \dfrac{95}{100} \times \dfrac{98}{100} = 930.15$（元/m²）

B. $1300 \times \dfrac{100}{100} \times \dfrac{121}{111} \times \dfrac{1.8}{2.4} \times \dfrac{95}{100} \times \dfrac{98}{100} = 989.50$（元/m²）

C. $1400 \times \dfrac{100}{100} \times \dfrac{121}{119} \times \dfrac{1.8}{3.0} \times \dfrac{105}{100} \times \dfrac{105}{100} = 941.66$（元/m²）

D. $1000 \times \dfrac{100}{100} \times \dfrac{121}{103} \times \dfrac{1.8}{1.8} \times \dfrac{95}{100} \times \dfrac{92}{100} = 1026.74$（元/m²）

（6）确定待估地块单价，单价为：

$$(930.15 + 989.50 + 941.66 + 1026.74) \times \dfrac{1}{4} = 972.01 (元/m²)$$

第四节　成本逼近法

成本逼近法就是以开发土地所耗费的各项费用之和为主要依据，再加上一定的利润、利息、应缴纳的税金和土地增值收益来推算土地价格的方法。成本逼近法是把对土地的所有投资包括土地取得费用和基础设施开发费用两大部分作为"基本成本"，运用经济学等量资金应获取等量收益的投资原理，加上"基本成本"这一投资所应产生的相应利润和利息，组成土地价格的基础部分，同时根据国家对土地的所有权在经济上得到实现的需要，加上土地所有权应得收益，从而求得土地价格。

一、成本逼近法的基本公式

成本逼近法的基本公式为：

$$V = E_a + E_d + T + R_1 + R_2 + R_3$$
$$= V_E + R_3$$

式中　V——土地价格；
　　　E_a——土地取得费；
　　　E_d——土地开发费；
　　　T——税费；
　　　R_1——利息；
　　　R_2——利润；
　　　R_3——土地增值；
　　　V_E——土地成本价格。

二、成本逼近法价格的程序与方法

（一）确定土地取得费

土地取得费按用地单位为取得土地使用权而支付的各项客观费用计算。征用农村集体土地时，土地取得费就是征地费用，包括土地补偿费、地上附着物和青苗补偿费及安置补助费等。征地中各项费用以待估宗地所在区域政府规定的标准或应当支付的客观费用来确定。

按土地管理法规定，征用耕地的补偿费为该耕地被征用前3年平均产值的6～10倍，征用耕地的安置补偿费按需要安置的农业人口数计算,每一个需要安置的农业人口的安置补偿费标准为该耕地被征用前3年平均产值的4～6倍。但每公顷被征用耕地的安置补偿费,最高不得超过被征用前3年平均年产值的15倍。土地补偿费和安置补偿费的总和不得超过土地被征用前3年平均年产值的30倍。

城镇国有土地的土地取得费可按拆迁安置费计算。拆迁安置费主要包括拆除房屋及构筑物的补偿费及拆迁安置补助费。城镇拆迁安置费应根据当地政府规定的标准或应当支付的客观费用来确定。

从市场购入土地时,土地取得费就是土地购买价格。

(二) 确定土地开发费

土地开发费按该区域土地平均开发程度下需投入的各项客观费用计算。宗地红线外的土地开发费要客观计算道路费、基础设施配套费、公用设施配套费和小区开发费;宗地红线内的土地开发费一般有土地平整费和小设施配套费,根据估价目的和投资主体不同,宗地红线内的小设施配套费是否计入也不同,按照待估宗地的条件、评估目的和实际已开发程度,确定待估宗地的开发程度。属建成区内已开发完成的宗地,评估设定的开发程度最少应为宗地红线外通路、通上水、通电和宗地红线内土地平整。

土地开发费因具体的土地开发状况不同而不同。理论上多把它作为土地资产来看待。是否把所有的土地投入都纳入到土地资本?即哪些基础设施的投资需要算入地价?这就涉及土地资产的含义问题。有的观点认为凡是与城市土地结合的固定资产,都可称为土地资产;也有的观点则认为凡是改善土地的物理、化学性状,使城市土地能更好地发挥其固有功能而投入土地的资金所形成的固定资产,才是土地资产;还有人认为,以上两种观点中,前者含义太宽,把土地附着资产(如房屋等非土地固定资产)也包含其中,后者虽然在理论上站得住脚,但在实际中却难以行得通。如通常说的"三通一平"中的通路、通水、通电等,往往难以符合狭义的土地资产的定义。所以,有人认为应把土地开发部门进行的最起码的土地开发工程视为土地资产。也有人认为,土地开发与再开发成本,包括基础设施费用,不属于土地价格的构成部分。目前较为一致的看法是土地开发部门所进行的最起码的土地开发工程和投入资金应看做土地资产。

(三) 确定各项税费

征地过程中发生的税费一般包括:①占用耕地的耕地占用税;②占用耕地的耕地开垦费;③占用菜地的新菜地开发建设基金;④征地管理费;⑤政府规定的教育基金及其他有关税费。

房屋拆迁过程中所发生的税费一般有房屋拆迁管理费和房屋拆迁服务费,以及政府规定的其他有关税费。

(四) 确定土地开发利息

按照界定土地开发程度的正常开发周期、各项费用的投入期限和资本年利息率,分别估计各期投入应支付的利息。土地开发周期超过一年,利息按复利计算。

(五) 确定土地开发利润

土地开发总投资应计算合理的利润。土地开发总投资包括土地取得费、土地开发费和各项税费。按照开发性质和各地实际,确定开发中各项投资的正常回报率,估计土地投资应取得的投资利润。

利润计算的关键是确定利润率或投资回报率。投资回报率的确定通常考虑三方面的因素:一是开发土地的利用类型,一般商业用地开发利润率较高,住宅用地开发次之,工业用地开发利润率最低；二是开发周期的长短，一般开发周期越长，占用资金时间也越长，总的投资回报率也就应高些；三是开发土地所处地区政治经济环境，一般经济发达地区的投资回报率较高，有地区性特殊优惠政策的土地开发投资回报率也较高，投资利润的计算公式为：

$$投资利润＝(土地取得费＋土地开发费＋税费)×投资回报率$$

（六）确定土地增值

土地增值按该区域土地因改变用途或进行土地开发，达到建设用地的某种利用条件而发生的价值增加额来计算。成本价格乘以土地增值收益率即为土地增值收益。

（七）价格修正与确定

① 根据待估宗地在区域内的位置和宗地条件，进行个别因素修正。

② 利用成本逼近法求取有限年期的土地使用权价格时，应进行土地使用年期修正。其年期修正公式为：

$$K=1-\frac{1}{(1+r)^n}$$

式中　K——年期修正系数；
　　　r——土地还原利率；
　　　n——土地使用年期。

当土地增值是以有限年期的市场价格与成本价格的差额确定时，年期修正已经在增值收益中体现，所以不再另行年期修正；当土地增值是以无限年期的市场价格与成本价格的差额确定时，土地增值收益与成本价格一道进行年期修正；当待估宗地为已出让土地时，应进行剩余使用年期修正。

③ 确定土地价格。

三、成本逼近法的适用范围

成本逼近法一般适用于新开发土地或土地市场欠发育、交易实例少的地区的土地价格评估。适用于工业用地估价，对商业及住宅用地多不适用。

四、案例

【案例1】

某地征地、安置、拆迁及青苗补偿费用每亩为6万元，征地中发生的其他费用平均每亩为2万元，土地开发费平均每平方公里为2亿元，当地银行贷款年利率一般为12％，每亩征地完成后，土地开发周期平均为两年，且第一年开发投资额一般占全部开发费用的30％，第一年投入计息期为1.5年，第二年计息期为0.5年，开发商要求的投资回报率一般为15％，当地工业用地出让增值收益率为10％，试用成本逼近法估算上述土地价格。

解：

1. 计算土地取得费

土地取得费包括征地、安置、拆迁、补偿费用和征地中发生的其他费用，则土地取得费为：

$$6+2=8(万元/亩)$$
$$=120(元/m^2)$$

2. 计算土地开发费

土地开发费为：

$$2亿元/km^2=200元/m^2$$

3. 计算投资利息

本实例中投资包括土地取得费和土地开发费,土地取得费利息的计息期为2年,土地开发费又分为两部分,其中30%为第一年投入,计息期为1.5年;另外70%在第二年投入,计息期为0.5年。则投资利息为:

$120\times[(1+12\%)^2-1]+200\times30\%\times[(1+12\%)^{1.5}-1]+200\times70\%\times[(1+12\%)^{0.5}-1]$
$=30.528+11.118+8.162$
$=49.808(元/m^2)$

4. 计算开发利润

全部投资按回报率按15%计,则利润为:
$$(120+200)\times15\%=48(元/m^2)$$

5. 计算土地价格

当地土地出让增值收益率为10%,则无限年期土地使用权价格为:
$$[(1)+(2)+(3)+(4)]\times(1+10\%)=(120+200+49.808+48)\times1.1$$
$$=459.59(元/m^2)$$

【案例2】

某开发区土地总面积为$5km^2$,现已完成了"七通一平"开发建设,开发区内道路、绿地、水面及其他公共和基础设施占地$1.5\ km^2$。该开发区现拟出让一宗工业用地,出让年限为50年,土地面积$10000m^2$。据测算,该开发区每亩征地费平均为5万元,完成一平方公里的开发需投入2亿元。一般征地完成后,"七通一平"的开发周期为两年,且第一年的投资额占总开发投资的40%,第一年投资的计息期为一年半,第二年投资的计息期为半年。全部土地投资回报率为20%,土地出让增值收益率为20%,当年银行贷款利息率为10%,土地还原率确定为7%,试估算出让该宗土地的单位面积价格和总价格。

解:

1. 土地取得费

土地取得费即征地费5万元/亩,合$75元/m^2$。

2. 土地开发费

土地开发费为2亿元/km^2,合$200元/m^2$。

3. 利息

$75\times[(1+0.1)^2-1]+200\times40\%\times[(1+0.1)^{1.5}-1]+200\times60\%\times[(1+0.1)^{0.5}-1]$
$=15.75+12.3+5.86$
$=33.91(元/m^2)$

4. 利润
$$(75+200)\times20\%=55\ 元/m^2$$

5. 土地增值收益
$$(75+200+33.91+55)\times20\%=72.78(元/m^2)$$

6. 土地价格
$$75+200+33.91+55+72.78=436.69(元/m^2)$$

7. 进行可出让土地比率修正

由于开发区内道路、绿地、水面及其他公共和基础设施占地无法出让,因此这些土地的地价要分摊到可出让土地的地价中。

计算方法为：

$$开发区可出让土地比率 = \frac{开发区总面积 - 不可出让的土地面积}{开发区土地总面积}$$

$$= \frac{5-1.5}{5 \times 100\%} = 70\%$$

可出让土地的平均单价为：$\frac{436.69}{70\%} = 623.84(元/m^2)$

8. 进行土地使用权年期修正

$$50年土地使用权价格 = 623.84 \times \left[1 - \frac{1}{(1+7\%)^{48}}\right]$$
$$= 599.59(元/m^2)$$

9. 计算土地总价格

$$599.59 \times 10000 = 5995900(元)$$

第五节 剩 余 法

剩余法又称假设开发法、例算法、残余法或余值法等。剩余法是在估算开发完成后不动产正常交易价格的基础上，扣除建筑物建造费用和与建筑物建造、买卖有关的专业费、利息、利润、税收等费用后，以价格余额来确定估价对象的一种方法。

一、剩余法的基本公式

用剩余法评估土地价格的公式为：

$$V = A - B - C$$

式中　V——待估土地价格；

　　　A——开发完成后的土地总价值或房地产总价值；

　　　B——整个开发项目的开发成本；

　　　C——开发商合理利润。

二、剩余法估价的程序与方法

（一）调查待估宗地的基本情况

调查土地的位置，掌握土地所在城市的性质、在城市中的具体坐落位置及其周围的土地条件和利用现状，为选择最佳利用方式提供依据。

调查土地面积大小、形状、平整情况、地质状况、基础设施状况，为估算建筑费用提供依据。

调查土地利用要求，掌握政府对此宗地的规定用途、容积率、覆盖率、建筑高度限制等，为确定建筑物的规模、造型等服务。

调查此地块的权利状况，包括弄清权利性质、使用年限、能否续期，以及对转让、出租、抵押等的有关规定等。弄清这些权利状况，主要是为确定开发完成后的不动产价值、售价及租金水平等服务。

（二）确定待估宗地的最有效利用方式

根据调查的土地条件、土地市场条件等，在政府规划及管理等限制所允许的范围内，确定地块的最佳利用方式，包括确定用途、建筑容积率、土地覆盖率、建筑高度、建筑装修档次等。在选择最佳的开发利用方式中，最重要的是要选择最佳的土地用途。土地用途的选择，要考虑到土地位置的可接受性及这种用途的现实社会需要程度和未来发展趋势。

（三）估算开发完成后的土地总价值或房地产总价值

即估算开发完成后的不动产价值。根据所开发的不动产的类型，开发完成后的不动产总价值（总开发价值）可通过两个途径取得。

（1）对于习惯出售的不动产，如居住用商品房、工业厂房等，应按当时市场上同类用途、性质和结构的不动产的市场交易价格，采用市场比较法确定开发完成后的不动产总价（总开发价值）。

（2）对于出租或自营的不动产，如写字楼和商业不动产等，其开发完成后的不动产总价的确定，可根据当时市场上同类用途、性质、结构和装修条件不动产的租金水平及出租费用水平，采用市场比较法确定所开发不动产出租的纯收益，再采用收益还原法把出租纯收益转化为不动产总价。具体确定时需要估计以下几个要素：①单位建筑面积月租金或年租金；②不动产出租费水平；③不动产还原利率；④可出租的净面积。

如根据当前房地产市场的租金水平，与所开发不动产类似的不动产月租金水平为每建筑平方米400元，其中维修费、管理费等费用为30%，该类不动产的还原利率为7%，总建筑面积为50000m²，可出租率为80%，则所开发不动产的总价为：

$$400\times(1-30\%)\times12\times50000\times80\%\times\frac{1}{7\%}=192000(万元)$$

（四）确定开发成本和开发商合理的利润

开发成本是项目开发建设期间所发生的一切费用的总和。在土地开发项目中，整个开发项目的开发成本包括购地税费、将土地开发成熟地的开发费、管理费、投资利息和销售税费。在房地产开发项目中，整个项目的开发成本包括购地税费、房屋建造成本、管理费、投资利息和销售税费。

（1）估算开发建筑成本费用　开发建筑成本费用（包括直接工程费、间接工程费、建筑承包商利润及由发包商负担的建筑附带费用等）可采用市场比较法来推算，即通过当地同类建筑当前的平均或一般建筑费用来推算，也可采用建筑工程概预算的方法来估算。

（2）估算专业费用　专业费用包括建筑师的建筑设计费、预算师的工程概预算费等，一般采用建筑费用的一定比率估算。

（3）估算不可预见费　剩余法估价中为保证估价结果的安全性，往往预备有不可预见费，一般为总建筑费和专业费之和的2%~5%。

（4）确定开发建设周期，估算预付资本利息　开发建设周期是指从取得土地使用权一直到不动产全部销售或出租完毕的这一段时期，可分为三个阶段：规划设计和工程预算期（自取得土地使用权到开工建设）、工程建设期（自开工建设到建设竣工）、空置或租售期（自工程竣工到销售完毕）。

利息即开发全部预付资本的融资成本。不动产开发的预付资本包括地价款、开发建筑费、专业费和不可预见费等。这些费用在不动产开发建设过程中投入的时间是不同的。在确定利息额时，必须根据地价款、开发费用、专业费用等的投入额、各自在开发过程中所占用的时间长短和当时的贷款利息高低计算。

（5）估算税金　税金主要指建成后不动产的销售的营业税、工商统一税、印花税、契税等，应根据当前政府的税收政策估算，一般以建成后不动产总价的一定比例计算。

（6）估算开发建成后不动产租售费用　租售费用主要指用于建成后不动产销售或出租的中

介代理费、市场营销广告费用、买卖手续费等,一般以不动产总价或租金的一定比例计算。

(7) 估算开发商的合理利润 开发商的合理利润一般以不动产总价或预付总资本的一定比例计算(按预付总资本的一定比例计算利润,这个比例常称为投资回报率),比例高低随地区和项目类型不同而有所不同。

(五) 现有房地产项目的土地估价

$$V=V_r-P_h-T$$

式中 V——土地价格;

V_r——房地产交易价格;

P_h——房屋现值;

T——交易税费。

房地产交易价格可用正常交易成交价格,或采用市场比较法确定,或结合房地产的经营状况和市场条件运用收益还原法确定。

三、剩余法的适用范围

剩余法适用于具有投资开发或再开发潜力的土地估价。允许运用于以下情形:①待开发房地产或待拆迁改造后再开发房地产的土地估价;②仅将土地开发整理成可供直接利用的土地估价;③现有房地产中地价的单独评估。

四、案例

待估宗地为"七通一平"的待建筑空地,已得到规划许可修建写字楼,允许总建筑面积为 $8000m^2$,土地使用权年限为 50 年,现招标出让。某公司希望参与此地块投标,要求估算其目前所能投标的最高土地价额。其估价过程如下。

(1) 选择估价方法。该地为待开发空地,宜用剩余法估价。

(2) 确定最佳开发利用方式。据城市规划要求,该宗地的最佳开发利用方式为修建 $8000m^2$ 的写字楼。

(3) 市场调查,确定建设期、开发价值和投入成本等。据该开发公司所进行的市场调查和项目可行性分析显示,该项目建设开发周期为 2 年,取得土地使用权后即可动工,建成后即可对外出租,出租率估计为 90%,每建筑平方米的年租金预计为 300 元,年出租费用为年租金的 25%。建筑费和专业费预计每建筑平方米为 1000 元,建筑费和专业费第一年投入总额的 40%,第二年投入其余的 60%。目前借贷资金的年利率为 12%,当地不动产综合还原率为 8%,取得土地使用权的法律、估价及登记费用为投标地价的 3%,该开发公司要求的总利润不得低于所开发不动产总价的 15%。

(4) 求取地价。地价测算公式为:地价=不动产总价-建筑费-专业费-利息-税费-开发商利润。

测算方式一:直接计算地价利息。

① 测算不动产总价,采用收益还原法,使用年限 50 年,开发期 2 年。可取得收益年限为 48 年。

$$不动产出租年纯收益=300\times8000\times90\%\times(1-25\%)$$
$$=1620000(元)$$

$$不动产总价=\frac{1620000}{8\%}\times[1-\frac{1}{(1+8\%)^{48}}]$$
$$=19746401(元)$$

② 建筑费及专业费 $= 1000 \times 8000$
$$= 8000000 (元)$$
③ 总利息 $=$ 地价 $\times [(1+12\%)^2 - 1] + 8000000 \times 40\% \times [(1+12\%)^{1.5} - 1]$
$$+ 8000000 \times 60\% \times [(1+12\%)^{0.5} - 1]$$
$$= 0.2544 \times 地价 + 872792 \text{ 元}$$

利息计算采用复利计算法，计息期到销售完成止。地价投入经历整个开发周期，计息期为 2 年。专业费和建筑费的投入是持续不断的，在计息时，假设各年内建筑费和专业费均匀投入，因此，年度投入量在当年的平均投入期限为半年，第一年与第二年的投入量的计息期则分别为 1.5 年和半年。

④ 开发商利润 $= 19746401 \times 15\%$
$$= 2961960 (元)$$
⑤ 不动产出租税费已在确定不动产总价时予以考虑。
⑥ 将上述各项数据代入公式，即：
$$地价 = 19746401 - 8000000 - (0.2544 \times 地价 + 872792) - 2961960$$
则，地价 $= \dfrac{7911649}{1.2544} = 6307118 (元)$

⑦ 由于开发商取得场地使用权时要支付投标地价 3% 的法律、估价及专业费用，因此，开发商所能支付的投标地价额应从⑥中扣除上述费用。
$$开发商所能投标的最高价额 = \dfrac{6307118}{1+3\%}$$
$$= 6123416 (元)$$

测算方式二：利息中不计地价额的利息。
不动产总价、建筑费及专业费、利润的计算与方式一相同。
① 不动产总价 $= 19746401$ 元。
② 建筑费及专业费 $= 8000000$ 元。
③ 建筑费及专业费利息 $= 8000000 \times 40\% \times [(1+12\%)^{1.5} - 1]$
$$+ 8000000 \times 60\% \times [(1+12\%)^{0.5} - 1]$$
$$= 592949.1 + 279842.5$$
$$= 872792 (元)$$
④ 开发商利润 $= 2961960$ 元。
⑤ 代入公式即可得到该土地在开发完成时的土地价格。
开发完成时的地价 $=$ ① $-$ ② $-$ ③ $-$ ④
$$= 19746401 - 8000000 - 872792 - 2961960$$
$$= 7911649 (元)$$
⑥ 由于⑤得到的价格是开发完成时的价格，即两年后的价格，则
$$场地当前价格 = \dfrac{7911649}{(1+12\%)^2}$$
$$= 6307118 (元)$$
⑦ 开发商能支付的投标地价 $= \dfrac{6307118}{1+3\%}$
$$= 6123416 (元)$$

第六节 基准地价评估

一、我国地价体系构成

地价是地租的资本化,是土地经济规律的反映,是土地收益和权利的购买价格。由于土地质量、地产权利、市场供求关系和政府土地管理政策的不同,形成了不同标准和起不同作用的地价形式。为区分同一时期内不同形式、不同用途的土地价格差异,满足全面管理土地市场的需要,将其赋予不同的概念和内涵,形成人们普遍接受的几种或几类价格。这些价格在一定的管理制度和市场条件下运行,相互联系,在土地市场中起着不同的作用,构成了一个城市或地区的地价体系。所以,地价体系是在土地市场中,由若干个既相互联系,又互有区别的地价构成的,共同满足土地市场管理和运行需要的价格体系。我国的地价体系包含以下几种价格。

(1) 基准地价:是指在城镇规划区范围内,对现状利用条件下不同级别或不同均质地域的土地按照商业、居住、工业等用途,分别评估确定的某一估价期日的法定最高年期土地使用区域平均价格,是政府对城市土地或均质地域及其商业、住宅、工业等土地利用类型分别评估的土地使用权平均价格,是分用途的土地使用权区域平均价格,对应的使用年期为各用途土地的法定最高出让年期,由政府组织或委托评估。基准地价是目前区域平均价的最常见形式。反映的是城镇整体地价水平,作为政府对地价进行宏观管理和控制的标准。

(2) 标定地价:是政府根据管理需要,评估的具体宗地在正常土地市场和正常经营管理条件下某一期日的土地使用权价格。标定地价是宗地地价的一种。由政府组织或委托评估,并被政府所认可。反映的是宗地在一般市场条件下的正常地价水平,作为政府对地价和地产市场进行具体管理的依据。

(3) 交易底价或交易评估价:或称出让底价,是政府根据正常市场状况下,地块应达到的地价水平和相应的产业政策,确定的某一地块出让时的最低控制价格标准。反映宗地在不同市场条件下和不同交换形式下的地价水平,供土地交换或交换各方作为交易最低价或期望价参考。

(4) 成交地价:或称市场交易价,使土地使用权转移双方,按照一定的法律程序,在土地市场中实际达成的交易价格。反映具体宗地在地产交易或交换等活动中的现实价格,由土地交易双方认可并据此支付地价款。

(5) 由以上四种类型的地价衍生和派生的供抵押贷款、土地税收、资产核算、土地出让等方面使用的地价。

基准地价属于区域平均地价的一种,是目前我国最常见的区域平均地价形式;标定地价、交易底价、成交地价及其他派生的地价都是对于具体宗地而言,所以都属于宗地地价类型。

二、基准地价评估技术途径

对地产市场发育完善,地产价格信息较多的城镇,以土地定级(或影响地价的土地条件和因素划分均质地域)为基础,用市场交易价格等资料评估基准地价。

对地产市场不太完善的城镇,以土地定级为基础,土地收益为依据,市场交易资料为参考评估基础地价。

三、基准地价评估程序

（一）准备工作

准备工作主要有编写基准地价评估任务书、制定基准地价调查表和工作表、准备工作底图、确定基础地价评估区域等。

基础地价评估任务书的内容包括：城镇基本情况、基准地价评估工作的领导与组织、估价时间安排和经费预算、估价成果及技术方案等。

基础地价工作底图为：大城市 $1:10000 \sim 1:50000$；中等城市 $1:5000 \sim 1:10000$；小城市以下 $1:1000 \sim 1:5000$。

按路线价评估基准地价的区域，局部商业用地的基准地价图可采用更大比例尺图件。确定基准地价评估区域包括确定基准地价评估的范围和确定城镇土地的级别或均质区域。

（二）资料整理与调查

资料调查的一般要求是把调查、收集到有关的地价资料按实地位置标注到估价工作底图上；调查以土地级或均质地域为单位进行；样本要有代表性且样本分布要均匀；调查样本数应符合数理统计要求，每级样本总数不少于 30 个；所选样本应能同时获得地价或利用效益和相对应的土地条件资料；土地利用效益等经济资料要求不少于近期连续两年的数据；出让、转让、出租、入股、联营、联建等地价和企业单位土地利用效益资料以人民币元为单位，准确到小数后一位；把调查资料填入相应的调查表格中。

资料调查的内容包括土地定级成果资料、土地利用效益资料、地租地价资料、影响地价的因素资料以及其他资料。

土地定级成果资料包括土地级别图、土地定级工作报告和技术报告、其他能用于土地估价的定级成果及资料。土地利用效益资料包括不同行业资金利润率标准、同一行业不同规模的资金利用效益资料、不同行业不同规模的企业劳动力标准、行业经济效益资料、单位或企业土地利用效益资料等。地租地价资料包括土地使用权出让、转让资料、土地使用权、房屋及柜台出租资料、土地征用补偿、安置补偿及地上物补偿标准、土地联营入股资料、用土地进行联合建房的分成资料、以地换房资料、房屋拆迁补偿标准、房屋造价标准、房屋重置价标准、房屋经营及管理标准、固定资产作价标准等资料；宗地用途、出租时间、容积率等；有关税费征收标准、土地开发费用标准、资本的利息、利润标准、其他资料如还原利率等。影响地价的因素资料包括一般因素、区域因素和个别因素资料。其他资料包括历史地价资料、有关经济指数及建筑材料价格变动指数、土地开发与经营的政策法规、条例、规定、有关土地房屋的税收种类、税率、城镇规划等有关资料。

对样点资料的整理包括样点剔除和样点资料的归类。逐表审查调查资料，将缺主要项目、填报数据不符合要求和数据明显偏离正常情况的样点剔除。将初步审查合格的样本资料，分别按土地级别或均质地域、土地用途、企业用地效益、地价的交易方式和地价计算方法进行归类。

（三）基准地价评估

基准地价评估有两种途径：一是用土地收益资料评估；二是用市场交易资料评估。

（四）城镇基准地价的确定

城镇基准地价的确定原则如下。

① 以实际数据测算的结果为主，以比较、修正的结果为辅。

② 土地市场发达的以市场交易资料结果为准，级差收益测算结果验证。

③ 土地市场不发达的以级差收益测算结果为准，市场交易资料测算结果验证。

④ 体现地产管理政策。

城镇基准地价的确定方法如下。

以一种方法测算城镇基准地价的，用该种方法确定的商业、居住、工业用途的基准地价为城镇基准地价。

以两种以上方法测算城镇分用途基准地价的，应以级别或区域为单位，用不同方法的测算结果，根据当地土地市场情况和地价水平，确定级别或区域中各用途的基准地价。

以两种以上方法测算城镇基准地价的，城镇综合基准地价可分别依据各用途基准地价或不同方法确定的级别、区域综合基准地价的结果确定。

以级为单位确定的基准地价，每一级中需有商业、居住、工业用地和级别综合基准地价。以区段为单位确定的基准地价，可以只表示某一用途的基准地价。

（五）基准地价修正系数表的编制

编制基准地价修正系数表的同时，要编制与各种修正系数对应的因素指标说明表。

（六）成果验收

为保证基准地价评估成果的质量，每个阶段或每道工序完成后必须认真检查，并建立工作人员和技术负责人之间自检与互检相结合的检查制度。成果验收内容包括基准地价评估或更新工作程序和工作方法是否科学、合理；基础图件、准备工作、资料收集、分析、整理和地价计算等是否正确；评估程序、方法是否正确，基准地价评估的中间成果及最终结果是否合理；基准地价系数修正表是否正确，是否符合当地实际；以及有关图件的检查。

四、基准地价评估方法

基准地价评估有两种途径：一是以土地定级（或影响地价的土地条件和因素划分均质地域）为基础，用市场交易价格等资料评估基准地价；二是以土地定级为基础，土地收益为依据，市场交易资料为参考评估基准地价。即有两种方法：用土地收益资料评估和用市场交易资料评估。

（一）用土地收益资料评估基准地价

1. 确定土地级别

城镇土地分级在前面已描述，这里不再赘述。

2. 样本数据处理

在这一步中共有七步。

（1）土地利用类型的划分　根据城镇特点和土地利用类型的经济资料差异，将土地利用类型分为商业、居住、工业用地等，条件具备的地方，可将商业用地分为金融保险类、办公服务类、综合商厦类、小商店与居民服务类等用地类型。

（2）单元土地质量指数计算　根据土地级别内的单元总分值进行级差收益测算时，单元土地质量指数按下式计算：

$$X_i = \frac{f_i}{n}$$

式中　X_i——某单元土地质量指数；

f_i——某单元总分值；

n——土地级别数。

（3）行业或类别资本效益折算系数的计算　分别以商业、居住、工业中某种行业或类别的资本为标准，按下式计算各行业或类别的资本效益折算系数：

$$K_{ci} = \frac{C_{rm}}{C_r}$$

式中　K_{ci}——某用地类型中的某行业或类别资本效益折算系数；
　　　C_{rm}——该用地类型中某一行业或类别全市平均资金利润率；
　　　C_r——该用地类型中标准行业或类别全市平均资金利润率。

如对商业用地而言，当以五金交电行业的现实资本收益为标准时，则需要计算出日用百货、饮食服务的现实资本收益与五金交电行业的差异，以反映出资本在不同行业间已存在的经济差异，便于通过系数折算的方式，把资料整理成为可比标准，用于收益测算和基准地价评估，所以计算前需要确定出各行业或类别中的标准行业、类别，然后按上式计算出各行业类别内的资本效益折算系数。

（4）规模资本效益折算系数的计算　分别以商业、居住、工业中当地行业最佳企业规模或技术水平下的资本为标准，按下式计算规模资本效益折算系数：

$$K_{cs} = \frac{C_{rn}}{C_{max}}$$

式中　K_{cs}——某一行业或类别某一规模下的资本折算系数；
　　　C_{rn}——该行业或类别某一规模下的全市平均资本利润率；
　　　C_{max}——该行业或类别最佳规模下的全市平均资本利润率。

进行行业或类别资本效益折算以及规模资本效益折算是为了计算企业标准资本额。

（5）企业标准资本额的计算　企业标准资本额按下式计算：

$$C_s = C_e K_{ci} K_{cs}$$

式中　C_s——企业标准资本额；
　　　C_e——企业实际使用的资本额；
　　　K_{ci}，K_{cs}——含义同前。

（6）合理工资量的计算　只有在合理劳动力数量下支出的工资量，才能给企业带来收益，多余劳动力不仅不创造利润，还会增加企业不合理的支出。为正确计算出土地收益，必须扣除剩余劳动力的工资量，计算出企业在正常情况下合理的工资支出量。按当地各行业不同技术水平下劳动力的定员标准，用下式计算合理的工资支出标准：

$$L_{cs} = \frac{L_{ce} L_{ps}}{L_{pe}}$$

式中　L_{cs}——某企业在标准定员情况下应支出的工资额；
　　　L_{ce}——该企业实际支出的工资额；
　　　L_{ps}——某一技术水平下同等规模的企业应有劳动力标准数量；
　　　L_{pe}——企业实际占有的劳动力数量。

（7）企业效益资料的整理　将收集到的企业收益资料，进行标准资本折算和合理工资支出量计算后，按标准化公式计算整理。

3. 指标选择与样点数据的归类

对指标的选择主要是土地收益测算指标的选择，土地收益主要是对级差收益的测算。级差收益测算选择的指标主要有单位土地面积的净收益、单位土地面积标准资金占有量、单位土地面积合理工资占有量、企业所在土地的级别或单元总分值。

样本数据的归类是以土地级别为单位，分别以不同土地利用类型进行归类，对商业用地可继续划分为金融保险业、办公服务类、综合商厦类、小商店与居民服务类等行业,进行资料归类。

样本数据的检验是以土地级别或均质区域为单位,分土地利用类型进行抽样样本的总体和方差检验。用卡方检验法、秩和检验法分别对已知数据总体分布类型和未知数据分布类型的样本进行总体一致性检验。用 t 检验法和均值-方差法分别对样本总体的正态和非正态分布进行检验,并进行异常剔除。

当检验后的数据不能满足模型建立的需要时,应增加抽样数据,按以上方式重新进行数据归类。

4. 模型选择与系数估计

常用于级差收益测算的模型如下。

(1) 指数模型

$$Y_n = A(1+r)^{X_{in}}$$

或

$$Y_n = A(1+r)^{\alpha X_{in}}$$

式中 Y_n——第 n 级土地上样点每平方米土地上的利润值;

r——利润级差系数;

X_{in}——第 n 级土地级别指数或单元土地质量指数;

A——回归系数;

α——模型待定系数。

(2) 多元线性模型

$$Y_n = b_1 f(X_{1n}) + b_2 X_{2n} + b_3 X_{3n} + e^n$$

$$Y_n = b_0 + b_1 X_{1n} + b_2 X_2 + b_3 X_3$$

式中 Y_n——第 n 级土地上样点每平方米土地上的年利润值;

X_{1n}——第 n 级土地级别指数或单元土地质量指数;

X_2——每平方米土地上标准资金占有量;

X_3——每平方米土地上标准工资占有量;

b_0——大于零的常数;

b_1, b_2, b_3——土地、资本和劳动力的回归系数。

(3) 生产函数模型(多元非线性模型)

$$Y_n = A(1+r)^{X_{in}} X_2^{b_2} X_3^{b_3}$$

式中,各符号含义同前。

(4) 分级回归模型

$$Y_n = F(X_{1n}) + b_2 X_2 + b_3 X_3 + V$$

式中 Y_n——第 n 级土地样点每平方米土地上的利润值;

X_{1n}——第 n 级土地级别指数或单元土地质量指数;

X_2——每平方米土地上标准资金占有量;

X_3——每平方米土地上标准工资占有量;

$F(X_{1n})$——某级土地上,土地给企业带来的利润,为自变量 X_{1n} 的未知函数;

b_2, b_3——资本、劳动力的回归系数;

V——误差项。

在模型选择基础上,依据模型中的参数变量,确定是否进行参数估计。一般情况下,只要条件具备，最好能运用模型进行参数估计，通过数量统计分析，可以确定估价精度，检验资料处理中可能出现的一些系统误差，同时，利用模型中建立的土地质量与地价的相关关系，可以较好地处理无样点或样点较少区域的基准地价评估。

根据上述模型、模型选择方法和样点数据，确定级差收益测算模型，测定各因素系数数值。

系数估计是将样本资料代入数学模型，用数学方法求出各因素系数数值。对于线性模型，一般用最小二乘法求解因素系数数值。

同时还要对因素系数数值的可靠性进行检验，一般要从经济、统计和计量经济三方面展开。

经济意义检验的目的在于了解系数的估计值是否满足理论评价准则的要求，一般从符号和值域两个方面检验。符号检验主要是根据模型中变量设计所要达到的条件进行检验；值域检验是根据现实经济条件加以具体限定。

系数估计值与理论评估准则相悖的原因通常有以下几种：
① 样本量太小，不足以反映现实经济中的收益特征；
② 样本抽取方法不科学，导致数据出现系统偏差；
③ 样本数据填报质量过差，扭曲了现实经济中的收益特征；
④ 参数估计时，违反了所用方法要求的前提条件，致使估计失真。

遇到这种情况时，首先应找出具体的原因，然后采取补救措施，如增大样本量、采用科学的抽样方法、重新核实数据以及换用其他估计方法等。

统计检验是通过对各解释变量影响作用的显著性和模型的拟合效果进行检验，来间接说明估计值的可靠性，统计的常规性检查有以下三项。

① 通过回归系数的统计显著性检验，判断因素对净收益的影响程度。即通过考察回归系数 b_j 是否可能近似于零，来判断要素 X_j 对净收益 Y 的影响是否显著。

首先是建立检验统计量：

$$t(b_j) = \frac{b_j}{S(b_j)} \quad (j=1,2,3)$$

并根据样本资料计算出检验统计量的样本值。

其次是根据预先确定的显著性水平 α 和自由度 $n-3$，从 t 分布表中查到临界值 $t_\alpha(n-3)$；

最后，将 $t(b_j)$ 与 $t_\alpha(n-3)$ 比较，如果 $t(b_j) > t_\alpha(n-3)$，就可以认为 b_j 显著不等于零，X_j 对 Y 有显著影响。

② 通过回归系数的总体显著性检验，判断因素在总体上对净收益的影响程度。
③ 通过模型的拟合度检验，判断建立的模型与样点数据的拟合程度。一般用多重可决系数 R（有时又称判定系数）来度量。一般情况下 R 越接近于 1，说明变量的总体解释能力越强，模型的拟合效果越好。

进行计量经济检验的目的是考察测算模型是否满足所要求的基本假定，从而对统计检验的有效性作出评价。检验的项目主要有异方差性检验和多重共线性检验。

5. 土地收益计算

将样本数据代入确定的数学模型中，得到各级土地上不同用途的土地收益值。土地收益计算模型如下：

模型1：
$$I_{ni}=A(1+r)^{X_{1n}}$$

模型2：
$$I_{ni}=Y_{ni}-(b_0+b_2X_2+b_3X_3)$$

模型3：
$$I_{ni}=\frac{Y_{ni}}{X_2^{b_2}}$$

模型4：
$$I_{ni}=Y_{ni}-(b_2X_2+b_3X_3+V)$$

式中 I_{ni}——第 n 级土地上样点单位面积的土地收益；

Y_{ni}——第 n 级土地上样点单位面积的利润；

其他符号意义同前。

某一级土地的平均收益为：

$$I_n=\frac{\sum_{i=1}^m I_{ni}}{M}$$

式中 I_n——第 n 级土地上不同行业土地平均收益；

M——第 n 级土地上的样点值。

6. 基准地价计算

各级土地不同用途的基础地价为：

$$V_{1b}=\frac{I_n}{r_1}\left[1-\frac{1}{(1+r_1)^n}\right]$$

式中 V_{1b}——某一用途土地在某一土地级上的基准地价；

I_n——某一用途土地在某一土地级上单位面积的土地收益；

r_1——土地还原利率；

n——基准地价评估年期。

根据计算结果，确定各级土地不同用途的基准地价。用该级土地上不同用途的正常交易地价进行检验。

对离散度较大的测算结果，要在级别基准地价基础上，确定不同区域、地段的基准地价。每一级土地上，将商业、居住、工业等土地利用类型的最高基准地价作为用级差收益测算的该级土地的基准地价。根据需要可用确定级别综合基准地价的方法确定区域或区段的综合基准地价。

按测算结果编制各级各类土地的基准地价表。

（二）用市场交易资料评估基准地价

1. 进行基准地价测算区域的划分

对已经划分土地级别的，以已划定的土地级别作为基准地价的测算区域，对没有划分土地级别的，按城镇土地条件相似和样点地价相近划分均质地域，作为基准地价测算区域。划分均质地域的城镇土地条件为地价影响因素中的区域因素和个别因素，划分方法为指标判别归类，将区域因素和个别因素相同的区域或区段作为一个均质地域。当均质地域中样本数量较少，不能满足模型推断的样本需要量时，可通过均质地域同一性判别，进行适当归并。

2. 进行样点地价计算

(1) 用土地使用权出让资料计算地价　当具有土地使用权出让资料时，可用土地使用权出让资料计算地价。公式为：

$$V=\frac{V_T}{S}$$

式中　V——单位面积土地使用权出让价格；
　　　V_T——出让宗地总价；
　　　S——出让宗地面积。

(2) 用土地使用权转让资料计算地价　当具有土地使用权转让资料时，可用土地使用权转让资料计算地价。公式为：

$$V=\frac{V_T}{S}$$

式中　V——转让宗地单位面积价格；
　　　V_T——土地转让方获取的资金或实物作价净收入；
　　　S——转让宗地面积。

(3) 用土地使用权出租资料计算地价　土地使用权出租租金以实际签订出租合同中的租金为标准，按下式计算地价：

$$V=\frac{R}{S}\times\frac{1}{r}$$

式中　V——单位面积出租宗地的地价；
　　　R——出租方每年得到的资金或实物现值；
　　　S——出租的宗地的面积；
　　　r——土地还原利率。

(4) 用房、地出租资料计算地价　用房、地出租资料计算地价的方法是收益还原法。

(5) 用土地联营入股资料计算地价　根据合同内容或双方的实际经营情况，按土地的年收益或入股比例，分别计算地价。

① 用土地入股取得的年收益，按下式计算地价：

$$V=\frac{R}{S}\times\frac{1}{r}$$

式中　V——联营土地单位面积地价；
　　　R——土地股每年分享的利润或股息；
　　　S——联营土地面积；
　　　r——土地还原利率。

② 用合同规定的资本投入情况和分成比例，按下式计算地价：

$$V=C_g\times\frac{r_e}{r_c}\times\frac{1}{S}$$

式中　V——联营土地单位面积地价；
　　　C_g——出资方的资本总量；
　　　r_e——出地方利润分成量；
　　　r_c——出资方利润分成量；
　　　S——联营土地面积。

(6) 用以地换房资料计算地价　用出地方取得房地产的市场地价格作为让出土地的总地

价，按下式计算地价：

$$V = \frac{S_{tb} P_{bs}}{S}$$

式中 V——土地单位面积地价；
S_{tb}——转让土地方获得的建筑面积；
P_{bs}——单位建筑面积的平均售价；
S——让出的土地面积。

(7) 用柜台出租资料计算地价 用柜台出租资料计算地价主要有三步。

第一步，计算商店运营总费用。根据商店建筑物特点，计算商店在一年经营中需支付的经营管理费、房屋建筑维修费及折旧费、房屋保险费、水电热等运营费，与租房有关的各项税费等，作为商店运营总费用。

第二步，计算出租柜台应分摊的费用。按出租柜台的营业面积与总营业面积的比例来计算柜台分摊的费用和土地面积。

第三步，计算地价：

$$V = \frac{R - E\left(\frac{S_{b1}}{S_b}\right)}{S\left(\frac{S_{b1}}{S_b}\right)} \times \frac{1}{r}$$

式中 V——出租柜台单位土地面积的地价；
R——出租柜台年租金总收入；
E——出租柜台所在商店的年经营总支出费用；
S_{b1}——出租柜台的营业面积；
S_b——商店的总营业面积；
S——商店土地总面积；
r——土地还原利率。

当出租柜台处在不同的楼层时，要考虑楼层修正系数。

(8) 用房屋买卖资料计算地价 用剩余法计算，其地价为：

$$V = V_r - P_h - T$$

式中 V——土地价格；
V_r——房地产交易价格；
P_h——房屋现值；
T——交易税费。

房屋现值为：

$$P_h = P_{hk} D_n = P_{hk} - E$$

式中 P_h——房屋现值；
P_{hk}——房屋重值价；
D_n——房屋成新度；
E——房屋折旧总额。

(9) 用商品房出售资料计算地价 按整幢楼的商品房总售价作为估算地价的标准，用下式计算商品房买卖中的地价：

$$V=(P_r-C_hS_h-I-T-B)\frac{G}{S_{b1}}$$

式中　V——某一商品楼用地的单位面积土地价格；

　　　P_r——某一商品楼房总售价；

　　　C_h——当地同类建筑单位面积平均造价；

　　　S_h——楼房总建筑面积；

　　　I——开发公司利润；

　　　T——商品房开发中向国家交纳的投资及营业税等；

　　　B——开发资金应支付的利息；

　　　S_{b1}——建筑物占地面积；

　　　G——规划的建筑覆盖率。

（10）用新增城镇建设用地资料计算地价　用成本接近法计算：

$$V=E_a+E_d+T+R_1+R_2+R_3$$
$$=V_E+R_3$$

式中　V——土地价格；

　　　E_a——土地取得费；

　　　E_d——土地开发费；

　　　T——税费；

　　　R_1——利息；

　　　R_2——利润；

　　　R_3——土地增值；

　　　V_E——土地成本价格。

（11）用联建分成资料计算地价　联建分成的土地不直接进入市场，估价中不计算土地资本的利息，也不计算投资资本的利润，地价公式为：

$$V=\frac{(C_h+T)S_{1b}}{S_{c1}}$$
$$=\frac{(C_h+T)S_{1b}R_V}{S_{cb}}$$

式中　V——联建房中单位建筑面积的地价；

　　　C_h——房屋单位建筑面积造价；

　　　T——房屋单位建筑面积交纳的税费；

　　　S_{1b}——出地方分成建筑面积；

　　　S_{c1}——出资方建筑物分摊的土地面积；

　　　R_V——税率；

　　　S_{cb}——出资方分成建筑面积。

3. 进行样点地价修正，绘制样点地价图

在计算了样点地价后，还需对样点地价进行修正，修正包括交易情况修正、估价期日修正、容积率修正、地价楼层分配修正、基础设施配套修正、出让年期修正等。

市场地价的出让年期修正分两种情况。对有限年期使用权价格修正到最高出让年期，其地价公式为：

$$V_m = V_{m_1} \frac{1 - \frac{1}{(1+r)^m}}{1 - \frac{1}{(1+r)^{m_1}}}$$

式中　V_m——最高出让年限的土地使用权价格;

　　　m_1——实际出让年期或剩余出让年期;

　　　V_{m_1}——有限年期出让地价;

　　　m——土地使用权出让最高年限;

　　　r——土地还原利率。

对无限年期地价修正到法定最高出让年期地价,其公式为:

$$V_m = V_E \left[1 - \frac{1}{(1+r)^m} \right]$$

式中　V_E——土地所有权价格;

V_m, r, m——含义同上。

不同交易时间的样点地价,只有修正到基准地价估价期日的地价,才能用于基准地价评估。进行交易时间修正时,要区分不同土地用途,计算地价的变化幅度。在已建立地价指数系统的城镇,可用地价指数计算。计算公式为:

$$K_t = \frac{Q}{Q_0}$$

式中　K_t——某类土地地价修正到估价期日的系数;

　　　Q——某类土地估价期日的地价指数;

　　　Q_0——某类土地交易时日的地价指数。

对不同时期发生的交易宗地价格,修正到估价期日价格的计算公式为:

$$V = K_t V_0$$

式中　V——修正到估价期日的宗地价格;

　　　V_0——实际成交宗地地价;

　　　K_t——时间修正系数。

容积率修正按区域进行,以城镇规划规定内区域容积率为标准,用下式计算容积率修正系数:

$$K_r = \frac{V_{is}}{V_i}$$

式中　K_r——容积率修正系数;

　　　V_{is}——某一区域某一用途规定容积率下单位面积平均地价;

　　　V_i——某一区域某一用途在某一容积率时单位面积平均地价。

对不同容积率情况下发生的交易地价,按下式将地价修正到规定容积率的价格:

$$V = K_r V_i$$

式中　V——修正到规定容积率时的宗地地价;

　　　V_i——某一容积率下的宗地交易价格;

　　　K_r——容积率修正系数。

交易情况修正是把交易情况不正常的样点地价修正到在公开、公平的正常市场情况下的交易地价。

如果样点资料为建筑物某层建筑售价，需根据地价楼层分配关系求出其基地价格。

在不同基础设施配套程度下的样点地价，必须修正到基准地价评估所设定的基础设施配套程度下的标准地价。基准地价评估中的基础设施配套程度，可按各级（区域）土地基础设施配套现状程度的平均水平设定。

样点地价图的绘制是按商业、居住、工业等不同用途分别作地价样点资料分布图，土地级别界线和均质地域界线要反映在图上，直接在图上表示地价，资料较多时，采用分级图例表示地价点标准。

4. 进行样点数据检验与处理

同一土地级别或均质地域中，同一交易方式的样本地价要通过样本同一性检验。同一均质地域中样本数不能满足总体检验的需要时，需对均质地域进行差别判别归类，按类进行样本总体同一性检验。

对同一均质地域中，不同交易方式计算的样本地价，也要通过样本总体同一性的检验。

样点数据处理中对城中商业中心区的地价最高区段，应单独表示。相同用途的样点地价，在确定方差检验精度后，精度以外的数据作为异常数据剔除。同一级别、均质地域中，不同交易方式下计算的样点地价，当总体不一致时，以最有代表性、样点数最多的作为基准地价评估的基础资料。

把经过修正及样本数据处理后的样点，按土地级别、土地均质区域、土地用途和资料交易方式顺序进行整理。

5. 利用样点地价评估区域或级别基准地价

有样点区域或级别的基准地价评估，样本数量要符合数理统计要求。根据样点地价的分布规律，可选用简单的算术平均值、加权算术平均值、中位数、众数等作为该区域或级别的基准地价。

对没有交易价格资料或交易价格资料较少区域或级别的基准地价评估，可采用比较法、比例系数法或系数修正法进行。其程序为：①对已评估出基准地价的区域或级别，建立地价与影响价格的土地条件对照表；②将没有交易资料或数量不足的区域或级别，进行土地条件调查和量化；③比较待估价区域或级别与有地价区域或级别的接近程度，评估其基准地价；④因素差异大的区域，在比较的基础上，采用系数修正法评估区域基准地价；⑤通过确定各种用途基准地价在不同区域或级别内的比例关系，评估其他用途的基准地价。

可以建立样点地价与土地级别数学模型，或建立地价与土地定级单元总分值数学模型来评估。

（1）建立样点地价和土地级别数学模型，评估级别基准地价。

在土地定级的基础上，通过建立样点地价与土地级别之间的数学关系模型，求出各用途级别的地价级差系数，再用地价级差系数等参数来计算级别基准地价。

关于样点地价与土地级别的数学模型的选择可根据两者之间的二维关系图来选择适宜的模型，其模型见前面的级差收益模型。将收集到的不同用途的地价资料，按用途通过检验的地价资料代入模型中，估计参数值。估算出参数值后，要进行系数可靠性检验。最后将估价参数和有关参数代入，得到各级土地的基准地价。

（2）建立样点地价和土地定级单元总分值数学模型，评估级别基准地价。

这是在土地定级的基础上，通过建立样点地价与土地定级单元总分值之间的数学关系模型，求出各用途、各级别的地价级差系数，再用地价级差系数等参数来计算级别基准地价。

样点地价与土地定级单元的数学关系模型根据两者之间的二维关系图选择适宜的模型，其模型见级差收益测算中的有关模型。其中 Y_n 为第 n 级土地交易样点地价，计算基准地价时是级别基准地价；X_n 为第 n 级或区域内定级单元总分值。系数估算与建立样点地价与土地级别数学模型的相同。将估计值 A、r 和有关参数代入，得到各单元分值的估计地价，在此基础上，根据地价的离散程度，确定区域基准地价。

6. 利用市场交易资料评估路线价

路线价主要用于繁华商业区段的价格评估。在路线价与区域平均基准地价发生交叉时，里地线以内的以路线价为主，里地线以外区域以平均基准地价为主。里地线是标准深度的连线。里地线与道路之间的区域称为临街地或表地，里地线以外的区域称为里地。标准深度指在城镇中，随着土地离道路距离的增加，道路对土地利用价值的影响为零时的深度。

利用市场交易资料评估路线价的程序是先划分路线价区段，再设定标准深度，最后评估区段路线价。

（1）划分路线价区段　商业用地区位条件、交通条件、人流量等因素相似的相邻地块划归同一区段；把地价水平相近的相邻地块划归同一区段。

（2）设定标准深度　设定标准深度是确定有路线价标准的地价区段里地线位置。里地线根据临街宗地众数进深确定。

（3）评估区段路线价　以路线价区段内修正后的市场交易地价资料为基础。取各区段的平均价为区段路线价。方法有三种：一是取算术平均数或加权平均数；二是取中位数；三是取众数。

五、基准地价修正系数表编制方法

基准地价修正系数表是采用替代原理，建立基准地价、宗地地价及其影响因素之间的相关关系，编制出基准地价在不同因素条件下修正为宗地地价的系数体系。以便能在宗地条件调查的基础上，按对应的修正系数，快速、高效、及时地评估出宗地地价。它分为级别或区域基准地价修正系数表和路线价修正系数表两种。

（一）级别或区域基准地价修正系数表的编制

级别或区域基准地价修正系数表的编制包括利用土地收益资料、市场地价资料和定级因素综合分值来编制三种方法。

1. 利用土地收益资料编制基准地价修正系数表

在确定级别或区域基准地价的基础上，选择宗地的影响因素。不同用途的宗地其地价影响因素不同。

商业用地的影响因素有商业繁华度（主要指商业区级别、商业服务业店铺总数）、交通便捷度（主要指商业用地与公交、道路等城镇交通系统连接的便利程度）、环境质量优劣度、规划限制（主要指城镇规划对商业区土地利用的要求）、其他因素以及宗地条件（主要有宗地的形状、临街状况、临街深度、宗地利用强度等）。

居住用地的影响因素有位置（主要包括距商业服务中心和城镇中心的距离）、交通便捷度（指购物和工作方便程度）、基础设施完善度、公用服务设施完备度（主要指居住区域服务的公用设施完善程度，包括学校、幼儿园、医院、邮电局等配制情况）、环境质量优劣度、规划限制、其他因素以及宗地条件（主要有宗地形状、面积、地质、宗地利用强度等）。

工业用地的影响因素有交通便捷度、基础设施完善度、产业集聚规模、环境质量优劣度、规划限制、其他因素以及宗地条件（主要有宗地的形状、宗地地质及地基承载力、宗地利用强度等)。

在确定了宗地地价影响因素后,要确定因素影响地价的程度。可采用特尔菲法、层次分析法等,按各因素对地价的影响程度,确定各因素的权重值。

然后计算各因素影响地价的修正幅度。修正幅度值的计算是以级别或区域为单位,调查各级别或区域中正常土地收益的上限、下限值等,分别以土地收益值同基准地价折算的年土地收益值相减,得到上调或下调的最高值。

上调幅度的计算公式为:

$$F_1 = \frac{I_{nh} - I_{lb}}{I_{lb}} \times 100\%$$

下调幅度的计算公式为:

$$F_2 = \frac{I_{lb} - I_{nl}}{I_{lb}} \times 100\%$$

式中　F_1——基准地价上调最大幅度;

　　　F_2——基准地价下调最大幅度;

　　　I_{lb}——基准地价折算的年收益;

　　　I_{nh}——级别或区域正常土地收益的最高值;

　　　I_{nl}——级别或区域正常土地收益的最低值。

在确定上调、下调幅度的情况下,内插修正值,将宗地地价修正幅度划分成五个档次:优、较优、一般、较劣、劣。

在此基础上确定影响地价各因素修正幅度。按下式计算各因素的修正幅度:

$$F_{1i} = F_1 W_i$$
$$F_{2i} = F_2 W_i$$

式中　F_{1i}——某一因素 i 的上调幅度;

　　　F_{2i}——某一因素 i 的下调幅度;

　　　W_i——某一因素对宗地地价的影响权重。

以基准地价为一般水平,其修正系数为零。以上限为优,下限为劣。在一般水平与上限价格之间,内插条件较优的修正系数,一般为 $F_{1i}/2$,同时确定较优条件下的地价标准。在一般水平与下限价格之间,内插条件较劣的修正系数,一般为 $F_{2i}/2$,同时确定较劣条件下的地价标准。

最后编制基准地价修正系数表,按优、较优、一般、较劣、劣确定各种地价标准下的因素修正系数,在此基础上,要量化所有影响因素的标准,按此编制修正系数表,并通过已有地价点的检验、校和核,编制出一个类型区域和城镇级别的基准地价修正系数表。

2. 利用市场地价资料编制基准地价修正系数表

在确定级别或区域基准地价基础上,计算修正幅度值。其方法是将调查到的区域中正常地价的最高值、最低值与基准地价作相对值比较,得到相对于基准地价的最高和最低修正幅度值。计算方法同用土地利用效益资料编制基准地价修正系数表。

对基准地价与最高地价、最低地价之间的均分点,按样点地价计算修正幅度。按修正幅度值,将各有关地价点定为优、较优、一般、较劣、劣五个标准。

然后确定影响地价各因素的修正值。根据五个标准的修正幅度,将修正幅度分解到各影响地价的因素上,确定出各因素在不同标准下的修正值,具体计算方法同用土地利用效益资料编制的基准地价修正系数表。

最后确定宗地地价修正系数对应的因素条件。具体方法同用土地利用效益资料编制的基准地价修正系数表。

3. 利用定级因素综合分值编制基准地价修正系数表

利用土地定级成果，确定各类用地的宗地地价影响因素、各影响因素权重、各土地级别（区域）、宗地及评估单元的定级因素分值或综合分值。

用宗地各定级因素分值与级别（区域）平均综合分值和宗地综合分值比较，得修正系数。

将区域因素修正和个别因素修正编制成修正系数表。

（二）路线价修正系数表的编制

路线价修正系数表是指深度指数修正表，各城镇还可以根据地价影响情况编制宽度、形状等修正系数表。具体程序如下。

（1）确定路线价。

（2）编制深度指数修正表。深度指数修正表依据宗地临街深度对路线价的变化程度制定。具体方法是：第一，要确定标准深度，即里地线的确定；第二，确定级距，在同一级距中，地价对路线价的变化程度较小，并视同一致，深度百分率表中级距的选定，应分析比较市场地价调查中地价变化的规律性，以确定级距数、级距；第三，确定单独深度百分率，把宗地自临街红线至里地线以内依一定距离（级距）划分为若干单元格，并依次为 $a_1, a_2, a_3, \cdots, a_n$，其单独深度百分率为 $a_1 > a_2 > a_3 \cdots > a_n$；第四，运用平均或累计深度百分率制作深度百分率表。

平均深度百分率：

$$a_1 > \frac{(a_1+a_2)}{2} > \frac{(a_1+a_2+a_3)}{3} > K > \frac{(a_1+a_2+a_3+K+a_n)}{n}$$

累计深度百分率：

$$a_1 < a_1+a_2 < a_1+a_2+a_3 < K < a_1+a_2+a_3+K+a_n$$

最后编制深度修正指数表。

六、基准地价更新

（一）基准地价更新的要求

基准地价更新是在土地定级或划分均质区域的基础上，用土地收益、市场地价或地价指数等来全面或局部调整基准地价的过程。为了使土地估价成果符合客观实际，保持基准地价成果和宗地地价评估标准的现实性，在土地市场发生变化或影响土地价格的种种因素发生变化后，必须对地价进行重新评估，更新基准地价成果和宗地地价评估标准。成果更新应充分利用原有资料，使新老资料具有连续性。成果更新后，原基准地价成果作为历史资料存档保存。

（二）基准地价更新技术途径

基准地价更新的技术途径有三种：一是以土地定级（或均质地域）为基础，以时常交易地价资料为依据，更新基准地价；二是以土地定级（或均质地域）为基础，以地价指数为依据，更新基准地价；三是以土地定级（或均质地域）为基础，以地价指数为依据，更新基准地价。

（三）基准地价更新方法

从基准地价更新技术途径来看，基准地价更新方法有三种：一是用市场交易资料来更新；二是用土地收益资料来更新；三是用地价指数来更新。

用土地收益资料和市场交易资料更新基准地价的具体方法和步骤与其评估基准地价的方法步骤相同，前面已有介绍，这里不再赘述。在此重点介绍用地价指数来更新基准地价的方法。

用地价指数更新基准地价的基本公式为：

$$P = P_0 \frac{Q}{Q_0}$$

式中　P——该区域（级别）某类用地更新后的基准地价；

P_0——该区域（级别）某类用地基准地价更新前基准地价；

Q——该区域（级别）某类用地基准地价更新期地价指数；

Q_0——该区域（级别）某类用地基准地价评估期地价指数。

除了更新基准地价外，还要更新基准地价修正系数表，重新审定宗地地价影响因素及各因素影响宗地地价的权重。更新方法与编制基准地价修正系数表的方法相同。

第七节　宗地地价评估

一、宗地地价评估的程序

宗地估价的一般程序为：①确定估价基本事项；②拟定估价作业计划；③收集资料、实地踏勘；④相关资料分析整理；⑤选定方法试算价格；⑥确定宗地估价结果；⑦撰写估价报告书。

1. 确定估价基本事项

主要是确定估价对象、估价目的、估价期日、价格类型、估价日期等。

2. 拟定估价作业计划

需确定估价项目、内容、资料类型及来源、调查方法、人员安排、时间与成果组成等。

3. 收集资料、实地踏勘

收集社会、经济、政治、环境等一般资料及宗地所处地区的区域因素和个别因素资料，宗地自身条件、权利状况和利用状况及与待估宗地相关的土地及房地产交易实例资料等。资料调查的具体内容和要求与评估基准地价资料调查的内容和要求相同。

需要调查的图件资料主要有地籍图或地形图、基准地价图、宗地图、宗地建筑平面图等。

估价人员必须实地踏勘待估宗地，亲自了解掌握待估宗地坐落位置、形状、土地利用状况、基础设施条件、道路交通状况及周围环境等情况。

4. 相关资料分析整理

对所收集到的相关资料进行分析整理，判断地价的走势和因素对地价的影响程度，确定相关估价参数。资料整理方法与基准地价评估方法相同。

5. 选定方法试算价格

对同一估价对象应选用两种以上的估价方法进行估价，得出试算价格。

6. 确定估价结果

应从估价资料、估价方法、估价参数指标等的代表性、适宜性、准确性方面，对各试算价格进行客观分析,并结合估价经验对各试算价格进行判断调整,确定估价结果。确定估价可视待估宗地情况选用简单算术平均法、加权算术平均法、中位数法以及综合分析法中的一种。

二、宗地地价评估方法

宗地地价评估方法主要有收益还原法、市场比较法、成本逼近法、剩余法、基准地价系数修正法和利用路线评估法。前四种方法前面已介绍过了,这里只对基准地价系数修正法和利用路线价评估方法作一介绍。

(一) 利用级别或区域基准地价评估

利用级别或区域基准地价评估宗地地价时,基准地价系数修正法是通过对待估宗地地价影响因素的分析,利用宗地地价修正系数,对各城镇已经公布的同类用途同级或同一区域土地基准地价进行修正,估算待估宗地客观价格的方法,公式为:

$$V = V_{lb}(1 \pm \sum K_i)K_j$$

式中　V——土地价格;

　　　V_{lb}——某一用途土地在某一土地级上的基准地价;

　　　$\sum K_i$——宗地地价修正系数;

　　　K_j——估价期日、容积率、土地使用年期等其他修正系数。

其程序为:①收集有关基准地价资料;②确定待估宗地所处级别(区域)的同类用途基准地价;③分析待估宗地的地价影响因素,编制待估宗地地价影响因素条件说明表;④依据宗地地价影响因素指标说明表和基准地价系数修正表,确定待估宗地地价修正系数;⑤进行估价期日、容积率、土地使用年期等其他修正;⑥求出待估宗地地价。

(二) 利用路线价评估

利用路线价评估宗地地价,是在已知路线价的基础上,根据宗地的自身条件,进行深度修正、宗地形状修正、宽度修正、宽深比率修正、容积率修正等。宗地地价计算公式为:

$$V = u d_V K_1 K_2 \cdots K_i K K_n$$

式中　V——待估宗地地价;

　　　u——路线价;

　　　d_V——深度指数;

　　　K_i——其他修正系数。

第八节　主要用途土地价格评估

一、居住用地价格评估

(一) 影响因素分析

居住用地价格评估时,一般因素应重点分析以下几个方面:自然因素(城镇地理位置及与经济发展的关系、气候条件、发生自然灾害等的概率等)、社会因素(人口数量与家庭规模、城镇发展与公共设施建设、居民生活方式等)、经济因素(地区经济增长、财政金融状况与利率水平、交通体系、物价水平、就业与居民收入水平、住宅的供给与需求、住宅的租价比等)、行政因素(土地利用规划与管制、建筑规划与管制、房地产租金与税收政策、住宅政策等)。

区域因素应重点分析:自然因素(区域在城镇中的位置、自然条件及发生自然灾害的概率等)、社会因素(社区规模功能与安全保障、人口密度、邻里的社会归属、文化程度及生活方式等)、交通条件(距社会经济活动中心的距离、道路状况与交通便捷程度等)、基础设施状况(供水、排水、供热、供电、供气、通信等基础设施与公用服务设施状况等)、经济发展水平(区域经济发展规模及水平、居民收入水平等)、行政因素(区域经济政策、土地规划及城镇规划限制)、环境因素(区域环境质量与景观、噪声与空气污染及危险设施或污染源的临近程度等)。

个别因素应重点分析的有宗地地形、地质、日照、通风、干湿、宽度、深度、面积、形状、临街状况、邻接道路等级、通达性、规划限制、宗地利用状态、地上建筑物的成新度、土地权利状况及使用、与交通设施的距离、与商业设施公共设施及公益设施的接近程度、与危险设施及污染源的接近程度、相邻土地利用等。

(二) 估价方法及评估要点

对居住用地的评估宜选用市场比较法、剩余法、收益还原法和基准地价系数修正法,对新开发完成的居住用地,可以使用成本逼近法。

居住用地地价评估要点如下。

(1) 对别墅等独立居住用地的评估应重点分析城镇地理位置与气候条件、居民生活方式、地区经济增长、财政金融状况与利率水平、景观、人文环境、建筑密度与间距、容积率、绿化率等因素对地价的影响。一般应首选市场比较法,但如极具特性则不宜采用。

(2) 对高档公寓用地的评估应重点分析居民生活方式、人文环境与景观、基础设施与公用设施状况、交通通达度、规划限制、容积率、地形条件等因素对地价的影响。一般应首选市场比较法,辅之以收益还原法、假设开发法或基准地价系数修正法。

(3) 对普通居住用地的评估应重点分析城镇人口数量与家庭规模、经济发展水平、居民收入与消费水平、居民住房条件、政府的住房消费政策与住房金融政策、区域位置、公交便捷程度、基础设施与公用设施状况、规划限制、容积率、宗地面积、形状、地形及地质条件等因素对地价的影响。一般应首选市场比较法,辅之以收益还原法、假设开发法或基准地价系数修正法。对新开发土地,可用成本逼近法。

(4) 对于待拆迁改造的危旧居住用地,如无特殊需要,一般不按现状用途评估,而应按规划用途评估。

二、工业用地评估

(一) 影响因素分析

评估工业用地时一般因素应重点分析自然因素(城镇地理位置、水文气候条件等)、社会因素(城镇发展与公共设施建设等)、经济因素(地区经济增长、财政金融状况与利率水平、交通体系、产业政策、产业结构、技术创新、物价工资及就业水平、此类市场状况等)、行政因素(城镇土地利用规划、房地产租金与税收政策等)。

对区域因素应重点分析交通状况[对外交通便捷程度、交通管制、距货物集散地(车站、码头、机场)距离及货物集散地的规模档次、道路构造及档次、道路体系等]、基础设施状况(供水、排水、供热、供电、供气等状况)、环境状况(污染排放状况及治理状况、距危险设施或污染源的临近程度、自然条件等)、工业区成熟度(相关产业的配套及集聚状况、工业区的未来发展趋势等)、行政因素(规划限制、政府的特殊政策、产业管制等)。

个别因素应重点分析地形、地质、水文条件、面积、临路状况、位置、土地使用限制、土地开发程度、土地权利状况及使用等。

(二) 估价方法技术要点

工业用地价格评估宜采用市场比较法、成本逼近法和基准地价系数修正法，在特殊情况下也可用收益还原法。

工业用地地价评估技术要点如下。

（1）投资利息率、利润率、土地增值收益率及土地还原利率的确定，应把握不同的工业行业的投资风险、资金利润率及土地增值的客观差异。

（2）矿井、矿区用地价格评估，宗地外开发程度依政府投资的实际配套状况设定，最低应设定为达到可开工条件。当矿产资源可开采年限低于出让年限时，年期修正应依资源可开采年限确定。

（3）高新技术企业用地价格评估，应根据其高技术、高附加值、污染小、环境较好、土地利用程度高等特点，进行合理的估价。这类土地的增值收益较普通工业用地高。

（4）对于仓储用地价格评估，其土地利用的机会成本及对相关企业收益的影响程度是应重点考虑的因素。

（5）机场、码头用地由于其具有垄断性质，在收益还原法以外的评估方法运用中，应考虑垄断地租修正。

（6）在工业类用地价格评估中，当同一区域宗地数量较多时，可选择某一到两宗标准宗地进行评估，其他宗地价格依个别修正确定。

三、商业、旅游、娱乐用地评估

(一) 影响因素分析

这类用地评估时，一般因素应重点分析自然因素（城镇地理位置及与经济发展的关系、气候条件等）、社会因素（人口数量与家庭规模、城镇发展与公共设施建设、居民生活方式等）、经济因素（城镇的性质与国际化程度、地区经济增长、财政金融状况与利率水平、交通体系、物价水平、就业与居民收入水平、产业结构与商业服务业的发展前景、此类市场状况等）、行政因素（土地利用规划与管制、建筑规划与管制、房地产租金与税收政策等）。

区域因素应重点分析自然因素（区域在城镇中的位置等）、社会因素（常住人口及流动人口数量、社会人文环境等）、交通状况（街道状况、道路状况与交通便捷程度等）、基础设施状况（供水、排水、供电、供气、供热、通信等基础设施与功用服务设施状况等）、商业繁华程度（距商业中心的距离、商务设施的种类规模与集聚程度、经营类别、客流的数量与质量等）、行政因素（区域经济政策、土地规划及城镇规划限制、交通管制等）、环境因素（区域环境与景观、噪声与空气污染及危险设施或污染源的临近程度等）。

个别因素应重点分析宗地地形、地质、日照、通风、干湿、宽度、深度、面积、形状、临街状况、邻接道路等级、通达性、宗地利用状况、与商业中心的接近程度、与客流的适应性、相邻不动产的使用状况、规划限制、地上建筑物的成新度、土地权利状况及使用年限等。

(二) 估价方法与技术要点

商业、旅游、娱乐用地，宜采用市场比较法、收益还原法、剩余法和基准地价系数修正法估价。

技术要点是各类商业用地价格评估，必须区分因土地利用方式的差别所带来土地收益的差异；各类旅游用地评估，应注意国家旅游区评价标准。

四、综合用地评估

综合用地评估的影响因素分析见住宅用地评估和商业、旅游、娱乐用地评估。

综合用地评估宜采用市场比较法、收益还原法和剩余估价法。

评估技术要点为在选择比较实例时,应选择相邻地区的同类综合用地。

第九节 其他权利土地价格评估

一、承租土地使用权价格评估

承租土地使用权是国家将国有土地出租给使用者使用而设定的。承租土地使用权可以转租、抵押和转让。

承租土地使用权价格等于承租土地使用权合同租金与市场租金的差值在租期内的资本化。估价方法可采用市场比较法和收益还原法。

在应用市场比较法评估时,选择相邻地区的类似承租土地使用权实例,进行情况修正和期日修正,经区域因素和个别因素比较后决定其价格。在情况修正中应特别注意与政府签订的契约的内容、特别规定、经过时间和剩余期限等对承租土地使用权价格的影响。

在运用收益还原法评估时,承租土地使用权价格计算公式为:

$$V=\frac{a'}{r}\left[1-\frac{1}{(1+r)^n}\right]$$

式中　V——承租土地使用权价格;

　　　a'——盈余租金;

　　　r——承租土地使用权还原利率;

　　　n——收益年期。

承租土地使用权的纯收益即盈余租金,由市场租金与合同租金的差额决定。承租土地使用权的投资风险比出让土地使用权大,收益不确定性高,因此,在运用收益还原法评估时,承租土地使用权还原利率一般比出让土地使用权还原利率高1%左右。

二、划拨土地使用权价格评估

划拨土地使用权价格评估可采用收益还原法、市场比较法、剩余法、成本逼近法和基准地价系数修正法等。

运用收益还原法、剩余法和基准地价系数修正法估价时,要考虑出让土地使用权与划拨土地使用权之间的权利差别对价格的影响。划拨土地使用权价格与土地使用权出让金之和为出让土地使用权价格。

三、有限定条件的土地使用权价格评估

(一)设有租赁权

设有租赁权的土地使用权价格评估,先评估不负有租赁权情况下的土地使用权价格,然后作减价修正。在租赁期限内的土地收益应根据租赁合同租金标准来确定,超出租赁期限的土地使用剩余年限土地收益依土地最佳利用方向的未来收益确定。如果采用市场比较法,则要考虑各比较实例与待估宗地之间因租赁期限不同所带来的影响。

(二)设有地役权

设有地役权的土地使用权价格评估,先评估不负有地役权情况下的土地使用权价格,然后作减价修正。

四、土地租赁权价格评估

将带有租赁契约的土地进行转让、收回、征收或调整租金时，一般要进行租赁权价格评估。

土地租赁权价格可采用市场比较法、收益还原法等方法评估。在用市场比较法评估时，选择相邻地区的类似土地租赁权转让实例，进行情况修正和期日修正，经区域因素和个别因素比较后确定其价格。在情况修正中应特别注意租赁契约的内容、经过时间和剩余期限、租金调整情况及特别约定对租赁权价格的影响。

在用收益还原法时，租赁权价格的计算公式为：

$$V=\frac{a'}{r}\left[1-\frac{1}{(1+r)^n}\right]$$

式中　V——租赁权价格；

　　　a'——盈余租金；

　　　r——租赁权还原利率；

　　　n——收益年期。

租赁权的纯收益即盈余租金，由市场租金与合同租金的差额决定。租赁权的投资风险比出让土地使用权大，收益不确定性高，因此，在运用收益还原法评估时，租赁权还原利率一般比出让土地使用权还原利率高1%左右。

五、地役权价格评估

地役权是为自己土地使用便利而在他人土地上设定的权利，如通行权、通过权等。在地役权设定、转让、收回、征收及调整地役权租金时，一般要进行地役权价格评估。

地役权价格根据设定的地役权对土地利用的影响程度来评估，可采用市场比较法、收益还原法等。在运用市场比较法评估时，应选择相邻地区的类似土地地役权转让实例，进行情况修正和期日修正，经区域因素和个别因素比较后决定其价格。地役权的设定内容、支付代价方式、经过时间和剩余期限等对地役权价格影响较大，在情况修正时要加以区别。

在用收益还原法评估时，土地还原利率一般比出让土地使用权还原利率高1%左右。

参 考 文 献

[1] 傅伯杰. 土地评价的理论与实践. 北京：中国科学技术出版社，1991.
[2] 戴旭. 农业土地评价的理论与方法. 北京：科学出版社，1995.
[3] 倪绍祥. 土地类型与土地评价概论. 第2版. 北京：高等教育出版社，1999.
[4] 王秋兵. 土地资源学. 北京：中国农业出版社，2003.
[5] 朱德举. 土地评价. 北京：中国大地出版社，2002.
[6] 张启凡，王智才. 耕地质量评价理论与实践. 第2版. 西安：西安地图出版社，1997.
[7] 朱德举. 农用地分等定级标准样地理论与实践. 北京：中国财政经济出版社，2006.
[8] 国土资源部土地整理中心等. 农用地定级估价与农地流转. 北京：中国经济出版社，2010.
[9] 中华人民共和国国土资源部. 中华人民共和国国土资源行业标准（TD/T 1004—2003）农用地分等规程. 北京：中国标准出版社，2003.
[10] 中华人民共和国国土资源部. 中华人民共和国国土资源行业标准（TD/T 1005—2003）农用地定级规程. 北京：中国标准出版社，2003.
[11] 中华人民共和国国土资源部. 中华人民共和国国土资源行业标准（TD/T 1006—2003）农用地估价规程. 北京：中国标准出版社，2003.
[12] 全国国土资源标准化技术委员会. 城镇土地分等定级规程（GB/T 18507—2001）. 北京：中国标准出版社，2001.
[13] 全国国土资源标准化技术委员会. 城镇土地估价规程（GB/T 18508—2001）. 北京：中国标准出版社，2001.
[14] 谢应齐，杨子生. 土地资源学. 昆明：云南大学出版社，1994.
[15] 张凤荣，郧文聚，胡存智. 农用地分等规程中的几个理论问题及应用方向. 资源科学，2005，27（2）：33-38.
[16] 孔祥斌，林晶，王健等. 产量比系数对农用地分等的影响. 农业工程学报，2009，25（1）：237-243.
[17] 金晓斌，张鸿辉，周寅康. 农用地定级综合评价中权重系数确定方法探讨. 南京大学学报：自然科学版，2008，44（4）：447-456.
[18] 王秋香，赵寒冰，彭补拙. 农用地分等关键技术的解决方法——以广东省为例. 经济地理，2008，28（1）：124-127.
[19] 王玥，陶渝，朱德举等. 农用地分等因素法与样地法比较——以重庆市九龙坡区为例. 土壤，2006，38（6）：800-804.
[20] 王玥，黄家林，朱德举等. 农用地分等中产量比系数求算方法的研究. 土壤通报，2006，37（5）：837-840.
[21] 彭建，蒋一军，刘松等. 我国农用地分等定级研究进展与展望. 中国农业生态学报，2005，13（4）：167-171.
[22] 马仁会，李强，崔俊辉等. 土地经济系数宏观分区计算方法比较研究. 农业工程学报，2005，增刊：159-163.
[23] 孙艳敏，林培. 县级中大比例尺以土地类型划分为基础进行农用地分等的方法论研究——以太原市万柏林区为例. 中国农业科学，2005，38（7）：1408-1413.
[24] 马仁会，李小波，李强. 农用地定级因素法与修正法比较分析. 农业工程学报，2004，20（6）：277-281.
[25] 李团胜，赵丹，石玉琼. 基于土地评价与立地评估的泾阳县耕地定级. 农业工程学报，2010，26（5）：324-328.
[26] 李如海，周生路，宋佳波等. 农用地分等指标区与参评因素定量确定. 土壤学报，2004，41（4）：517-522.
[27] 高中贵，彭补拙. 我国农用地分等定级研究综述. 经济地理，2004，24（4）：514-519.
[28] 姚慧敏，张莉琴，张凤荣等. 农用地分等中的土地利用系数计算. 资源科学，2004，26（4）：89-95.
[29] 王万茂，但承龙. 农用土地分等、定级和估价的理论与方法探讨. 中国农业资源与区划，2001，22（2）：22-26.
[30] 李团胜，张近凤，石玉琼. 陕西省吴起县耕地定级研究. 干旱区资源与环境，2009，23（10）：31-35.
[31] 靳慧芳，李团胜. 陕西省华县耕地分等研究. 干旱地区农业研究，2008，26（3）：222-225.
[32] 陈浮，彭补拙. 农用土地价格初步研究——温州市农用地案例分析. 地理科学，2000，20（1）：65-71.
[33] 陈丽，严金明，师学义. 太原市尖草坪区农用地定级指标体系研究. 农业工程学报，2008，24（7）：97-101.
[34] 樊雅婷，杨建宇，朱德海等. 基于阈值的城镇土地定级距离衰减模型. 武汉大学学报：信息科学版，2008，33（3）：277-280.
[35] 郭岚. 韩城市城镇商业用地估价方法的研究. 西北农林科技大学学报：自然科学版，2003，31（增刊）：119-121.
[36] 张凤荣，徐艳，张晋科等. 农用地分等定级估价的理论、方法与实践. 北京：中国农业大学出版社，2008.
[37] 李团胜，张艳，闫颖等. 基于农用地分等成果的陕西省周至县耕地粮食生产能力测算. 农业工程学报，2012，28（15）：193-198.
[38] 唐旭，赵松，祝国瑞. 基于基准地价评估模型的修正体系编制方法研究. 中国土地科学，2002，16（2）：34-38.
[39] 葛京凤，郭爱请. 城镇土地定级估价成果更新初探——以临漳县为例. 资源科学，2001，23（2）：22-25.
[40] 胡存智. 土地估价理论与方法. 第2版. 北京：地质出版社，2006.